코로나19와
한국교회의 회심

코로나19와 한국교회의 회심
— 신학·목회·선교의 과제

2020년 12월 10일 초판 1쇄 인쇄
2020년 12월 15일 초판 1쇄 발행

지은이 | 강성열, 김은혜, 신재식, 이진형, 장윤재, 정기묵, 정원범, 황홍렬
책임편집 | 부산장신대 세계선교연구소 황홍렬
펴낸이 | 김영호
펴낸곳 | 도서출판 동연
등 록 | 제1-1383호(1992년 6월 12일)
주 소 | 서울시 마포구 월드컵로 163-3
전 화 | (02) 335-2630
팩 스 | (02) 335-2640
이메일 | yh4321@gmail.com

Copyright ⓒ 부산장신대 세계선교연구소, 2020

ISBN 978-89-6447-637-6 93230

코로나19와 한국교회의 회심

| 신학·목회·선교의 과제 |

책임편집 황홍렬

강성열 김은혜 신재식 이진형 장윤재 정기묵 정원범 황홍렬 **함께 씀**

동연

책을 펴내며

작년 말 중국에서 시작한 코로나19는 온 세상을 혼란에 빠뜨렸습니다. 인간이 이룩한 과학 의학 기술 문명의 한계가 여실히 드러나고 있으며 모든 나라와 공동체, 개개인은 갈피를 못 잡은 상황입니다. 교회도 예외가 아닙니다. 예배와 모든 모임, 행사가 줄줄이 취소되고 수정되는 상황을 맞이했으며 이제는 한 번도 경험하지 못한 비대면의 환경을 고민하고 목회 전반을 검토해야 할 상황입니다. 이런 상황에서 목회자의 고민은 깊어갑니다. 분명한 것은 코로나19 상황이 새로운 목회 패러다임의 전환을 요구하고 있는데 대안을 찾기 어렵다는 점입니다.

이런 상황에서 부산장신대학교 세계선교연구소는 지난 7월 14일 이후 선제적으로 몇 차례에 걸쳐 〈코로나19시기 교회의 목회와 선교〉라는 주제로 화상 세미나를 개최했습니다. 적절한 대처였다고 판단됩니다. 감사하게도 반응은 너무나 좋았습니다. 하지만 올해에 선교적 교회 세미나가 예정되어 있어 동시에 진행하기가 어려운 상황이 되어 차선책으로 코로나19를 주제로 책을 발간하게 되었습니다.

본서는 코로나19 펜데믹 시기에 적절한 목회와 선교를 모색하는 신학적 작업의 결실입니다. 이제 더는 인간 중심적인 신학이나 선교, 목회가 아니라 생명 신학, 생명 선교, 생명 목회로의 전환이 불가피하다고 여겨집니다. 본서는 그런 내용을 담고 있고, 깊은 통찰과 분석을 통해 신학적 목회적 선교적인 대안을 제시하고 있다는 점에서 시의적절하고 유익한 책입니다.

귀한 글을 기고하신 강성열 교수님(호신대), 김은혜 교수님(장신대),

신재식 교수님(호신대), 이진형 목사님(기독교환경운동연대), 장윤재 교수님(이화여대), 정기묵 교수님(장신대), 정원범 교수님(대전신대) 그리고 황홍렬 교수님(부산장신대)께 깊은 감사를 드립니다. 특별히 본서를 기획하고 글을 모아 책을 편집하신 세계선교연구소장 황홍렬 교수님의 노고에 감사드립니다. 그리고 이 책을 출판한 도서출판 동연 김영호 장로님과 편집진의 귀한 수고에 깊이 감사드립니다.

2020년 11월
부산장신대학교 세계선교연구소
이사장 한영수

부산장신대 세계선교연구소(이사장 한영수 목사, 소장 황홍렬 교수)가 이번에 『코로나19와 한국교회의 회심: 신학적, 선교적, 목회적 과제』를 발간하게 됨을 축하드립니다.

코로나19 바이러스는 인류가 이제까지 경험하지 못한 질병을 전 지구적으로 일으켜 경제와 사회, 정치, 문화, 종교와 일상생활 등 거의 모든 부문에 영향을 끼치고 있습니다. 부산장신대학교도 지난 학기에는 전면 비대면 수업을 진행했고, 이번 학기는 대면 수업과 비대면 수업을 혼합해서 진행하며 많은 어려움을 겪고 있습니다. 모든 교회가 목회 계획에 따른 사업이나 활동을 거의 못하고 있습니다. 교회는 사회적 거리두기의 단계에 따라 비대면 예배를 드리거나, 방역수칙을 준수하는 대면 예배를 드리고 있습니다.

이 책은 8명의 교수님과 목사님이 성서·신학적으로 코로나19를 어떻게 이해하고, 기후변화와 생태계 위기 그리고 4차 산업혁명이 진행되는 가운데 교회는 어떻게 신학을 하고, 선교·목회적으로 어떻게 대응해야 하는지를 다룬 대단히 시의적절한 책입니다.

부산장신대 세계선교연구소는 부산과 경남지역 그리고 울산의 많은 교회가 세계 선교에 기여하는 것을 지원하는 역할을 맡고 있습니다. 세계선교연구소는 2015년에 『에큐메니컬 협력 선교: 정책, 사례와 선교 신학』을 발간했으며, 당시에는 본인이 이사장이었습니다. 아무쪼록 이 책이 부·울·경 지역의 교회와 목회자들에게 코로나19 팬데믹 시기에 교회를 새롭게 하고, 교회가 재난 시기에 선교·목회적으로 대처하는데 귀하게 쓰임 받기를 희망합니다.

　다시 한번 본서를 출간하기 위해 애쓰신 한영수 이사장님과 황홍렬 교수님, 필진 그리고 이사님들께 큰 격려를 드립니다.

2020년 11월
부산장신대학교
총장 허원구

머리말

이 책은 본래 부산장신대 세계선교연구소 사업으로 계획된 것은 아니었다. 한아봉사회와 부산장신대 세계선교연구소가 인도차이나 4개 국가에서 디아코니아 방식으로 실행되는 선교에 대해 공동연구를 하기로 결정했다. 공동연구진은 2020년 2월 선교 현장 방문을 코로나19로 인해 연기하게 되었다. 2021년 2월 현장 방문도 취소되었다. 코로나19 팬데믹 시기에 세계선교연구소는 코로나19에 대한 줌 화상 세미나를 지난 7월 14일에 열고 신재식 교수(호남신학대학교)와 정기묵 교수(장로회신학대학교)가 특강을 했다. 세계선교연구소가 계획한 선교적 교회 세미나를 상반기에 진행하지 못해 하반기에만 4회 열리는 바람에 코로나19 세미나를 동시에 진행할 수 없었다. 그래서 코로나19 연속 세미나 대신에 이 책을 만들게 되었다.

코로나19 팬데믹 상황은 갑작스러운 것이지만 이 책에 참여한 저자들은 대부분 대안적 신학운동인 오이코스 운동에 참여하는 신학자들이고, 오래 전에 또는 이번에 코로나19와 관련한 글을 준비해서 갑작스럽게 책을 기획하고 글을 모았지만 '준비되지 않은 준비'로 인해 책을 출간하게 되었다. 이 책의 의도는 코로나19에 대한 직접적인 대안을 찾기보다는 코로나19 팬데믹이라는 글로벌 위기를 문명사적 전환을 위한 계기로 인식하고, 이러한 전환을 위한 신학적, 목회적, 선교적 회심의 과제들을 제시하고자 했다. 그래서 본서의 제목을『코로나19와 한국교회의 회심: 신학 · 목회 · 선교의 과제』로 정했다.

1부 〈코로나19 시대, 한국교회의 신학 과제〉에서는 강성열 교수(호남신학대학교)가 구약성서 속에 나타난 전염병을 중심으로 살펴보고, 이 시기 한국교회의 회심의 과제를 제시했다. 장윤재 교수(이화여자대학교)는 기후붕괴 시대 문명의 전환 속에서 신학의 재구성을 다뤘다. 2부 〈코로나19 시대, 한국교회의 목회 과제〉에서는 신재식 교수가 자연 생태계와 문화 생태계에서 한국교회의 목회 과제를 제시했다. 정원범 교수(대전신학대학교)는 한국교회의 회심을 공동체의 관점에서 조명하고 제시했다. 김은혜 교수(장로회신학대학교)는 디지털 문화에 대한 성찰 속에서 관계적 목회를 제시했다. 3부 〈코로나19 시대, 한국교회의 선교 과제〉에서 정기묵 교수(장로회신학대학교)는 4차 산업혁명에서 한국교회의 목회 과제와 선교적 과제를 제시했다. 필자는 뉴딜과 그린 뉴딜을 소개하고, 이와 관련하여 한국교회의 선교 과제를 제시했다. 이진형 사무총장(기독교환경운동연대)은 기독교환경운동연대의 역사와 활동을 소개하고, 생태적 위기 속에서 기독교 환경교육의 방향을 제시했다. 그렇지만 신학, 목회, 선교가 서로 밀접하게 관련된 것처럼 1부만 신학을 다룬 것은 아니고, 2부와 3부에서도 신학적으로 다뤘고, 2부에서 목회를 다루면서도 선교적 과제를 다루기도 했다. 따라서 1부 신학, 2부 목회, 3부 선교라는 구분은 어느 정도 자의적임을 밝힌다.

1부에서 강성열 교수(호남신학대학교)는 "코로나19 전염병과 바이러스 야웨"에서 전염병을 자연재해, 악행이나 죄악에 대한 하나님의 심판, 전염병 상황으로부터의 구원의 시각에서 다뤘다. 구약성서는 전염병의 기원을 야웨 하나님에게서 찾는다. 하나님께서 인간에게 전염병을 내린 원인은 하나님과의 계약을 위반하거나 파기할 때, 율법을 무시할 때, 하나님의 왕권을 무시하고 인간의 왕국/제국을 의존할 때라고 보았다. 코로나19의 원인이 생태계의 파괴라고 할 때 한국교회는 하나님의 주권을 무시하고, 생태계를 파괴하고, 반생명적 문화 속에 살아가는 삶으로부터 철저한 참회를 해야 한다. 강성열 교수는 한국교회의 과제로 비대면 시대에 새로운 접촉 문화를 개발해야 하고, 가난한 이웃과 교회를 섬겨야 할 것을 제안한다.

장윤재 교수(이화여자대학교)는 "기후붕괴, 문명의 전환 그리고 신학의 재구성"에서 10년 전의 글을 코로나19 팬데믹 상황에 맞게 수정하려는데 수정할 것이 거의 없다는 점에서 충격을 받았다고 고백하면서 한국교회의 문제는 여기에 있다고 했다. 코로나19를 초래한 기후변화는 인간의 문제, 특히 자본주의 경제와 그 가치와 인식에 있다. 샐리 맥페이그도 기후변화 위기 속에서 신학이 반드시 경제를 고려해야 한다고 했다. 정부 개입의 최소화와 시장에 대한 종교적 신앙을 지닌 신자유주의가 50년 만에 코로나19 바이러스에 의해 무너졌다. 이제 한국교회도 신자유주의에 포로가 된 것을 참회하고, 경제의 지역화, 화석연료에 기초한 문명으로부터의 탈피, 생태경제로의 문명사적 전환을 지향해야 한다. 이는 신과 인간과 자연에 대한 획기적 재구성을 요청한다. 장윤재 교수는 기계론적 세계관으로부터 세계를 하나님의 몸으로 보는 세계관을 재구성하고, 온실가스를 줄이는 길이 하나님을 만나는 길로 인식해야 하고, 켈트 영성과 중세 신비주의를 신학적 성찰의 자원으로 받아들일 것을 제안하고 있다.

2부의 첫 글인 "코로나19, 생태계 위기와 한국교회의 목회 과제: 자연 생태계와 문화 생태계 그리고 목회 생태계 맥락에서" 신재식 교수(호남신학대학교)는 코로나19 바이러스가 인수공통전염병에서 비롯되었고, 이는 생태계 파괴가 근본적 원인이라고 했다. 인류의 활동이 지구 생태계의 진로를 바꾼다고 하여 지질학자들은 현재를 인류세(Anthropocene)라는 새로운 시대로 명명한다. 즉 지구 생태계에서 생물 다양성이 이렇게 파괴된 역사가 없었다는 것이다. 호모 사피엔스는 유발 하라리의 표현처럼 신과 같은 호모 데우스가 되었다. 그렇지만 코로나19로 인해 신과 같은 인간의 민낯이 전 세계적으로 드러났다. 문화 생태계의 측면에서 인쇄술의 발달로 인한 책의 문화가 전자 시대에 문자, 음성, 화상, 동영상 등의 통합인 멀티미디어의 문화로 전환했다. 4차 산업혁명은 종교 형태와 내용의 변화를 요청한다. 이에 따라 신재식 교수는 목회 생태계의 과제를 문화 생태계 변화에 대한 민감성, 감수성을 높이기여야 하고, 온라인 사회에서 사회성, 플랫폼으로서 교회의 역할, 새로운 세대인 디지털 세대, 인터넷 세대에 대한 이해를 높여야 할 것을 제시한다.

"코로나19, 공동체와 한국교회의 회심"에서 정원범 교수(대전신학대학교)는 코로나19에 대한 성찰을 거부하는 교회로부터 돌아서서 코로나19 시기에 교회의 의미와 본질을 성찰하고, 코로나19의 원인인 생태계 위기와 기후변화를 이해하고 문명 전환의 과제를 받아들이며, 비대면 콘텐츠를 개발하는 교회와 시도들을 소개했다. 정원범 교수는 한국교회가 콘스탄틴적 교회로부터 벗어나 예수께서 세우기를 원하신 대조(대안)사회 공동체로서 교회, 대조사회의 공동체적 삶을 실천하는 교회로 회심할 것과 시대적 과제응 응답하는 공공성을 회복하고, 생태적 삶을 추구하며, 사회적 경제를 실천하는 교회를 대안으로 제시했다.

"디지털 문화에 대한 이해와 관계적 목회"에서 김은혜 교수(장로회신학대학교)는 디지털 문화와 사회에 대한 교회의 무관심과 이해 부족을 언급하면서 목회 생태계가 변화하고 있음에 주목하여 느슨한 연대, 느린 일상, 타자 배려 등 교회의 플랫폼의 전환과 디지털 네트워크의 확장된 관계성 속에서 시공간을 넘어서는 새로운 관계적 목회의 가능성을 타진했다. 김 교수는 새로운 인간 이해, 확장된 구원론, 성속 이원론에 대한 반성 등을 통해 디지털 문화에 대해 신학적으로 성찰한 후 새로운 관계 목회의 해석학적 기초를 '모든 것이 하나님의 사랑의 신비 속에서 생명구원의 사명을 감당하는 교회로 부르심'으로 보고, 미래교회를 은총의 시간, 회복의 시간, 목회방식의 개혁과 전환 속에서 전망했다.

3부에서 정기묵 교수(장로회신학대학교)는 "코로나19, 4차 산업혁명 시대의 목회와 선교"에서 리처드 니부어의 '문화를 변혁하는 그리스도'와 로잔 3차 대회의 문서인 "케이프타운 서약"에서의 '변화하는 실재들'과 '변하지 않는 실재들'이라는 시각에서 4차 산업혁명 시대의 목회와 선교전략을 제시하고 있다. 세계화와 디지털 혁명 그리고 원자와 비트의 융합이 만들어낸 컨버전스로써 4차 산업혁명 시대에 목회와 선교 전략으로 정기묵 교수는 사회문화적 관점에서 정직과 신뢰의 회복, 세상의 빛과 소금의 역할을 하는 교회, 디지털 네이티브, 선교적 교회 공동체, 목회자와 평신도가 협력하는 통전적 선교를 제시했고, 변화하는 시대의 교회의 선교적 과제로 세상과 교회의 관계 재설정, 회복과 조화, 성령의 하이 터치 영성, 성육신의 목회와 선교를 제시했다.

필자는 "코로나19, 그린 뉴딜과 한국교회의 선교적 과제"에서 포스트 코로나 세계를 기존 체제의 강화, 반동의 강화, 복고적 혁명의 길, 진보적 개혁의 길 등 네 가지로 전망하고 이 중에서 진보적 개혁의 길을 그린 뉴딜과 연계하여 소개하고 있다. 뉴딜이 지닌 구제, 회복, 개혁(공정 경재, 금융개혁, 노동권 신장, 공공 주택 건설)의 내용과 그린 뉴딜의 세계적 동향과 사례 그리고 제러미 리프킨의 글로벌 그린 뉴딜을 소개했다. 리프킨은 3차산업혁명을 커뮤니케이션 매개체, 동력원, 운송 메커니즘 등 경제 패러다임의 변화가 초래한 경제활동 방식, 통치 방식, 주거 방식의 패러다임의 변화를 가리킨다. 한국판 뉴딜과 그린 뉴딜의 문제점과 대안을 소개하고, 코로나19 시기 한국교회의 선교 과제로 목회와 선교의 패러다임의 전환, 생명 경제를 향한 생명 선교, 살림의 문화와 평화의 문화 함양, 평화의 영성과 생태영성 함양, 신학의 재구성, 마을목회, 대안적 신학교육과 기독교 교육, 생명교회, 목회자 계속교육을 제시했다.

이진형 사무총장(기독교환경운동연대)은 "코로나19 팬데믹 시기 한국교회의 환경교육"에서 팬데믹 위기의 본질을 인류의 생존 양식이 지구 생태계 안에서 생태적으로 수용할 수 있는 범위를 넘어섰음을 알리는 생태적 위기라 보고, 정의·평화·창조보전(JPIC)으로, 창조 세계에 적합한 존재로 살아가는 전인적 회심과 성화를 향한 생태적 전환이 필요함을 역설했다. 이진형 사무총장은 기독교환경운동연대를 중심으로 활동한 역사와 환경교육의 필요성을 소개했고, 생태적 위기 속에서 기독교 환경교육은 에너지 전환, 생명 중심 지속 가능한 사회, 생명경제체제의 미래문명으로 전환 등 생태적 전환의 방향으로 나아가야 하고, 구체적으로는 〈한국교회 아카데미〉를 비롯해서 생태적 관점으로 성경읽기, 문화적 전통 및 상황 성찰, 신학교육에 적용 등을 제시했다.

표지 그림과 관련하여 한마디 언급을 해야겠다. 렘브란트는 자화상의 화가로 널리 알려져 있다. 필자는 렘브란트의 그림 중 "벨사살 왕의 연회"(다니엘서 5장)를 좋아한다. 네덜란드가 무역의 발달로 인해 부가 축적이 되면서 국민이 풍요로운 생활을 누렸다. 이런 상황에서 렘브란트는 일종의 경고로써 이 그림을 그렸다. 그런데 3년 전쯤 부산장신대학교의 교수기도회에서 차명호 교수가 렘브란트의 "풍랑을 잠잠케하신 예수 그리스도"라는 그림을 소개하면서 위기 속에서 제자들의 다양한 대응 태도와 비교하여 각자 자신은 어떤 사람인가를 물었다. 부끄럽게도 필자는 '토하는 사람'이었다. 그 뒤로 이 그림에 대한 인상을 지울 수 없었다. 며칠 전 아내와 함께 산책을 하다가 책의 표지 그림 때문에 고민이라고 했다. 그랬더니 아내의 머릿속에 떠오른 그림이 바로 렘브란트의 "풍랑을 잠잠케하신 예수 그리스도"였다고 했다. 사실 필자도 이 그림을 마음속에 두고 있었지만 확신이 서지 않았는데 아내의 이야기를 듣고 확정했다.

코로나19 팬데믹 시기에 한국교회는 어떤 선택을 할 것인가?

필자는 한국교회의 회심이 생명으로, 생명이신 하나님께로 돌아가는 것이라 생각한다. 코로나19로 멈춘 일상이나 학교나 교회가 자신을 되돌아봐야 할 것은 이제까지 해 오던 것이 생명을 향한 것이었는지 죽음을 향한 것이었는지를 성찰해야 한다. 여호수아는 임종 전에 이스라엘 백성에게 "나와 내 집은 여호와를 섬기겠노라"(수 24:15)면서 이방신들과 여호와 하나님 사이에 선택하라고 한다. 그런데 여호수아는 이러한 선택을 이스라엘 백성에게 세 번이나 다짐하게 한다. 이전에는 이러한 대목이 이해가 되지 않았지만 이제는 이해가 된다. 왜냐하면 세 번의 다짐은 이스라엘 백성만의 일이 아니라 우리의 일이기도 하기 때문이다. 2007년에 한국교회는 1907년 대부흥운동 100주년대회를 하면서 믿음의 조상들의 회개와 대부흥의 정신을 되새겼다. 그렇지만 그 대회장 바깥에서 울던 이랜드 해고자들의 눈물을 닦아주지 못했다. 2017년 한국교회는 종교개혁 500주년을 다양한 행사를 통해 기념했다. 그렇지만 한국교회가 구체적으로 어떤 부분이 개혁되었는가 하는 물음에 목회 세습을 총회에서 공인하는 교단에 속한 목사로서는 답변할 말을 찾을 수 없다. 2019년에 한국교회는 3·1운동 100주년을 기념했다. 그런데 한국교회는 당시처럼 민족의 해방과 독립을 위해 십자가를 지기는커녕 오히려 태극기 부대처럼 성조기를 들고 친미·반공이데올로기의 포로가 되어 한국 사회의 짐이 되지 않았나 생각한다. 이제 코로나19 팬데믹이라는 글로벌 위기에 직면해서 한국교회는 마지막으로 회심의 기회를 얻고 있는 것이 아닐까? 부디 이 책에 실린 글들이 한국교회의 회심에 디딤돌이 되기를 소망한다.

책임편집
부산장신대 세계선교연구소 황홍렬 교수

차 례

2부 _ 코로나19 시대, 한국교회 목회의 과제

3부 _ 코로나19 시대, 한국교회 선교의 과제

1부

코로나19 시대, 한국교회 신학의 과제

코로나19 전염병과 바이러스 야훼*

강성열**

I. 서론

우리는 지금 2019년 12월에 중국 후베이성 우한시에서 첫 확진자가 나온 이후 전 세계에 빠른 속도로 확산하고 있는 신종 코로나19 바이러스(COVID19) 감염증으로 인하여 이전과는 많이 다른 새로운 일상(normal)이 요구되는 시대를 살고 있다. 조금 심하게 말하는 사람들은 21세기의 흑사병이나 마찬가지인 코로나19로 인하여 생겨난 급격한 변화를 일컬어 문명사적인 전환을 뜻하는 BC(Before Corona)와 AD(After Disease) 개념 또는 코로나 이전(Before Corona)과 코로나 이후(After Corona)라는 개념으로 설명하기도 한다. 우리나라에서도 2020년 1월 20일에 첫 확진자가 발생한 이후, 서울을 비롯한 여러 지역에서 해외 유입 확진자들과

---

* 이 글은 필자가 쓴 다음의 원고를 조금 손질한 것이다: "전염병 재앙과 바이러스 야훼,"「신학이해」제54집 (2020), 9-30.
** 호남신학대학교 교수, 구약학

코로나19 전염병과 바이러스 야훼 _ 강성렬 | 21

지역 발생 확진자들이 계속 늘어나면서 정치 지형의 변화와 경기 침체 및 사회적 약자들의 고통 심화 등 불안정하고 불편한 일상생활이 가중되고 있다. 무엇보다 심각한 것은 빌 게이츠(B. Gates)의 말처럼 핵전쟁이나 기후변화보다 훨씬 무서울 수도 있는 코로나19가 예측 불가능한 변종 바이러스를 통하여 끊임없이 진화함으로써 확산 속도가 대단히 빠른 데다가 치사율 역시 만만치 않게 높다는 사실[1]이다.

3월 11일에 이미 세계보건기구(WHO)에 의해 전염병의 세계적 대유행 상태를 뜻하는 팬데믹(Pandemic)으로 규정된 코로나19의 발생과 확산에 대해서는 많은 논란이 있지만, 신학적인 측면에서 볼 때 그중에서도 가장 설득력 있는 견해는 탐욕에 사로잡힌 인간의 자연환경 파괴로 인한 생태계 위기에 그 뿌리가 있다는 것이다. 좀 더 구체적으로 말하자면, 전염병에 상시로 노출될 수밖에 없는 공장식 가축 산업과 육식 위주의 식습관, 자원 낭비적인 생활방식 등이 자연 훼손과 환경 파괴의 결과를 초래하였고, 그것이 마침내는 동물들을 숙주로 하는 미생물들을 자극하여 질병으로 되돌아오고 있다는 얘기다.[2] 결과적으로 코로나19의 발생과 확산 및 이로 인한 고통의 심화는 인간의 환경 파괴에 대한 자연의 보복이요 하나님의 심판이라는 맥락에서 이해할 수 있음이 분명해진다. 그러나 코로나19에 대한 신학적 판단이 어떠하든 간에, 현재 상황에서

---

1 2020년 11월 2일 현재 전 세계 219개 국가에서 발생한 코로나19의 누적 확진자 수는 4,650만 명을 훌쩍 넘어섰으며, 사망자 수는 120만 명을 넘어섰다. 감염병 전문가들이나 면역학 전문가들이 말하는 것처럼, 어쩌면 상당히 오래도록 지속될 수도 있는 코로나19는 1346년부터 1350년 사이에 유럽 전체 인구의 3분의 1에 해당하는 7,500만 명 이상을 사망에 이르게 한 흑사병보다도 더 무서운 결과를 가져올 수도 있을 것이다. 참조: 김서형, 『전염병이 휩쓴 세계사』(서울: 살림, 2020), 158.

2 코로나19 사태를 생태 중심 문명으로 전환과 한국교회의 자기성찰 계기로 삼자는 기독교 단체들의 성명 참조: https://www.kidok.com)http://www.kidok.com/news/articleView.html?idxno=205759

는 모든 사람이 전 지구적인 차원에서 백신과 치료제의 개발을 손꼽아 기다리고 있는 형국이다.

그렇다면 고대 이스라엘 사회에서는 어떠했을까? 구약성서 역시 전염병3을 비롯한 다양한 질병들에 관해 언급하는바 그것들은 하나님의 심판일 수도 있지만, 단순한 자연재해일 수도 있다.

본고는 그러한 것들을 역사 비평적인 측면보다는 문학 비평적인 측면에서 살피되, 그것이 궁극적으로는 인간의 삶과 역사를 주관하시는 야웨 하나님에 의해 주어지는 것임을 분명하게 밝히고자 한다. 여러 가지 질병 중에서도 우리 시대의 초미의 관심사가 되어있는 전염병에 국한해 논의를 진행하고자 하며, 무엇보다도 야웨 하나님이 단순히 심판이나 자연재해로 전염병을 사람과 짐승에게 내리는 것이 아니라 하나님 자신의 정체성이 곰팡이나 박테리아 내지는 바이러스 자체로 규정되고 있음을 호세아 본문(호 5:12)을 통해 확인함으로써 전염병 현상과 야웨 하나님의 정체성 사이에 긴밀한 상관관계가 있음을 규명하고자 한다. 그리고 마지막으로는 코로나19가 가져다준 이러한 세계사적인 위기 상황을 어떻게 극복할 것인지에 대한 구체적인 방안들을 제시함으로써 본고를 마무리하고자 한다.

---

3 개역개정판은 개역의 '염병'이라는 표현이 "염병한다"라는 욕설로 많이 사용되고 있는 현실을 고려하여 그것을 전부 '전염병'으로 수정한다고 했지만(개역에서는 민 14:12에서만 '전염병'이 나오고 나머지 모든 본문에서는 '염병'으로 번역함), 여전히 '염병'으로 번역된 본문들이 일부 남아 있어 아쉬움으로 남는다(레 26:25; 민 16:46, 47, 48, 49, 60, 25:8, 9, 18, 26:1, 31:16; 신 28:21).

II. 전염병 재앙을 통한 심판과 징계

구약성서는 질병에 관해 언급하는 많은 본문을 가지고 있으며, 고대 이스라엘 공동체 안에는 그러한 본문들 못지 않게 다양한 질병이 실제로 존재했다.4 구약성서는 그러한 질병 중에서도 특히 이스라엘 공동체 안에서 발생했던 많은 전염병에 관해 언급하는바, 크게 세 가지가 있는 것으로 이해된다. 하나는 이스라엘 백성의 범죄에 대한 하나님의 심판으로 전염병이 주어지는 경우를 가리키며, 두 번째는 마치 전염병에 걸린 것과도 같은 극심한 시련과 고통의 상황 속에서 하나님의 구원이 이루어지는 경우를 가리킨다. 그리고 마지막 세 번째는 흔히 일상생활 속에서 발생하는 자연재해로 전염병이 발생하는 경우를 가리키되, 그로부터의 구원을 간구하는 맥락에서 전염병이 언급됨으로 넓은 의미에서 본다면 두 번째 경우와 같은 맥락에 속한 것이라 할 수 있다. 그리고 이들 전염병을 가리키는 히브리어 낱말에는 세 가지가 있다: '데베르'와 '네게프,' '막게파' 등이다. 이 중에서도 '네게프'와 '막게파'는 '나가프'("치다, 때리다, 접촉하다")를 어근으로 가지고 있는 전염병 낱말들이다.5 물론 이 세 낱말이 항상 전염병(pestilence)을 뜻하는 것은 아니다. 문맥에 따라서는 일반적인 차원에서의 '재앙'(plague)을 뜻하기도 한다.

구약성서에서 전염병이 야웨 하나님의 심판이나 징계의 도구로 가장 먼저 언급되는 본문은 출애굽기이다. 출애굽기 5:3에 의하면 출애굽의

---

4 구약성서에 나오는 다양한 질병들에 관해서는 다음의 자료들을 보라: R. K. Harrison, "Disease," *The Interpreter's Dictionary of the Bible,* vol. 1 (New York: Abingdon Press, 1962), 847-854; Bernard Palmer (ed.), *Medicine and the Bible* (Exeter: Paternoster Press, 1986); Max Sussman, "Sickness and Disease," *The Anchor Bible Dictionary,* vol. 6 (New York: Doubleday, 1992), 6-15.

5 Sussman, "Sickness and Disease," 8-9.

지도자인 모세는 파라오에게 이스라엘 백성을 사흘 정도 광야로 보내주어 야웨 하나님께 제사를 드리도록 허락해 달라고 청한다. 만일 자기들이 그렇게라도 야웨께 제사를 드리지 않으면 그가 전염병('데베르')이나 칼로 자기들을 치실지도 모른다는 두려움을 고백한다.6 모세의 이러한 발언은 전염병이나 칼로 인한 사망자 속출로 인하여 노동력 감소라는 큰 손실을 보기 싫거든 사흘 정도만 광야로 나가서 자기들의 하나님 야웨께 제사를 드리게 해달라고 요구한 것이라 할 수 있다.7 그렇게 해야만 파라오가 전혀 노동력을 잃지 않고 그대로 보전할 수 있기 때문이다.

전염병에 대한 출애굽기의 두 번째 언급은 다섯 번째의 가축 죽음 재앙을 다루는 9장에서 찾아볼 수 있다. 야웨께서는 파라오가 이스라엘 백성을 내보내지 않으면 이집트의 모든 가축 위에 심한 전염병('데베르'; 개역개정판 '돌림병')이 임할 것을 경고하시는바(9:3), 이는 바이러스성 전염병이 사람에게만 임하는 것이 아니라 짐승에게도 임할 수 있음을 암시한다. 야웨께서 출애굽 당시에 "그들의 생명을 전염병"('데베르')에 붙임으로써 그들의 목숨을 가져가겠다고 말씀하시는 시편 78:50이나 야웨께서 사람과 짐승 모두를 전염병('데베르')으로 죽이겠다고 말씀하시는 에스겔 14:19 그리고 말과 노새와 낙타와 나귀 등을 비롯한 모든 가축에게 전염병('막게파'; 개역개정판 '재앙') 재앙을 내리실 것이라는 스가랴 14:15도 같은 사실을 지적한다.

그런가 하면 이집트의 가축이 아닌 이집트 사람들에게 처음으로 죽음(9:19)의 형벌을 안겨주는 일곱 번째 우박 재앙에서는 야웨께서 왜 전

---

6 이 구절은 3:18과 거의 같은 내용으로 되어있으면서도 전염병과 칼에 대한 언급을 새롭게 추가하고 있다는 점에서 차이를 보인다: J. P. Hyatt, *Exodus,* The New Century Bible Commentary (Grand Rapids: Eerdmans, 1983), 90.

7 J. I. Durham, *Exodus,* Word Biblical Commentary (Waco: Word Books, 1987), 64.

염병의 재앙을 그들에게 내리지 않으셨는지 그 이유를 밝히는 내용이 나온다. 만일에 그가 치사율이 대단히 높은 전염병('데베르'; 개역개정판 '돌림병') 재앙을 이집트에 내리셨다면 이집트에서 살아남을 사람이 없었으리라는 것이요, 궁극적으로는 파라오에게 야웨 하나님의 권능을 보여줌으로써 그가 야웨 하나님의 이름을 세상 만민에게 전하도록 하는 것이 그 이유였다(9:15-16 참조, 롬 9:17).

민수기에서는 전염병 언급 본문이 적지 않게 나온다.8 가나안 땅을 정탐한 사람들의 부정적인 보고를 접한 이스라엘 백성이 밤새 통곡하면서 모세와 아론을 원망하면서 새로운 지도자를 세워 이집트로 돌아가고자 했을 때, 진노하신 야웨께서는 그들을 치사율이 매우 높은 전염병('데베르')으로 쳐서 멸하고 모세를 그들보다 크고 강한 나라로 만들어주겠다고 말씀하신 바가 있다(14:12). 비록 모세의 간절한 중재기도와 탄원으로 그것이 철회되긴 했지만 말이다(14:13-20). 그러나 고라와 다단과 아비람의 반역 사건(16장)에서는 야웨께서 그들을 용서하지 않으시고 무려 1만 4천 7백 명이나 되는 사람들을 치사율이 매우 높은 전염병으로 멸하셨다(49절). 그런데 이 사건을 다루는 민수기 16장은 전염병을 칭할 때 46절과 47절에서는 '네게프'(개역개정판 '염병')를 사용하며, 이어지는 48절과 49절 및 50절에서는 연속적으로 어근이 똑같은 '막게파'(개역개정판 '염병')를 사용하고 있다.

이와 비슷한 전염병 심판은 민수기 25장 이후의 본문들에서도 발견

---

8 민수기 11:33은 이스라엘 백성의 탐욕에 대한 하나님의 형벌을 "심히 큰 재앙"('막카 랍바')으로 표현하고 있는바, 그들이 메추라기 고기를 다 먹기도 전에 야웨께서 진노하여 심히 큰 재앙이 그들에게 임하게 하신 결과, 많은 사람이 죽게 되었다는 설명에 비추어 볼 때, 그 재앙은 전염병 재앙이 아니라 음식물 독성 재앙(food poisoning)임이 분명해 보인다: T. R. Ashley, *The Book of Numbers,* The New International Commentary of the Old Testament (Grand Rapids: Eerdmans, 1993), 219.

되지만, 그곳에서는 모압 여자들과의 음행과 바알브올 숭배가 가져온 전염병 재앙을 '막게파'로 설명한다(25:8, 9, 18, 26:1, 31:16 개역개정판 '염병', 시 106:29-30, 개역개정판 '재앙').9 이 전염병은 2만 4천 명10이나 되는 많은 사람의 죽음을 초래함으로써, 16장의 반역 사건 때보다 훨씬 치사율이 높은 전염병이 그들에게 임했음을 암시한다. 시내 산 언약과 관련된 복과 저주의 규정 역시 언약 규정에 불순종할 경우, 이스라엘 백성에게 전염병('데베르'; 개역개정판 '염병')이 임하여 그들을 약속의 땅에서 또는 적군의 공격에 직면하여 자기들의 안전을 위해 피신한 성읍들에서 멸할 것을 강조함으로써(신 28:21;11 레 26:25), 의학 수준이 한참 뒤떨어지던 구약 시대의 전염병이 지금보다는 훨씬 더 높은 치사율을 보이는 무서운 질병이었음을 분명하게 보여준다.

이러한 사실은 다윗의 인구 조사 강행으로 인한 전염병 재앙이 7만 명이나 되는 많은 사람을 사망에 이르게 했다는 사무엘하 24:13, 15(=대상 21:12, 14, '데베르'; 개역개정판 '전염병'; 대상 21:22, '막게파'; 개역개정판 '전염병')의 설명에 의해 뒷받침된다. 이 점에 비추어 본다면 하나님의 궤를 빼앗아간 블레셋의 아스돗(삼상 5:6)과 가드(삼상 5:9) 그리고 에그론(삼상 5:12)에 임한 독한 종기의 재앙12은 나중에 그들이 "독한 종기의 형상과

---

9 여호수아 22:17은 같은 사건에 관해 언급하면서 전염병 재앙을 '네게프'(개역개정판 '재앙')로 표현하고 있다.

10 바울은 고린도전서 10:8에서 이 숫자를 2만 3천 명으로 약간 다르게 기록하고 있다.

11 이 전염병은 바로 다음의 22절이 언급하는 일곱 가지 다른 질병들을 추가로 발생시킨 것으로 보인다: D. L. Christensen, *Deuteronomy 21:10-34:12*, Word Biblical Commentary (Nashville, Thomas Nelson Publishers, 2002), 684.

12 개역개정판은 '독한 종기'를 뜻하는 히브리어 '오펠'(tumors, 히브리어 원문은 '오펠'의 복수형)을 5:6에서는 "독한 종기의 재앙"으로 그리고 5:9, 12, 6:5 등에서는 '독한 종기'로 번역하고 있는바, 5:9, 12, 6:5의 번역('독한 종기')이 원문에 더 가깝다. 왜냐하면, 히브리어 원문에는 '재앙'이라는 낱말이 없기 때문이다.

땅을 해롭게 하는 쥐의 형상"(6:5)을 만들어 속건제로 드린 것으로 보아 설치류(rodents)와 관련된 전염성 질환으로13 5:6("망하게 하니"), 10("우리와 우리 백성을 죽이려 한다"), 11("우리와 우리 백성이 죽임당함을 면하게 하자 하니 이는 온 성읍이 사망의 환난을 당함이라")에서 보듯이 치사율이 매우 높은 것이었음이 분명하다.14 6:4 본문이 '전염병'을 뜻하기도 하는 '막게파'(개역개정판 '재앙')라는 낱말을 사용하고 있음은 바로 이 때문일 것이다. 산혜립이 이끌던 앗수르 제국의 병사들 18만 5천 명이 야웨의 사자에 의해 죽임을 당했다는 사실(왕하 19:35=사 37:36) 역시 전염병이라는 표현은 없어도 치사율이 매우 높은 전염병 사망을 가리키는 것으로 추정된다.15

문서 예언자 중에서는 주전 8세기에 북왕국 유다에서 활동한 아모스가 가장 먼저 전염병 심판에 관해 언급한다. 그는 이스라엘 백성을 향한 하나님의 심판이 출애굽 당시의 이집트에 주어진 것과 같은 치사율 높은 전염병('데베르')에 의하여 이루어졌다고 말하면서, 그것이 칼에 의해 청년들이 죽은 것처럼 많은 사람의 목숨을 앗아가는 큰 재앙이었음을 강조한다(암 4:10).

그런가 하면 남왕국 유다에서 활동한 예레미야는 전염병에 관해서 가장 많이 언급하는 예언자로 나타난다. 특히 그는 남왕국 백성을 향한 야웨 하나님의 심판을 "칼과 기근과 전염병('데베르')"(14;12, 21:7, 9, 24:10,

---

13 H. W. Hertzberg, *I & II Samuel*, Old Testament Library (Philadelphia: The Westminster Press, 1964), 54-55; P. Kyle McCarter, Jr., *I Samuel*, The Anchor Bible (New York: Doubleday, 1980), 123.

14 참조. J. Wilkinson, "The Philistine Epidemic of 1 Samuel 5 and 6," *Expository Times* 88 (1977), 137-141.

15 Sussman, "Sickness and Disease," 9. 고대 그리스의 역사가인 헤로도투스(Herodotus)가 이 사건과 관련하여 쥐(mice)에 관해 언급하는 것을 보아, 어쩌면 본문이 말하는 앗수르 병사들의 대규모 사망은 쥐로 인해 발생한 전염병 때문이었을 수도 있다: John Gray, *I & II Kings*, Old Testament Library (London: SCM Press, 1980), 694.

27:8, 13, 29:17, 18, 32:24, 36, 34:17, 38:2, 42:17, 22, 44:13)이라는 자신만의 독특한 전문 용어로 설명함으로써, 전염병 재앙이 칼이나 기근 못지않게 치사율이 높은 것임을 분명하게 보여준다. 칼이나 기근에 대한 언급 없이 전염병('데베르')만을 따로 심판의 도구로 언급하는 본문들도 예외가 아니다(21:6; 28:8).

그런데 전염병 재앙에 관해 가장 많이 언급하는 예레미야의 심판 메시지에서 한 가지 주목할 만한 특징은, 그가 희년 규정의 전문 용어들을 사용하여 전염병을 칼이나 기근과 마찬가지로 의인화하고 있다는 점이다. 34:17에서 예레미야는 시드기야 왕을 비롯한 지배층이 야웨께 순종하지 않고 제각기 '형제와 이웃'(15절에서처럼 더이상 '노비'로 칭하여지지 않음)에게 '자유'(freedom, '드로르')를 선포해야 할 희년 율법(레 25장)을 끝까지 실행하지 못한 까닭에, 야웨께서 이제 역으로 칼과 전염병과 기근에게 '자유'(freedom, '드로르')를 주실 것이라고 예언한다. 그들이 6년 된 남녀 노비들에게 자유를 주지 않았기에, 이제는 도리어 야웨께서 심판의 도구들인 칼과 전염병과 기근에게 자유를 주신다는 얘기다. 다른 본문에서 자주 나타나는 '칼과 기근과 전염병'의 순서가 조금 바뀌어 '칼과 전염병과 기근'으로 표현된 것은 아마도 이러한 상황의 역전을 암시하려는 의도에서 비롯된 수사학적인 변형일 수도 있다.

전염병 재앙이 치사율 높은 심판의 도구임을 강조하는 메시지는 예레미야의 심판 신탁을 충실하게 계승하고 있는 것으로 보이는 에스겔(5:22, 17, 6:11, 12, 7:15, 12:16, 14:21, 28:23, 33:27, 38:22)의 예언 메시지에서도 다수 발견된다. 그리고 포로기 이전에 남왕국 유다에서 활동한 하박국은 야웨 하나님의 현현에 관해 묘사하면서 전염병(pestilence, '데베르'; 개역개정판 '역병')과 재앙(plague, '레셰프'; 개역개정판 '불덩이')을 나란히 언급(합 3:5)함으로써, 전염병이 재앙과도 같이 상당한 치사율을 보이는 질병임을 암시하는 것으로 보인다. 그런가 하면 포로기 이후의 제2 성전 시기에 활동한 스가랴는 야웨께서 내리실 전염병('막게파'; 개역개정판 '재앙')으로 인하여 예루살렘을 공격한 나라 백성들의 살이 썩고 그들의 눈동자가 눈구멍 속에서 썩으며 그들의 혀가 입속에서 썩을 것이라고 말한다(슥 14:12; 참조 왕하 19:35).

III. 전염병 상황으로부터의 구원

전염병이 앞의 경우처럼 하나님의 백성을 괴롭히는 압제와 속박의 땅 이집트에 임할 재앙이나 이스라엘 백성의 죄악에 대한 야웨 하나님의 심판 기능만을 수행하는 것은 아니다. 드물기는 하지만 신정론적인 상황에 처하여 억울하게 고통당하는 의인의 불행한 처지를 묘사하는 데 전염병 표상이 사용되며, 야웨께서 전염병에 걸린 것과도 같은 고통과 재난의 상황에서 그를 구원해 주실 것을 간구하는 내용이 시편을 비롯한 몇몇 본문들에서 발견되고 있기 때문이다.

먼저 전염병이 죽음을 목전에 둔 것과도 같이 암울한 상황을 표상하는 것임을 은유적인 언어(metaphorical language)로 설명하는 경우를 보도록 하자. 시편 91편에서 시인은 야웨 하나님을 일컬어 "나의 피난처요 나의 요새요 내가 의뢰하는 하나님"이라고 고백하면서(2절), 그러한 신앙 고백을 새 사냥꾼의 올무(the fowler's snare)와 치사율 높은 전염병(the deadly pestilence, '데베르')으로부터의 구원이라는 두 가지 은유적인 표상을 통하여 확증한다. 비록 자신이 올무에 걸린 새와도 같이, 전염병에 걸린 자와도 같이 죽음 직전의 상황에 내몰려 있다고 할지라도, 야웨께서는 그러한 위기 상황으로부터 틀림없이 자신을 구원해 주실 것을 확신에

찬 어조로 고백한 것이다(3절).[16]

또한 같은 노래에서 시인은 야웨께서 그를 구원해 주실 것이기에 흑암을 틈타서 퍼지는 전염병('데베르')이나 백주에 덮치는 재앙, 곧 죽음에 처한 것과도 같은 상황을 두려워할 필요가 없음을 강조한다(6절). 시인의 이러한 설명은 야웨께서 악한 영들(evil spirits)의 활동 기간인 밤이나 낮의 위험으로부터 자신을 지켜주실 것을 고백하는 것이나 다르지 않다.[17] 학자들에 따라서는 5절과 6절이 동의적(同意的)인 평행 관계(synonymous parallelism)에 있다는 사실에 착안하여 5절 상반절의 "밤에 찾아오는 공포"(the terror by night)와 6절 상반절의 "어두울 때 퍼지는 전염병"(the pestilence that stalks in darkness)을 평행 관계에 놓으며, 5절 하반절의 "낮에 날아드는 화살"(the arrow that flies by day)과 6절 하반절의 "밝을 때 닥쳐오는 재앙"(the destruction that lays waste at noon)을 평행 관계에 놓으면서 5절 하반절의 '화살'을 가나안 지역에서 재앙과 전염병을 주관하는 신으로 숭배되던 레셰프(Resheph)의 상징물인 화살을 가리킨다고 본다. 이로써 5절과 6절을 전체적으로 보면 악귀들(demonic powers)로부터의 구원을 은유적인 언어로 표현하고 있는 본문이라고 주장하기도 한다.[18]

이것과 조금은 시각이 다르지만, 전염병이 악행이나 죄악에 대한 심판의 의미로서가 아니라 단순한 자연재해로서 의미로 사용되는 경우도 적지 않게 발견된다. 우리는 가장 대표적인 예를 솔로몬이 예루살렘 성전을 완공한 후에 야웨 하나님께 드린 기도문에서 발견할 수 있다. 그 기

---

16 Marvine Tate, *Psalms 51-100*, Word Biblical Commentary (Dallas: Word Books, 1990), 454.

17 A. Weiser, *The Psalms*, Old Testament Library (London: SCM Press, 1982), 608-609; Tate, *Psalms 51-100*, 455; M. Dahood, *Psalms II (51-100)*, The Anchor Bible (New York: Doubleday, 1983), 331; Tate, *Psalms 51-100*, 455.

18 Weiser, *The Psalms*, 608.

도문에 의하면, 솔로몬은 자기들이 사는 땅에 기근이나 전염병('데베르'; 왕상 8:37) 등의 자연재해들(natural calamities)[19]이 발생하거나 적국의 포위 공격 내지는 재앙과 질병으로 인하여 죽음의 두려움과 고통이 닥쳐올 때 자기 백성이 성전을 향하여 야웨 하나님께 기도하고 간구하면 구원을 베풀어달라고 야웨께 간구한다(왕상 8:37-39). 이와 평행을 이루는 본문인 역대하 6:28-31도 거의 동일한 내용의 전염병(6:28, '데베르') 포함 기도문을 담고 있다.

이와는 달리, 열왕기와 평행을 이루면서도 내용을 조금 달리하는 역대기의 한 본문 역시 전염병 재앙으로부터 이루어질 야웨 하나님의 구원에 관해 언급한다. 그 첫 번째 본문인 역대하 7:13-14에 의하면, 야웨께서는 예루살렘 성전 건축을 경축하는 성전 낙성식을 마침으로써 성전과 왕궁 건축을 마무리한 솔로몬에게 밤중에 나타나셔서 그가 성전 건축 직후에 드렸던 기도문(왕상 8:37-39)을 우회적으로 인용하시면서 전염병(7:13, '데베르')에 관해 언급하신다. 그리고 이스라엘 백성이 악한 길에서 떠나 스스로 낮추고 기도함으로 야웨 하나님의 얼굴을 찾으면 그들의 죄를 사하고 그들의 땅을 고치겠다고 말씀하심으로써, 전염병 재앙을 철저하게 인과율 신학의 차원에서 이스라엘 백성의 범죄에 대한 징벌의 의미가 있는 것으로 구체화한다.

그런가 하면 열왕기에는 전혀 없으나 역대기에만 있는 한 본문 역시 전염병 재앙으로부터의 구원에 관해 언급한다. 남왕국의 네 번째 왕인 여호사밧의 기도문이 그렇다. 모압과 암몬 연합군의 대대적인 공격에 직면한 여호사밧은 온 유다 백성에게 금식을 공포한 후에 성전 새 뜰 앞에

---

19 이곳에 언급된 자연재해들은 팔레스타인의 지리적인 특성에 기인한 것들이다: Gray, *I & II Kings*, 224; G. H. Jones, *1 and 2 Kings*, vol. I, The New Century Bible Commentary (Grand Rapids: Eerdmans, 1994), 203.

서 온 회중을 앞에 두고 기도한다. 그러면서 과거에 솔로몬이 성전 건축 직후에 드렸던 기도문의 일부(왕상 8:37-40)를 상당 부분 수정[20]하여 인용하는바 역대하 20:9에 그 기도문의 핵심이 잘 압축되어 있다. 여호사밧은 솔로몬이 전염병('데베르')과 기근을 비롯한 온갖 재앙이 그 땅에 임했을 때 자기 백성이 성전 앞에서 환난 중에 야웨께 부르짖으면 그가 들으시고 구원하실 것이라고 기도했음을 상기시킨다. 야웨께서는 그의 이러한 기도를 들으시고 레위 사람 야하시엘을 통하여 구원 신탁을 선포하게 하시고, 레위 사람들의 찬송이 울려 퍼지는 중에 '브라카'(blessing) 골짜기에서 그들을 구원하셨다(대하 20:14-30).

IV. 전염병의 근원, 바이러스 야웨

전염병에 관해 언급하는 이상의 모든 본문을 분석해 보면, 전염병을 인과율 신학의 차원에서 재앙과 심판으로 간주하는 본문들은 거의 예외 없이 전염병 재앙이 야웨 하나님으로부터 주어진 것임을 강조하는 경향

---

20 가장 눈에 띄는 차이는 하나님의 거주 공간에 관한 것과 인칭 변화에서 찾아볼 수 있다. "주는 계신 곳 하늘에서 들으시고"(왕상 8:39)라는 표현에서 보듯이 열왕기는 하늘을 하나님의 거주 공간으로 상정하고 있지만, 역대기는 "이 성전 앞과 주 앞에 서서"라는 표현을 사용함으로써(대하 20:9) 야웨 하나님의 성전 임재 개념을 선호하고 있으며, 열왕기상 8장 본문이 3인칭 남성 복수(they)를 사용하는 반면에, 역대하 20장 본문은 '우리'(we)라는 1인칭 복수를 사용하고 있다: Sara Japhet, *I & II Chronicles*, Old Testament Library (Louisville: Westminster John Knox Press, 1993), 790. 열왕기가 하나님께서 모세에게 주신 약속(쌍무 계약)에 대한 호소를 담고 있는 반면에(왕상 8:53), 역대기는 다윗에게 주어진 일방적인 보증과 약속에 대한 호소를 담고 있다(대하 6:42)는 차이점도 주목할 만하다: 월터 브루그만/신지철 옮김, 『다시 춤추기 시작할 때까지』 (서울: 한국기독학생회출판부, 2020), 91, 97-99.

을 보인다. 그 까닭은 그 본문들이 한결같이 '야웨께서'(출 5:3; 민 14:23; 신 28:21; 삼하 24:15; 대상 21:14; 슥 14:12, 18) 또는 '내가'(레 26:25; 대하 7:13; 암 4:10; 렘 14;12, 21:6, 7, 24:10, 27:8, 29:17, 18, 34:17, 42:17, 44:13; 겔 5:17, 12:16, 14:19, 21, 28:23, 33:27, 38:22)라는 주어를 사용함으로써, 야웨 하나님이야 말로 전염병의 근원이요 주체이심을 분명하게 표현하고 있기 때문이다. 드물기는 하지만, 시편에서는 전염병 재앙을 내리시는 야웨 하나님을 3인칭으로 칭하는 본문("그는/그가")이 발견되기도 한다(시 78:50, 91:3).

물론 예언자들을 통하여 전염병('데베르')이 선포되었음을 밝히는 본문(렘 28:8)도 결국에는 야웨 하나님이 전염병의 주체임을 밝히는 것이나 다름없다. 전염병('데베르')을 일컬어 "야웨의 칼"로 칭하는 표현(대상 21:12)도 마찬가지이다. 그리고 야웨 하나님을 주어로 언급하고 있지는 않지만, 문맥상 야웨 하나님이 전염병의 주체요 근원임을 암시하는 본문들도 적지 않다(민 16:46, 47, 48, 49, 50, 25:8, 9, 18, 26:11, 31:16; 삼하 24:13; 왕상 9:37; 대하 6:28, 20:9; 시 91:6; 렘 21:9, 27:13, 28:8, 32:24, 36, 38:2, 42:22; 겔 5:12, 6:11, 12; 7:15; 슥 14:15).

그뿐이 아니다. 출애굽기 9:3, 15은 '야웨의 손'[21]이 전염병을 일으키게 했음을 구체적으로 밝히고 있다. '손'(hand)을 뜻하는 히브리어 '야드'가 때로는 야웨 하나님의 '권능'(power)을 가리키는 표현으로도 사용되는 바[22] 출애굽기의 이 두 본문에 나오는 '야드'는 '권능'보다는 '손'의 의미가

---

21 고대 근동 지역에서도 폭넓게 평행 자료들이 나오는 이 표현은 구약성서 안에서 재앙을 가리키는 전문 용어로 자주 사용되고 있다: P. Kyle McCarter, Jr., *II Samuel,* The Anchor Bible (New York: Doubleday, 1984), 511.

22 이에 대해서는 다음을 참조: J. J. M. Roberts, "The Hand of Yahweh," *Vetus Testamentum* 21 (1971), 244-251; P. D. Miller and J. J. M. Roberts, *The Hand of the Lord: A Reassessment of the "Ark Narrative" of I Samuel* (Baltimore: Johns Hopkins Univ. Press, 1977); P. R. Ackroyd, "יד," *Theological Dictionary of the Old Testament,*

더 강하겠지만, 둘 중 어떤 낱말로 이해하건 간에 야웨 하나님이 전염병의 주체요 근원이라는 사실에는 변함이 없다. 그리고 블레셋 사람들이 하나님의 궤를 빼앗아 다곤 신전에 둔 후로 아스돗과 가드에 독한 종기 형태의 전염병이 임함으로써 많은 사람이 죽었을 때, 사무엘상 5:6, 7, 9은 "야웨의 손"이 그 일을 행했다고 진술한다. 또한 에그론이 사망의 환난을 당할 때에도 사무엘상 5:11은 "하나님의 손('야드')이 매우 무겁게 임했다"(very heavy, '카베드 므오드'; 개역개정판 '엄중했다')고 보고함으로써, 야웨 하나님이야말로 블레셋에 임한 전염병의 근원임을 분명하게 밝히고 있다.

다윗의 경우에도 비슷한 상황이 발견된다. 야웨께서는 인구 조사를 강행함으로써 불신앙과 교만의 죄에 빠진 그에게 그의 선견자인 갓을 통하여 7년 기근[23]과 3개월 전쟁 도피 생활 및 사흘 전염병 등의 세 가지 형벌 중에서 한 가지를 선택하라고 제안하시는바, 다윗은 사회적 신분이나 재산의 많고 적음에 따라 사람들에게 형벌의 영향이 다르게 나타날 수도 있는 앞의 두 가지 방식보다는 누구에게나 공평하게 형벌의 영향이 드러나게 될 사흘 전염병을 선택하면서 야웨 하나님의 자비와 긍휼("야웨께서는 긍휼이 크시니")에 그 형벌의 범위가 결정될 전염병 재앙을 일컬어 야웨의 손에 빠지는 것이라고 말한다(삼하 24:14).[24] 그의 이 말은 결국 7만 명을 사망에 이르게 한 전염병 재앙이 야웨 하나님의 손에 의해 초래되는 것이요, 따라서 야웨 하나님이야말로 전염병의 근원임을 암시하는 것이

---

vol. V (Grand Rapids: Eerdmans, 1986), 393-426.

23 역대상 21:12에는 "3년" 기근으로 기록되어 있는바, NIV와 NRSV는 70인역을 따라서 맛소라 본문의 7년을 3년으로 수정하고 있다.

24 Tony W. Cartledge, 1 & 2 Samuel, Smyth & Helwys Bible Commentary (Macon: Smyth&Helwys, 2001), 705-706; 브루그만, 『다시 춤추기 시작할 때까지』, 24, 63-64.

나 다름이 없다.

그러나 무엇보다도 야웨 하나님이 전염병의 주체요 근원이심을 가장 잘 드러내는 본문은 호세아 5:12이다. 이 본문은 호세아서의 제2부인 4-14장에 속하는데 4-14장 단락에서 호세아는 북왕국 이스라엘의 제의적인 범죄와 정치적인 범죄에 대한 고발과 비판 그리고 하나님의 심판 및 회복과 구원 등의 메시지를 선포하고 있다. 이 셋 중에서 뒤의 두 가지, 곧 하나님의 심판 및 회복과 구원의 메시지가 앞으로 있을 미래에 초점을 맞추고 있는 것들이라면 맨 처음의 메시지인 고발과 비판은 이스라엘의 현재에 초점을 맞추되, 이스라엘 백성이 경험한 규범적인 과거를 그러한 고발과 비판의 기준 내지는 근거로 활용하고 있다. 여기서 말하는 규범적인 과거라는 것은 무엇보다도 하나님께서 그들과 더불어 맺으신 시내산 계약과 그 계약에서 비롯된 율법을 가리키며, 하나님이 그들에게 베푸신 온갖 구원 은총 역시 규범적인 과거의 한 중요한 부분을 차지하고 있다.

계약 위반과 계약 파기(6:7)로 압축되는 이스라엘의 죄는 크게 세 가지로 나누어진다. 그 첫 번째는 앞서 여러 차례 살핀 바 있는 우상 숭배(2:5[H 2:7], 3:1, 4:17, 8:4-6, 9:10 등)와 풍요제의 참여 행위(4:11-14)이다. 이러한 종교적인 탈선은 야웨 하나님과의 계약 관계를 깨뜨리는 결과를 초래하였고 야웨는 그들의 하나님이 아니요, 그들은 야웨의 백성이 아니라는 심판 선고로 이어졌다(1:9). 그리고 두 번째는 제사장들을 비롯한 모든 백성이 하나님을 아는 지식을 버렸고 율법을 무시했다는 점이다(4:6; 8:1, 12). 계약 관계의 핵심을 이루는 십계명을 멸시한 행동(4:2)이 그 점을 잘 보여준다. 마지막 세 번째는 이스라엘 백성이 절대 권력을 가진 지상의 인간 왕을 세움으로써 야웨 하나님의 왕권을 가볍게 여겼다는 사실(8:4; 9:9, 15; 10:9; 13:11)을 지적할 수 있다.[25] 이는 하나님의 절대 왕권을 인정하지 않고 강대국의 무력에 의존하는 태도(5:13, 7:11, 9:3, 11:5, 12:1[H 12:2])도 포함된다고 할 수 있다.

호세아는 특히 이 세 번째의 죄와 관련하여 5:12 이하에서 북왕국 이스라엘(에브라임)이 자신의 생존을 보증해 주지 못하는 군사 동맹에 목을 거는 태도를 비난하면서, 그들과 유다 족속을 아울러 벌하시는 하나님을 매우 특이한 언어로 표현한다. 야웨 하나님이 그들에게 좀('아슈'=moth; 시 39:11 [H 39:12]; 욥 4:19[26]; 사 50:9; 51:8) 같고 유다 족속에게는 썩이는 것('라캅'=rottenness; 합 3:16; 잠 12:4, 14:30) 같다는 표현이 그렇다(12절).[27] 이것은 전쟁을 통한 하나님의 징계와 심판이 미약하게 여겨지는 좀과 썩이는 것의 활동처럼 눈에 보이지 않을 정도로 조용하게 진행되지만, 그 결과는 사람의 뼈까지 썩게 할 정도로 확실하고도 강력할 것임을 의미한다. 이는 야웨 하나님을 곰팡이나 박테리아에 비교한 것으로 구약성서 안에서 가장 기괴한 비유법이 아닐 수 없다.

하나님의 심판을 받은 결과 북왕국과 남왕국은 제각기 자신의 질병(sickness, '홀리')이나 상처(wound, '마조르')—대적의 공격을 받아 정치적으로 곤궁해진 상태(사 1:5-6; 렘 30:12-13)—를 깨닫게 된다. 디글랏 빌레셀의 공격을 받거나 시리아-에브라임 동맹군의 공격을 받았으니 그 상처가 클 수밖에 없었기 때문이다. 그러나 두 나라 중에 호세아의 메시지 수령 대상인 에브라임의 경우, 자신에게 닥친 병이나 상처에 대한 진단과 처방이 정상적으로 올바르게 내려지지 않았다. 이는 그들이 특히 북왕국

---

25 J. D. Newsome, *The Hebrew Prophets* (Atlanta: John Knox Press, 1984), 37-38; 구덕관, 『구약개론(하)』 (서울: 대한기독교출판사, 1986), 109-110.

26 개역개정판과 표준 새번역은 동일한 낱말을 "하루살이"로 조금 다르게 번역하고 있다.

27 욥은 자신의 비참한 상황을 묘사할 때 이 두 낱말을 사용하는바, 욥기 13:28에서는 이 두 낱말의 순서가 정반대로 언급되어 있다.

의 마지막 왕 호세아가 계약 관계에 기초하여 하나님께로 방향을 돌이켜 그의 도우심을 바란 것이 아니라, 도리어 당시의 국제 정세에 기초하여 모든 문제의 근원이 앗수르에게 있다고 판단하고 앗수르의 야렙 왕, 곧 디글랏 빌레셀에게 특사를 보내 도움을 요청했다는 사실(왕하 17:3 참조. 7:11)에 의하여 확인된다(13a절).[28]

하지만 그들의 이러한 응급조치는 아무런 소용이 없다. 그들이 그렇게 의지하고자 했던 앗수르 제국조차도 그들을 능히 고치지 못하고 그들의 상처를 치료하지 못할 것이다(13b절).[29] 왜냐하면, 야웨 하나님이야말로 온갖 질병과 상처의 뿌리가 되는 곰팡이나 박테리아 자체이기 때문에 그의 심판으로 인하여 생겨난 질병과 상처는 강대국 앗수르를 포함한 어느 누구도 치료할 수 없는 무서운 질병과 상처가 될 것이기 때문이다. 달리 말해서 야웨 하나님은 넓게 보아 모든 질병의 근원이 되는 바이러스 자체 이시기에, 북왕국 이스라엘이 의존하고자 하던 강대국 앗수르의 군사력 조차도 야웨께서 그들에게 임하게 하신 질병과 상처를 고치지 못할 것이 요, 오직 야웨 하나님만이 그것들을 치료하실 수 있기 때문이다(6:1-2).

---

28 H. W. Wolff, *Hosea*, Hermeneia, tr. Gary Stansell (Philadelphia: Fortress, 1974), 115; 로버트 치즈홀름/강성열 옮김, 『예언서 개론』(서울: 크리스챤 다이제스트, 2006), 532. 남왕국의 아하스 역시 많은 예물을 바쳐 디글랏 빌레셀의 지원을 요청한 적이 있다 (왕하 16:7-8).

29 이곳의 본문 단락은 에브라임을 계속해서 3인칭 남성 복수형으로 칭하고 있지만, 예외적 으로 13절 하반절에서만은 2인칭 남성 복수형으로 칭함으로써 호세아가 남왕국과 북왕국 모두를 대상으로 하여 직접 말하는 형식을 취하고 있다: Stuart, Hosea-Jonah, 105.

V. 결론

금방 가라앉을 것 같았던 코로나19 바이러스가 사랑제일교회와 광복절 집회를 계기로 다시금 빠른 속도로 확산하면서 정부에서도 한때 국민의 생명과 안전을 지키기 위한 응급책으로 사회적 거리두기 2단계 격상을 발표하지 않을 수 없었고 3단계까지 심각하게 검토해야 하는 상황에 이르기까지 했다. 특히나 어느 때보다도 교회의 공공성 강화와 사회적 책임을 강조해야 하는 위기 상황에서 일부 교회와 목회자들이 하나님의 사랑과 자비로 세상을 섬겨야 할 본분을 망각하고 무리한 다중 집회와 밀착 예배를 강행하는가 하면, 집단 이기주의에 사로잡힌 나머지 국가의 방역체계를 무시함으로써 국민의 생명과 안전을 도외시하고 국가 경제를 위기에 빠뜨린 것은 참으로 통탄할 일이 아닐 수 없다.

"너희가 이 큰 폭풍을 만난 것이 나 때문인 줄을 내가 아노라"(욘 1:12)라고 말했던 요나의 고백이 아니더라도, 작금의 코로나19 위기 상황은 한국교회 지도자와 교회들의 철저한 반성과 참회를 요청하는 엄중한 시기가 아닐 수 없다. 이 중대한 위기 상황을 슬기롭게 극복하지 못한다면 한국교회의 미래는 참으로 암담할 수밖에 없다. 그런 점에서 이제 우리는 비상한 결심과 각오로 새로운 일상(new normal)[30]을 맞이하기 위한 준비를 철저히 해야 할 것이다.[31] 이에 본고를 마무리하면서 이처럼 중대한 위기 상황을 극복하는 방법에는 어떠한 것들이 있는지 간략하게 살피고 정리하고자 한다.

---

30 포스트 코로나 시대의 특징을 열아홉 가지로 정리하여 설명하고 있는 다음 책을 참조: 제이슨 솅커/박성현 옮김,『코로나 이후의 세계』(서울: 미디어숲, 2020).

31 여러 학자의 글이 실려 있어 깊이가 조금 약하기는 하지만 최근에 나온 다음의 책이 참고할 만하다: 안명준 외 17인 공저,『전염병과 마주한 기독교』(서울: 다함, 2020).

첫째로, 가장 중요한 것은 야웨 하나님이야말로 전염병의 주체이시면서 근원이심을 믿음으로 받아들이는 것이다. 그것이 인간의 죄에 대한 심판이건 그와 무관한 자연재해이건 관계없이 말이다. 호세아가 5:12에서 밝힌 것처럼, 야웨 하나님은 온갖 질병의 뿌리가 되는 곰팡이나 박테리아 내지는 바이러스 자체이신 분이기 때문에 그러한 결론은 너무도 당연하다. 따라서 인간 세상에 존재하는 온갖 질병이나 전염병은 인간의 삶과 역사를 주관하시는 창조주 하나님의 주권과 섭리로부터 결코 벗어나지 못한다. 그 모든 것은 철저하게 창조주이신 야웨 하나님의 역사 주권 아래 있다. 그런 점에서 한국교회와 성도들은 작금의 코로나19 위기 상황이 어떤 형태로든 우리가 믿는 야웨 하나님의 역사 주권과 밀접하게 관련되어 있음을 인정하지 않으면 안 된다.

둘째로, 서론에서 언급한 바와 같이 지구촌 전체를 위기에 빠뜨린 21세기의 흑사병이라 할 코로나19는 인간의 탐욕과 그로부터 비롯된 환경 파괴와 불가분의 관계를 맺고 있다. 무엇보다도 숲을 비롯한 자연 생태계 파괴가 동물들의 주거 공간 축소를 초래함으로써 인간과 동물의 밀접 접촉 가능성을 높여주는가 하면, 인간의 육식 욕망을 채우기 위한 공장식 가축사육 문화가 가축들의 면역력 약화를 초래하여 각종 질병에 노출되게 한 것이야말로 코로나19 위기 상황의 배경을 이루고 있음은 누구도 부정할 수 없는 사실이다. 따라서 코로나19 바이러스를 극복하기 위해서는 인간의 욕망을 채우기 위해 자연 생태계를 마구잡이로 착취하고 파괴했던 지난날의 자연 파괴적인 반생명 문화를 포기하고, 하나님의 창조 세계와 더불어 호흡하고 공존하고자 하는 자연 친화적이면서도 친생명적인 문화를 포스트 코로나 시대의 핵심 과제로 설정하지 않으면 안 된다. 코로나19 재앙으로 인하여 전 지구적인 차원에서 모든 사람의 외부 활동이 크게 위축되면서 자연 생태계가 상당 부분 본래의 건강한 모습을 되찾았다는 사실을 염두에 두면서 말이다.

셋째로, 한국교회는 부분적으로 코로나19 확산의 원인을 제공한 점도 있지만, 코로나19의 최대 피해자라고 할 수도 있다. 그 까닭은 코로나19 확산으로 인한 국민 생명과 안전의 붕괴를 막기 위해서 정부의 사회적 거리두기 방침을 비교적 충실하게 이행하였고, 대면 예배와 모임을 생명으로 하는 교회의 본질을 내려놓으면서까지 코로나19 바이러스와 맞서 싸웠기 때문이다. 비대면 방식의 온라인 예배를 드린다고 하지만 그것이 대면 예배를 완벽하게 대체할 수 없다는 것은 불문가지의 사실이다. 그러다 보니 설령 코로나19 바이러스가 사라진다고 할지라도 이전처럼 많은 사람이 대면 예배에 출석하지 못할 것이라는 예측이 지배적이다. 이제는 비대면 언택트(untact) 시대에 맞는 목회 생태계를 구축하지 않으면 안 된다는 지적이 있고 보면, 시간과 공간의 제약을 넘어 역사하시는 하나님의 새로운 은총의 수단일 수도 있는 온라인이나 사이버 공간을 매개로 하여 새로운 접촉(contact) 문화를 개발하는 일이 앞으로 중요한 과제임이 분명해진다. 물론 이에는 정부의 방역 방침에 순응하면서 교회 자체로도 건강한 방역체계를 잘 운영하여 더는 코로나19 바이러스가 확산하지 않게 하는 일에 최선을 다함으로써, 국민의 건강과 생명을 안전하게 지키는 과제를 계속 성실하게 이행하는 일이 포함된다.

넷째로, 코로나19 바이러스는 경제적으로 힘든 사람들에게 더욱 큰 고통을 안겨주는 악독한 병원균이 아닐 수 없다. 강화된 사회적 거리두기가 일상생활 속으로 침투함에 따라 다양한 경제 활동이 위축되거나 아예 중단됨으로써 경제적인 위기에 빠진 사람들이 대단히 많아졌기 때문이다. 교회도 대면 예배의 중단과 온라인 예배의 지속으로 인하여 경제적인 타격을 크게 받았다는 점에서는 우리 시대의 사회적 약자들과 마찬가지의 고통을 당하고 있음을 부인할 수 없지만, 이럴 때일수록 경제적으로 여유 있는 사람들과 대형 교회들은 코로나19로 인하여 고통당하고 있는 이웃들을 외면하지 말고 초대교회 성도들처럼 자신의 유여한 것을 가지고 약한 이웃과 교회들을 섬기는 철저한 자기희생의 본분을 다해야 할 것이다. 그렇게 하는 것이야말로 높고 낮음을 허락하지 않는 하나님 나라 공동체의 이상에 부합하는 것이기 때문이다.

기후붕괴, 문명의 전환 그리고 신학의 재구성*

장윤재**

하나님의 세계는 사랑스러운 세계다. 과학자들은 종종 신학자들보다도 이 세
계에 대한 사랑에 더 깊이 빠져든다 _ 허먼 데일리[1]

I. 들어가는 말

얼마 전까지만 해도 지구 온난화를 이야기하면 코웃음 치는 사람들
이 있었다. 기후란 본래 계절별 혹은 수백 년이나 수만 년을 주기로 변하

---

* 이 글은 〈예장총회 93회기 환경선교정책협의회〉(2009. 4. 23)에서 처음으로 발표되고 이
후 필자가 소장으로 있던 한국교회환경연구소가 펴낸 『기후붕괴시대, 아주 불편한 진실과
조금 불편한 삶』(동연, 2010)에 실린 글이다. 오늘의 코로나 상황 속에서 일부 내용을 손질
하여 내놓는다. 약 10년 전이나 지금이나 고칠 게 거의 없다는 점에서 필자 스스로 충격을
받았다.
** 이화여자대학교 기독교학과 교수

1 Herman E. Daly, *Beyond Growth: The Economics of Sustainable Development* (Boston:
Beacon Press, 1996), 21.

는 것인데 웬 야단법석을 떠느냐는 것이다. 하지만 지금은 모든 것이 달라졌다. 현재 인류가 직면한 가장 큰 문제 가운데 하나가 바로 기후변화(climate change) 혹은 기후 붕괴(climate collapse)라는데 반대할 사람은 아무도 없을 것이다. 생태학자 최재천 교수의 말대로 코로나바이러스는 인류를 멸종시키지 못할 것이다. (어느 정도 죽으면 감염의 고리가 끊어져 더는 전파되지 않기 때문이다) 하지만, "기후변화는 인류의 마지막 한 사람까지 찾아내 다 죽일 것이다."[2]

문제는 우리에게 시간이 많지 않다는 점이다. '세계환경위기시계'는 이미 2008년에 9시 33분을 가리키며 종말을 상징하는 자정 12시를 향해 빠르게 달려가고 있었다.[3] 이제는 고전(classic)이 되었지만 앨 고어의 「불편한 진실」은 지구의 대기권이 얼마나 얇고 연약한 존재인가를 보여주었으며,[4] 다큐멘터리 「지구 온난화 - 6도의 악몽」은 만약 지구 최후의 날이 온다면 그것은 어떤 모습으로 우리에게 올지 적나라하게 보여주었다.[5] 지구의 평균기온은 이미 0.8도가 올랐다. 임계점인 2도를 넘으면

---

2 이화여자대학교 채플 강연 중에서(2020. 9. 21.).

3 세계 환경 파괴에 따른 위기 정도를 나타내는 '환경위기시계'는 1992년 처음 조사를 시작한 이래 가장 위급한 상황이다. 1992년 7시 49분을 시작으로 지금까지 계속 인류 종말을 상징하는 12시를 향해 치닫고 있는데, 1997년에는 '매우 불안한 상태'를 의미하는 9시를 넘어섰으며 (9시 4분), 2006년 9시 17분, 2007년에 9시 31분 그리고 작년에 9시 33분을 가리키고 있다(서울신문 2008. 9. 17.).

4 앨 고어의 다큐멘터리 영화 〈불편한 진실〉(An Inconvenient Truth)을 참조하라.

5 이 다큐에 의하면 1750년 산업혁명 이후 지구의 기온이 1도 가까이 올랐다. 세계의 기온이 1도 오르면 북극의 얼음이 사라지고, 수십만 명이 거주하는 뱅골만 주변의 땅이 침수되며, 미국 서부의 심각한 가뭄으로 국제 곡물 시장과 육류시장은 큰 타격을 받게 된다. 지구의 평균기온이 2도가 오른 시점부터 인류의 삶은 근본적으로 바뀌게 된다. 지구 온난화는 폭주 기관차처럼 통제 불능 상태가 된다. 지구의 기온이 3도 오르면 극지방에는 사시사철 여름이 계속될 것이다. 무서운 것은 이 상태가 되면 식물 세계의 반란이 일어나 초목들이 광합성을 멈춘다는 것이다. 극단적인 더위가 지속하면 일부 식물들은 산소를 저장하고 대신 이산화탄소를 방출한다. 실제로 이런 일이 2003년 폭염에 허덕이던 유럽에서 있었다. 지구의

돌이키려 해도 이미 늦었다. 문제는 시간이다. 맥도나(Sean McDonagh)가 『기후변화』에서 반복해서 말하듯이 "시간이 얼마 남지 않았다."[6] 앞으로 10년 안에 인류가 생태적 문명 전환을 이뤄내지 못하면 우리에게는 미래가 없다.

그런데 기후변화는 윤순진 교수가 잘 지적하듯이, "자본주의 경제의 생태적 전환, 아울러 물질 지향적인 자본주의적 가치와 인식의 생태적 전환을 촉구하는 자연의 메시지"임을 인식하는 것이 대단히 중요하다.[7] '환경 문제'는 자연 스스로가 만든 문제가 아니다. 그것은 인간이 만든 문제다. 구체적으로 인간의 경제 활동이 빚어낸 문제다. 그렇다면 생태 위기의 극복은 경제 문제 해결에서 실마리를 찾아야 한다. 원래 '생태'(ecology)라는 말과 '경제'(economy)라는 말이 '한 집안'을 뜻하는 그리스어 '오이코스'(oikos)에서 파생된 말임을 유념하자(오이코스는 신약성서에서 하나님이 지으신 온 세상을 뜻하는 '오이쿠메니'에서 나왔다). 만약 지금까지 우리의 생태 운동과 환경선교가 마치 자연에 대해 남다른 감수성을 가진 특별한 사람들의 전유물처럼 여겨지고 왠지 앞으로 힘있게 나아가지 못하고

평균기온이 3도 오르면 아마존 대부분이 사라지고 그로 인해 저장돼 있던 수억 톤의 이산화탄소가 방출된다. 이 어마어마한 양의 이산화탄소는 지구의 기온을 한 단계 더 끌어올릴 것이다. 지구의 평균기온이 4도 상승하면 바닷물의 수위가 상승해 인구 밀도가 높은 삼각주들을 집어삼킬 것이다. 수많은 사람에게 생명수를 공급해주는 소중한 존재인 인도 갠지스강 양쪽 끝의 산악빙하와 인도양이 자멸하기 시작할 것이다. 세계의 기온이 5도 오르면 남반구와 북반구의 온대 지방은 사람이 살 수 없는 불모지로 변한다. 수억 명의 기후 난민이 발생할 것이며 지구의 광범위한 지역에서 심각한 생존분쟁이 일어날 것이다. 지구의 평균기온이 6도 상승하면 자연재해는 일상적인 사건이 되며, 이 상태가 지속한다면 수많은 생물 종들이 대량으로 멸종한다. 6도의 기온상승은 지구 최후의 날의 시나리오라고 불린다.
6 션 맥도나/함미자 옮김, 『기후변화』(Climate Change: The Challenge to All of Us) (분도, 2006), 특히 교회의 대응 방안을 토론하는 맨 마지막 장을 참조하라.
7 윤순진, "기후변화가 요구하는 시대적 성찰," 〈2008 기독교환경운동 정책세미나〉 발제문 (2008. 12. 19.).

제 자리를 맴도는 듯한 느낌을 받았다면 그것은 그동안 '생태'와 '경제'라는, 한 마차의 두 바퀴 가운데 한 바퀴만 돌고 있었기 때문이다. 한 바퀴만 도니 제자리를 뱅뱅 맴돌았다.

맥페이그(Sallie McFague)가 말하듯이 기독교가 "(자연) 사랑, 사랑"을 이야기하지만, "경제학 없는 사랑은 공허한 미사여구에 불과하다." 환경 문제는 기본적으로 산업의 문제이고 구조의 문제다. 현재 환경 문제의 본질은 자본주의 사회가 가지고 있는 대량생산·대량소비의 경제구조에서 기인한다. 그러므로 각 개인과 가정이 무엇을 할 것인가에 관한 구체적인 방안을 찾는 것도 중요하지만, 우리가 결코 게을리해서는 안 되는 것은 현재의 파멸적 인류 경제체제에 대한 대안적 논의와 전문적 정책대안의 제시다.[8] 1981년 이 땅에 환경운동의 모체인 '한국공해문제연구소'가 출현했을 때,[9] 그것의 가장 큰 역사적 의미도 기존의 자본주의와 사회주의 모형으로는 감당할 수 없는, 어떤 새로운 패러다임의 씨앗을 뿌렸다는 점일 것이다. 우리의 싸움은 허공의 바람과의 싸움이 아니다. 우리의 싸움은 결국 시장 만능주의자, 성장 근본주의자들과의 싸움이다. 그러므로 필자는 이 글에서 현재의 '경제 위기'로부터 시작해 '생태 위기'의 문제로 나아가려 한다. 그리고 그 두 위기를 하나의 위기로 인식하면서 그에 대한 총체적인 대안을 모색해보려고 한다. 그리고 그러한 대안을

---

8 한국에서 환경 문제의 구체적 원인은 박정희 군사정권의 개발독재에 의해 추진된 공업화 중심의 경세 성상이었다. '선 개발, 후 환경보전'이라는, 개발독재의 돌진형 공업화 정책에 한국 환경 문제의 원인이 있는 것이다. 한국공해문제연구소가 탄생하게 된 계기와 맥락이 사회선교협의회의 기초 주민조직 운동 일환이었다는 점, 그럼으로써 한국에서의 환경운동의 뿌리가 민중운동에 있었음은 세계사적으로도 유례를 찾기 힘든, 매우 독특하고 의미 있는 일이다.

9 한국교회가 세운 이 단체가 우리나라 최초의 환경단체이며, 이 단체의 후신이 필자가 소장으로 섬긴 〈한국교회환경연구소〉다. 이 연구소는 지금 〈기독교환경운동연대〉의 산하단체로 되어있다.

위한 새로운 신학적 상상과 구상을 제안해보고자 한다.

II. 신자유주의 50년 그리고 그 몰락

어느 시대나 신봉하는 환상이나 검증되지 않는 믿음이 있다. 우리 세대가 신봉하는 환상은 시장(市場)이 인류를 구원하는 전능자라는 믿음이다. 시장을 구세주처럼 예배하는 신자유주의 경제사상이다. 지금 그것이 코로나바이러스로 무너지고 있다.

신자유주의란 케인스주의와 사회주의에 대한 반발로 19세기의 고전적 자유주의를 소생시키고 부흥시키려는, 1970년대 이후의 현대 경제사상 운동을 말한다. 그것의 핵심 이론은 정부의 개입이 최소화됐을 때 시장은 국가가 제공하는 것보다 훨씬 더 효율적인 서비스를 제공한다는 것이다. 문제는 신자유주의가 이런 이론적 주장을 넘어서 시장은 절대 실패하지 않는다는, 시장에 대한 '종교적 신앙'을 의미한다는 데 있다.

신자유주의라는 교리는 1974년 노벨 경제학상 수상자인 오스트리아의 하이에크(Friedrich August von Hayek)의 사회철학에 기초해 있다. 그는 단순한 이론 경제학자가 아니었다. 사상의 힘을 통해 세상의 변혁이 가능하다고 믿었던 열정적 선동가였다. 그는 평생을 '자유주의 유토피아' 건설에 바쳤는데, 그가 말한 자유주의적 이상사회는 '사회정의'와 '이웃사랑' 윤리가 노골적으로 거부된 사회였다. 그는 개인의 '자유'(liberty)와 사회적 '정의'(justice)가 절대로 양립할 수 없다고 확신했다. 성서가 말하는 '이웃사랑'의 윤리도 부족사회의 낡은 윤리를 현대사회에 강요하려는 억지에 불과하다고 가르쳤다. 신자유주의는 이렇게 극단적인 사회적 불평등과 사회적 연대의 부정을 의미한다.

그동안 우리가 고통스럽게 경험해 온 극단적인 사회적 양극화와 각자도생(各自圖生)의 삶, 공공성의 붕괴는 이런 신자유주의의 세계화와 무관하지 않다. 신자유주의의 발원지라 해도 좋을 영국이 유럽 주요국 중에서 코로나바이러스로 가장 처참하게 무너지는 모습이 그것을 증거한다. '요람에서 무덤까지'라는 영국식 복지가 신자유주의에 제압당한 후, 코로나에 직면한 영국의 의사들은 의료용 마스크와 장갑은 물론 가운마저 돌려 입으라는 지침을 받았다. 13%에 이른 영국의 코로나 치명률은 영국 공공의료의 민낯을 여지없이 보여주었다.

세계에서 가장 부유한 나라라는 미국은 더욱 참담하다. 뉴욕은 사람들의 '떼죽음'으로 장례식도 제대로 치르지 못했다. 미국 내 코로나바이러스로 인한 첫 사망자는 10대의 한국인이었는데, 그는 보험이 없어 치료를 거부당해 사망했다. 미국엔 정부가 전 국민을 대상으로 운영하는 보편적인 '공공의료' 서비스가 없다. 저소득층과 65세 고령자가 아니면 국민은 '민간' 보험을 들어야 한다. 보험에 들 여유가 없으면 병에 걸리지 않기를 바라며 사는 수밖에 없다. 그래서 미국에서는 정말 "아프면 파산한다." 현재 미국 인구의 약 8%가 아무 의료보험도 가지고 있지 않으며 여기에 불법체류자 그리고 코로나바이러스로 인한 실직으로 직장보험에서 떨어져 나간 사람까지 합치면 현재 미국에서는 약 5,000만 명이 보험 없이 살고 있다. 우리나라의 전체 인구와 맞먹는 집단이 죽음의 위협 앞에 무방비로 노출되어 있다. 모두 걸 시장에 맡기면 복지는 저절로 해결된다는 신자유주의의 도그마에 따라 건강도 개인이 알아서 할 문제로 만든 앵글로색슨 나라들의 비참한 결과다.

하이에크는 시장이 '자생적 질서'이며 그렇게 스스로 이루어가는 사회적 진화에 우리의 운명을 맡겨야 한다고 가르쳤다. 그에게 시장은 마치 물과 바람 같은 존재여서 인간이 통제할 수도, 통제하려 해도 안 되는 어떤 신비한 존재였다. 하지만 칼 폴라니(Karl Polanyi)가 그의 역작『위대한 변혁』에서 강조했다시피, 이른바 자유시장은 강력한 국가의 개입과 통제로 만들어졌으며 그것은 역사의 종착역이 아니라 한순간의 과정에 불과하다.

종교적 관점에서 신자유주의는 '하늘의 가능성'을 닫아버린 '자폐적 세속주의'였다. 하이에크는 "한 사회질서에 대한 비판과 개선의 노력은 반드시 주어진 가치의 틀 안에서만 수행되어야 한다"라는 매우 보수적인 원칙을 내세웠다. 그 결과 그의 자유시장 유토피아 안에는 현재 주어진 인간의 질서와 문명이 반드시 절대적이고 운명적일 필요가 없다는 믿음이 없다. 다시 말해 초월의 지평, 즉 '하늘의 가능성'이 없다. 오직 스스로 성취해 나가는 시장의 무한한 진화밖에 없다. 이렇게 스스로 새로운 세계의 가능성을 차단한 신자유주의 유토피아 사상은 자기 안에 갇힌 자폐적 세속주의라 해도 좋을 것이다.

영원할 줄만 알았던 신자유주의가, 시장에 대한 지고지순한 종교적 믿음이 인간의 눈에 보이지도 않아 생명이라 부르기도 어려운 초미세 바이러스에 의해 무너졌다는 것이 아이러니하다. 사람들은 "이 또한 지나가리라"라는 다윗 왕의 반지 안의 글귀를 기억하며 속히 과거의 평범한 일상으로 돌아가길 꿈꾼다. 하지만 우리가 돌아갈 수 있는 '평범한' 일상은 어디에도 없다. 박쥐가 평화롭게 잠자고 있는 숲속의 동굴 앞까지 불도저로 길을 놓은 과거 우리의 일상은 결코 평범한 일상이 아니었다. 곧 쓰레기가 될 물건을 무한히 생산하고 인간의 무한한 욕망을 부추기며 기후변화를 불러일으킨 과거 우리의 일상은 지금 재앙의 원천이다.

정신사적으로도 신자유주의는 시장 만능사회 외에 '또 다른 세계가 없다'(TINA – There Is No Alternative)라는 일종의 지적 패배주의였다. 하지만 코로나로 모든 것이 멈춰선 지금 우리 앞에는 '수천 개의 다른 세상이

열려 있다'(TATA - There Are Thousands of Alternatives). 종교란 눈에 보이는 것을 넘어서서, 눈에 보이는 것보다 더욱 분명한 '또 다른 세계'를 열어주는 힘이다. 그리스도교 전통에서 예수 그리스도가 선포한 '하나님의 나라'는 바로 그 새 하늘과 새 땅이다. 예수께서는 이 나라가 가까이 왔으며(마가 1:15), 이미 우리 가운데 있다(누가 17:21)고 말했다. 그 '하늘'이 지금 우리 앞에 있다. 지금은 '문명사적 전환'의 시간이며 카이로스의 시간, 즉 회개와 결단, 은총과 변혁의 시간이다.

2차 대전 이후 세계 경제는 두 단계의 과정을 밟아왔다. 첫 단계는 전후부터 1970년대 초반까지이며 경제학자들이 소위 '산업 자본주의'의 황금기라 부르는 브레턴우즈 체제의 시기이다. 두 번째는 고정환율제와 자본의 국제적 이동에 제약을 가하고 있던 브레턴우즈 체제가 붕괴한 이후 지금까지, 즉 경제학자들이 '금융 자본주의' 단계라 부르는 시기이다. 신자유주의와 연계된 이 금융 자본주의 아래서 지난 40년간 세계 경제에 많은 변화가 일어났다. 그중 가장 크고 위험한 변화는 금융자본의 전면 부상이다. 사적으로 통제되는 금융자본은 과연 어떤 얼굴의 소유자이며 우리의 세계를 어떻게 변화시켜왔는가?

먼저 사적 금융자본은 '공공의 책임성'이 없다. 이문을 낼 수 있는 곳이면 땅끝까지도 찾아가지만, 자신의 기대가 거품으로 판명되었을 때는 즉각 그 비용과 손실을 '사회화'한다. 가난한 자들에게 전가한다는 말이다. 또 사적 금융자본은 투자가 아니라 투기를 본업으로 한다. 국제 외환시장에서 거래되는 하루 약 1.5조 달러의 천문학적인 자본 가운데 단지 2.5%만이 실물경제에 쓰이고 있으며, 나머지 97.5%는 이른바 '약탈 자본주의'의 첨병으로 알려진 헤지 펀드에 의해 주도되는 단기성 투기다. 그래서 누군가는 분명 돈을 벌지만, 일자리가 창출되지도, 공장이 새로 지어지지도, 작은 부품 하나가 만들어지지도 않는다. 이러면서 금융자본은 우리가 사는 실제 세계와의 연관성을 상실했다. 브레턴우즈 시스템이 붕괴한 1970년대 초반 이후 금융경제가 실물경제보다 비대해졌으며, 실제의 생산과 교환 활동에 복무해야 할 자본은 실물경제로부터 분리되어 추상화되었다.

미국식 금융 자본주의는 1980년대 초 시작된 '레이거노믹스'로부터 본격화되었다. 레이거노믹스 아래서 1929년의 대공황 이전까지 세계 경제를 주물렀던 전업 투자은행들이 다시금 금융 자본주의의 주인공으로 부상했다. 컴퓨터와 수학 및 공학의 발달까지 이뤄지면서 이들 전업 투자은행들은 소위 파생금융상품이란 걸 만들어 그 규모를 50조 달러로 키웠다. 스스로는 첨단 금융기법을 개발했다며 '리스크 제로'의 환상에 취했다. 자기자본의 100배에 달하는 돈을 빌려 이리저리 투자하는 위험천만한 짓도 서슴지 않았다. 그리고 '세계화'라는 이름 아래 미국의 금융자본은 아무런 규제 없이 국경을 넘나들었고, 이들이 벌어들이는 돈은 제조업이 거덜 난 미국을 세계 최강국으로 지탱시키는 힘이 됐다. '카지노 자본주의'라는 비판이 거셌지만 아랑곳하지 않았다. 하지만 방종과 오만의 대가는 너무나 컸다. 2008년 월가 금융 사태의 뇌관 구실을 한 파생금융상품 CDS(Credit Default Swap)의 예에서 엿볼 수 있듯이, 대형 투자은행들이 벌이는 머니게임 속에서 리스크는 결코 죽지 않았다. 다만 시한폭탄처럼 이리저리 떠넘겨졌을 뿐이다.

그런데 과연 이런 특성의 금융 자본주의 아래에서 부(富)는 어떻게 창출되는가? 우리가 주목해야 할 것은 국제 금융시스템이 '부채'를 창출함으로써 (가치가 아니라) 돈을 창출한다는 점이다. 사실 급속하게 축적되어 온 국제 금융자산의 대부분이 부채다. 빚이란 뜻이다. 현재의 금융시스템은 실질 가치를 창조하지 않고도 부채의 창출을 통해 부를 창출할 수 있으며[10] 자산 가치의 증식을 통해서도 부를 창출할 수 있다.[11] 우리가 사는 현대 금융 자본주의 아래 돈은 이제 거의 순수한 추상물이 되고 있으며 화폐의 창조는 가치의 창조에서 분리되고 있다.[12] 그리고 자전거가 달리지 않으면 넘어지듯이 금융 자본주의라는 자전거는 끊임없이 달리지 않으면, 즉 쉬지 않고 생산하고 성장하지 않으면 안 된다. 인간 경제의 무한한 성장을 강요하는 이 금융 자본주의 아래에서 환경(자연)은 끝없는 착취를 강요당하게 된다.

이제 우리는 심각한 신학적 질문에 봉착하게 된다. 지금처럼 순수한 추상물이 되어버린 부를 복제하면서 시장 투기를 통해 부의 환상을 창조하는 현대 금융 자본주의 체제 아래에서 그리스도인으로 살아간다는 것은 과연 무엇을 의미하는가? 생산에 필요한 단 하나의 실질적 가치도 없이 돈을 창조할 수 있는, 그러니까 돈을 '무로부터 창조'(creatio ex nihilo)

---

10 재무 체제가 어떻게 피라미드식으로 부채를 축적함에 따라 부를 창출하는지는 코튼 (David C. Korten)의 명저 『기업이 세계를 지배할 때』(When Corporations Rule the World) (서울: 세종서적, 1997), 267-279.

11 뉴욕 주식 시장의 다우존스 산업 주가가 단 하루 만에 22.6%나 하락했던 1987년 10월 19일, 투자자들은 당시 원자력 항공모함을 1천 대나 살 수 있는 액수인 1조 달러 이상의 막대한 손실을 보았지만, 이 돈은 단지 사람들이 돈을 먹지 못한다는 아주 단순한 이유로 단 한 톨의 쌀알만큼도 세계의 실질적인 식량 공급을 감소시키지 않았다. 주식 시장 가치의 붕괴는 단지 특정 회사의 지분을 구매할 수 있는 가격의 변동을 의미했을 뿐이다. 우리는 지금 시장 투기가 부의 환상을 창조하는 새로운 상황을 목도하고 있는 것이다. 물론 이 환상은 그것을 가진 자들에게 실질적인 힘을 전달하나, 이는 풍선이 부풀어 있을 때만 가능하다(코튼, 위의 책).

12 돈은 인간의 욕구를 충족시키기 위해 창조된 인간의 가장 중요한 발명품 중 하나지만 각 단계의 화폐 개혁은 화폐를 물건의 실질적인 가치로부터 분리해 왔다고 할 수 있다. 특히 1971년 8월 15일, 리처드 닉슨 대통령이 미국은 더이상 금을 요구하는 국가에 달러를 교환해 주지 않을 것이라고 선포한 이후, 달러는 여러 가지 숫자와 난해한 삽화가 찍힌, 미국 정부가 발행한 고급 종이조각 이상의 것이 아니게 되었다. 그리고 컴퓨터가 널리 사용되자, 그다음 단계는 종이를 제거하고 컴퓨터에 단순히 수치만을 저장하는 것이다. 지금도 동전과 지폐가 지속해서 유통되고 있지만 갈수록 더 많은 세계 통화 거래는 컴퓨터 간의 직접적인 전자 이체로 이루어지고 있다. 이렇게 화폐는 거의 순수한 추상물이 되고 있으며 화폐의 창조는 가치의 창조에서 분리되고 있다(코튼, 위의 책).

할 수 있는 금융 자본주의 세계 속에서 온 세상을 창조하신 하나님을 믿는다는 것은 과연 무엇을 의미하는가? 교회는 이런 신학적 물음을 던져보기나 했는가? 다음의 글을 읽으며 마음에 찔림이 없는 그리스도인이나 교회는 얼마나 될까?

잘나간다는 차이나 펀드나 남들 다 한다는 펀드 몇 개에 소액 자산을 쪼개 넣었다.… 복잡한 파생상품 설명에 질리자, 호기롭게 그냥 질렀다. 잠깐은 재미도 봤다. 수익률 예상 조회를 해 보면, 하루 만에도 몇 달 치 은행 이자만큼이 붙어있었다. 어디서 그런 돈이 오는지는 궁금하지 않았다. 중국 경제가 자동차를 팔아 돈을 버는지, 가짜 시멘트나 멜라민을 가득 탄 우유로 수익을 내는지는 고려 대상이 아니었다.… 물론 나는 개중 어설픈 개미 투자자였겠지만, 상당수 보통 사람들도 펀드 수익이 발생하는 근원을 따져보는 대신 펀드사 이름값에 휘둘렸을 것이다.… 그래서 그 결과는, 미국발 금융 대공황이다. 보통 사람들이 이해하는 상품 생산과 거래를 제쳐두고 돈만으로 돈을 벌어들인다는 파생상품의 수익 잔치는 거대한 사기극이었음이 들통났다.[13]

과연 이 '거대한 사기극'으로부터 자유로운 그리스도인이나 교회는 얼마나 되는가? 시장이 미쳐 돌아가면서 이른바 '재테크'라는 이름으로 온통 불로소득을 쫓아다닐 때, 세계 외환시장의 변동에 따라 '돈 놓고 돈 먹기' 식으로 한몫 잡겠다고 온 세상이 미쳐서 날뛸 때, 얼마나 많은 교회가 이런 식의 '나의 풍족함을 위해 다른 이들에게 고통을 떠넘기는 일'이 다름 아닌 죄라고 설교하고 가르쳤는가? 성실하게 땀 흘려 노동하지 않고 누리는 부가 사실은 가난한 사람들뿐만 아니라 바로 자연을 약탈한

---

13 정세라, "'판도라의 계좌'를 열며," 「한겨레신문」 2008년 9월 24일.

결과라고 가르쳤는가? 아니 교회는 오히려 청빈(淸貧)이 아니라 청부(淸富)가 '성경적 원리'라고 가르치지 않았던가?[14] 요즘은 지식인들이나 예술가뿐만 아니라 심지어 성직자들까지도 경쟁 시대에 뒤떨어져서는 안 된다는 집단적인 강박관념에 빠져 있다. 예전에 비하면 정말 넘치게 살면서도 현재 삶의 수준을 유지하기 위해 끝없이 개발하고 발전하고, 또 경쟁해야 한다고 노래를 부른다. 그러다 보니 그리스도교의 복음은 '이 땅에서 성공, 죽어서는 천당'이 되고 만다. 지금 여기 이 땅 위에 이루어지는 하나님의 나라는 없다.

이제 한국교회는 신자유주의의 포로가 된 것을 깊이 참회해야 한다. 이 세계와의 종말론적 긴장 관계를 잃어버리고 강자의 편에 서서 피 묻은 돈으로 바친 헌금을 하나님의 축복이라고 기도해준 공범 관계를 통렬히 자복해야 한다. 과거의 독재자들은 '강압'으로 국민을 지배했다. 오늘날 금융자본이라는 맘몬은 돈에 대한 우리의 '사랑'을 무기로 우리를 지배한다. 스리랑카의 신학자 피에리스(Aloysius Pieris)는 '가난으로부터의 자유'(freedom from poverty)가 '가난으로부터 오는 자유'(freedom that comes from poverty)와 결합하지 않으면 우리는 맘몬과의 싸움에서 결코 이길 수 없다고 말했다. 예수께서는 우리가 하나님과 맘몬을 동시에 섬길 수 없다고 단언하셨다(마태 6:24). 그렇다면 우리가 우리 시대에 그리스도인으로 살아가기 위해 처음으로 해야 할 일은 빈곤의 신 맘몬으로부터 생명의 신

---

14 김이태 목사는 "오른손에는 장수가 있고 그의 왼손에는 부귀가 있나니"(잠언 3:16)를 근거로 부에 대한 '성경적 원리'를 가르친다. 김 목사에 의하면 "성경에는 믿음과 기도에 관한 말씀이 약 500번 나오는 데 반해 재물과 소유에 대한 말씀은 2,350번 나온다"라며 "성경을 자세히 보면 청빈보다 청부를 더 강조하는 것을 알 수 있다"라고 주장한다. 김 목사는 "아브라함이 포로가 된 조카 롯을 구하기 위해 400여 명의 사병을 거느렸던 것을 볼 때 요즘 시대로 말하면 재벌"이라며 "우리가 가진 소원이 하나님의 뜻과 일치할 때 우리 또한 성경에서 약속한 부를 누릴 수 있다"라고 주장하였다(「기독교초교파신문」, 2008년 3월 16일).

하나님께로 돌아서는 것이다. 즉, 회개하는 것이다. '돈 신'에 대한 우리의 은밀한 사랑과 비겁한 굴종으로부터 영적 · 정신적 자유를 얻는 것이다. 필자는 이것이 지금의 기후붕괴 시대에 무엇보다도 우리에게 요청되는 기독교적 영성(spirituality)이라고 생각한다. 바로 이런 영성이 생태적 영성과 결합하지 않으면 우리의 '자연 사랑'은 반쪽짜리 영성이 되고 만다.

III. 대안은 있는가?

비판은 쉽다. 하지만 대안은 있는가? 다행히 고삐 풀린 금융자본의 파괴 행위를 제어하기 위한 국제적 거버넌스 움직임이 강화되고 있다. 한국교회는 세계 에큐메니컬 기구를 통해 지구촌 경제에 절실한 것은 투기에 기초하지 않은 금융 체제이며, 과거에 그랬던 것처럼 지역경제의 이익에 복무하는 금융 체제임을 주장해야 한다. 하지만 우리는 시장에 대한 국가의 개입을 강조하는 케인스주의로의 복귀가 신자유주의 경제 체제에 대한 유일한 대안이라는 생각에서 벗어나야 한다. 국가의 시장에 대한 통제권을 회복하는 것이 마치 만병통치약이나 되는 것처럼 생각해서도 안 된다. 우리에게는 그보다 더욱 근원적이고(radical) 현실적인(realistic) 대안이 필요하다. 그것은 첫째 경제의 '지역화', 둘째 화석연료에 기초한 현 인간 문명으로부터의 탈피, 셋째 '생태경제'로의 문명사적 전환이다.

첫째로, 신자유주의 세계화의 근본적 대안으로 경제의 '지역화'(localization)가 모색되어야 한다. 이 말은 지금의 팽창 지향적인 단일 지구촌 경제모델을 버리고 세계 경제를 '작은 규모'(small scale)의 지역경제로 재편하고 다원화하여 그들 간의 평등하고 호혜적인 상호협력 관계를 창출하는 것을 의미한다. 물리적으로 큰 시장이 더욱 효율적이며 번영에도 더욱 효과적이라고 주장하는 사람들이 있다. 하지만 일찍이 슈마허(E.F. Schumacher)는 이런 생각을 '거대망상증'(giantism)이라고 강력히 비판했으며, 언제나 자연환경에 덜 해로운 작은 규모로 세계 경제를 재편하는 것이 인류의 미래가 걸린 사활적 과제라고 역설한 바 있다.[15] 대규모 시장경제는 언제나 자원 집약적이며 경제의 규모가 커질수록 비용은 당연히 증가한다. 요점은 자연 자원이 유한하기에 인간의 경제 활동 규모도 반드시 그 한계 안에 제한되어야 한다는 점이다. 다행히 현재와 같은 대규모의 인간 경제는 인류의 기나긴 역사에서 고작 5백여 년밖에 되지 않았다. 우리는 인류 역사의 대부분을 차지하는 작은 규모의 지역 자립경제로 되돌아가야 한다. 친환경적인 작은 규모의 지역경제들이 거대한 국제시장의 폭력으로부터 보호되어야 한다. 우리는 우리가 원래 땅과 함께 숨 쉬며 살았던 세계를 회복해야 한다.

둘째로, 신자유주의 경제체제에 대한 근원적인 대안은 화석연료에 기초한 현재의 에너지 문명에서 탈피하는 것과 병행되어 찾아야 한다. 기후변화뿐만 아니라 피크오일(peak oil) 그리고 자원의 고갈이 이른바 '전 지구적 삼중 위기'(global triple crises)로 지목된 지 오래다.[16] 지금 '시장의 실패'라는 말이 유행하고 있다. 시장의 실패란 시장 메커니즘으로는 효율적

---

15 E. F. Schumacher, *Small Is Beautiful: Economics as if People Mattered* (New York: Harper & Row, 1973), 36, 67.

16 특히 '피크오일'에 대해서는 KBS가 방영한 다큐멘터리 3부작 〈호모 오일리쿠스〉를 참조하라. 전문가들은 석유생산의 정점을 뜻하는 '피크오일'이 1971년이었을 것으로 추정한다. 1억 5천만 년에 걸쳐 만들어진 석유 자원을 인류는 겨우 150년 만에 거의 다 파 쓴 것이다. 이 다큐멘터리에 의하면 현재의 인류는 석유를 '입고', '쓰고', '마시고', '입는', 즉 석유에 중독된 인간, '호모 오일리쿠스'다. 지난 150년간 인류문명의 원동력이 된 석유는, 하지만 곧 인류의 기억 속에서 짧은 번영의 역사로 기억될지도 모른다고 이 다큐는 말한다.

인 자원 분배가 이뤄질 수 없는 경우를 말한다. 오죽하면 한국 보수 야당이 이전엔 '사회주의 정책'이라며 극구 반대하던 기본소득과 같은 개념을 먼저 주장하겠는가. 그런데 월드워치연구소(World Watch Institute)의 레스터 브라운(Lester Brown)은 무엇이 진정한 시장의 실패인지를 이야기한다. 그에 의하면 지금 무너지고 있는 것은 월가가 아니라 화석연료를 기반으로 한 우리 인간의 문명 그 자체다. 핵심 원인은 시장 가격에 '진실'이 담겨있지 않기 때문이다. 예를 들어 각종 석유 제품이나 육류의 시장 가격에는 지구 온난화나 사막화 등의 간접적인 비용이 반영돼 있지 않다. 마땅히 받아야 할 정당한 가격이 포함되지 않고 싸게 공급되다 보니 당연히 자원이 고갈되고 과잉 개발된다. 이렇게 시장이 '잘못된 신호'를 보내는 바람에 석유와 육류의 소비가 많아지고 우리는 그 문화에 안주하게 된다. 바로 이것이 시장의 실패다. 시장의 철저한 실패인 것이다. 많은 오염 물질을 배출하는 정유 공장은 대기오염이나 지구 온난화 등 사회적 비용을 일으키는데도 불구하고 정유 가격에 이 비용을 포함하지 않아 사회적으로 적정한 수준 이상의 소비를 초래할 수 있다. 문제는 누군가 이 비용을 반드시 부담하게 되어있다는 점이다. "공짜 점심은 없다"(There is no free lunch). 언제, 누가 부담할 것인가만 정해지지 않았을 뿐이다. 그런데 이제 모두가 그 대가를 치러야 할 때가 왔다. 우리가 전쟁과 폭력으로 얼룩진 현재의 문명으로부터 근본적으로 탈출하려면 우리는 특정 지역에 묻혀 있는 석유 자원이 아니라, 이 세상 누구에게나 하나님께서 골고루 내리시는 태양 빛과 지구의 70%를 이루고 있는 물에 의존하는 에너지 문명으로 총체적인 패러다임 전환을 이뤄내야 한다. 이것은 가능한 일이고 여기에 교회가 할 일은 무궁무진하다.[17]

---

17 지구상에 일 년 동안 들어오는 태양에너지의 양은 인류 전체가 일 년간 사용하는 에너지의

셋째로, 신자유주의 경제체제의 근원적인 대안은 '생태경제'(ecological economy)로의 전환이다. 현재의 경제 위기로부터의 탈출은 무한한 경제 성장이 가능하며 경제적 발전이 곧 빈곤으로부터의 탈출이라는 기존의 경제적 신앙과 가설들을 극복하는 것부터 시작되어야 한다. 고전적 자유주의든, 신자유주의든, 케인스주의든, 마르크스주의든 비록 그들이 시장과 국가, 자본주의에 관해 서로 적대적인 견해를 가지고 있더라도 그들은 끝없는 '물질적 진보'를 정당화한다는 점에서 근본적으로 하나다. 그들은 모두 서구 계몽주의의 자식들이다. 사실 지금까지 무한한 경제발전이 가능한 것처럼 잘못 인식되어 온 이유는 경제를 자연에서 고립된 것처럼, 또한 인간의 경제 안에 자연이 한 하부구조로 포함하고 있는 것처럼 생각해 왔기 때문이다. 하지만 생태경제학자 허먼 데일리(Herman E. Daly)가 주장하듯이 경제란, 그 물리적인 차원에서 "유한하고 성장하지 않으며 물질적으로 닫힌 지구의 에코시스템 아래 존재하는 열린 한 하부구조"다.[18] 이런 견해에서는 에코시스템(창조 질서)이라는 큰 원 안에 인간의 경제라는 작은 원이 포함된다. 데일리에 의하면, 어떤 특정한 지점을 넘어서면 경제 성장은 물리적으로나 경제적으로 지속할 수 있지 않으

1만 5천 배나 된다. 이 고갈되지 않고, 깨끗하고, 안전한 에너지를 이용하기 위해 태양광발전, 태양열발전, 풍력발전, 수력발전, 바이오매스 발전, 조력발전 등을 위한 기술이 이미 개발되어 사용되고 있다. 특히 풍력발전은 덴마크에서 전체 전기 생산의 25%, 독일에서 5%를 차지하고 있으며, 전 지구적으로도 해마다 약 40%씩 증가하고 있다. 한국은 현재 식량의 80%, 에너지의 98%를 외국에서 수입하고 있다. 우리에게도 고갈되지 않는 에너지, 기후변화를 일으키지 않는 에너지 그리고 안전하고 깨끗한 에너지는 생존이 걸린 긴박한 문제인 것이다(「이대대학원신문」, 2004년 3월 3일자 1면을 참조하라).

18 Herman E. Daly, "Sustainable Growth? No Thank You," in *The Case Against the Global Economy and For a Turn Toward the Local* (San Francisco: Sierra Club Books, 1996), 193. 전통적 경제학 교과서들은 경제를 재화의 기계적 흐름으로, 즉 "하나의 완전히 폐쇄된 시스템 안에서 생산과 소비 사이의 진자 운동"인 것처럼 기술한다.

며 또한 도덕적으로도 바람직하지 않다. 왜 지속 가능하지 않은가? 인류는 이미 오래전에 경제의 '규모' 면에서 성장의 최종적인 생물 물리학적 (bio-physical) 한계를 넘어섰기 때문이다. 왜 바람직하지 않은가? 인류는 이미 '최적의 규모'(optimal scale), 즉 더이상 성장은 그 성장의 가치보다 더 많은 것을 잃게 만드는 어떤 지점을 통과했기 때문이다.[19] 간디가 남긴 말처럼, 우리의 지구는 모든 사람의 필요(need)를 만족하게 하기 충분하지만 모든 사람의 욕심(greed)을 만족시키기에 충분하지 못하다. 그러므로 데일리가 주장하듯이 가난의 문제 해결은 이미 실패한 것으로 드러났다. 이는 환경적으로도 지탱하기 어려운 것으로 판명된 '양적 성장'(quantitative growth)에 의해서가 아니라, 분배 정의의 실현과 인구증가의 억제와 같은 사회적 관계의 개혁, 즉 '질적 발전'(qualitative development)에 의해서 해결되어야 한다.

---

19 이상 Daly, "Sustainable Growth: An Impossibility Theorem," Ibid., 269; Daly and Kenneth N. Townsend, Valuing the Earth: Economics, Ecology, Ethics (Cambridge, Mass.: MIT Press, 1993) preface; 그리고 Daly, Beyond Growth, 215, 223을 참조하라. 흥미로운 점은 데일리의 생태경제학은 애덤 스미스나 칼 마르크스의 영향이 아니라 현대 과학, 특히 현대 생물 물리학(biophysics)으로부터 지대한 영향을 받았다는 사실이다. 그래서 사실 정통 경제학에 대한 데일리의 비판 요지는 그것이 현대 물리학과 생물학이 밝혀낸 가장 기본적인 자연의 법칙들을 진지하게 수용하지 않고 있으므로 '비과학적'이라는 것이다. 생물 물리학적 관점에서 생명의 과정이란, "정상상태(正常狀態, steady-state)의 열역학적 불균형으로 주위 환경으로부터 낮은 엔트로피를 섭취하면서, 즉 높은 엔트로피 산출물을 낮은 엔트로피 투입물과 교환함으로써, 평형(죽음)으로부터 끊임없이 거리를 유지하는 것"이다. 여기서 중요한 것은 '열역학의 제1법칙'(우주 안의 모든 물질과 에너지는 불변한다. 창조되지도 파괴되지도 않는다. 단지 그 형태만 바뀔 뿐이다)만이 아니라, '열역학의 제2법칙'(우주 안의 모든 물질과 에너지는 한 방향으로만 변한다. 유용한 상태에서 무용한 상태로, 질서 있는 상태에서 무질서한 상태로 변한다)이다. 이와 같은 열역학의 제2법칙에 따르면, 경제란 그 물리적 측면에서 영원히 또는 아주 오래 성장할 수 없다. 데일리는 바로 이와 같이 엄연한 과학적 사실이 왜 경제 과정의 물리적 서술에는 적용되어 오지 않았느냐고 심각한 문제제기를 던진다. 이상 Daly, "On Economics as a Life Science," in Valuing the Earth, 249, 256ff; Daly, Beyond Growth, 214.

데일리는 우리에게 '불가능성의 원리'(impossibility theorem)를 제시한다. 이 원리는 세계 경제가 성장을 통해서 가난과 환경 파괴의 문제를 해결할 수 없다는 원리다. 좀 더 단순히 표현하면 미국식 고도 자원 소비 방식의 경제로는 60억 인류의 빈곤과 환경 문제를 해결할 수 없다는 원리다. 마치 무한정 책을 사 모으기만 하고 버리지 않는 도서관이 이 세상에 존재할 수 없듯이, 영원한 경제 성장은 불가능하고 어느 지점에서는 반드시 멈춰야 한다. 나아가 이 원리에 의하면 요즘 유행하고 있는 '지속 가능한 성장'(sustainable growth) 혹은 '녹색 성장'(green growth)이라는 것도 불가능하다. 사실 데일리가 지적하듯이, 지속 가능한 성장이란 용어는 '나쁜 모순어법'에 속한다. 왜냐하면, 성장에다가 '지속 가능한'이란 형용사를 붙이거나 녹색 물감을 칠함으로써 마치 여전히 성장이 가능한 것처럼 믿도록 우리를 속임으로써 우리가 지금 반드시 단행해야 할 문명사적 전환을 다시금 연기시켜 결국 그 전환의 고통을 배가시킬 것이기 때문이다. 데일리에 의하면, 성장에 대한 대안은 지속 가능한 성장 혹은 녹색성장이 아니라 '지속 가능한 발전'(sustainable development)이다.[20] 성장과 발전은 다르다. 경제의 목표는 '무한한 빵'이 아니라 '충분한 빵'이 되어야 한다. 필자는 이것이 '일용할 양식'을 구하라고 가르치신 예수 그리스도의 정신과도 일맥상통한다고 믿는다.

그리스도인들은 이러한 거시적이고 구조적인 패러다임의 전환과 더불어 일상의 작은 실천에서부터 대안적 삶을 실천하며 살 수 있다. 사실 신자유주의 경제체제에 대한 대안은 매일 우리의 '먹는 일'부터 시작한

---

20 데일리는 '성장'(growth, 규모의 양적 증대)과 '발전'(development, 더욱 높은 단계로의 질적 진화)은 두 서로 다른 것이라고 말하면서 '성장 없는 발전'(development without growth)이 곧 '지속 가능한 발전'(sustainable development)이라고 정의한다. Daly, "Sustainable Growth? No Thank You," 193-195.

다. 생명 밥상 운동이 그 예다. 경제 지역화의 핵심이 '안전한 먹을 거리 문제를 중심으로 한 사회적 연대'를 이루는 것이다. 그렇다면 지속 가능한 생태 소농 공동체를 꾸려내기 위한 지역 간 도농연대가 교회의 구체적 실천이 될 수 있을 것이다. 귀농 운동은 경제 논리로는 도저히 불가능하고 신앙이 없으면 못 하는 운동이다. 그래서 교회가 앞장설 충분한 이유가 있다. 두 번째로 우리에게는 지역경제의 활성화와 빈곤층 구제라는 '두 마리 토끼'를 한꺼번에 잡을 수 있는 대안화폐 운동도 유망하다. 교인들 간의 상호부조가 이미 보편화하고 있는 교회가 여기에 적극적으로 참여한다면 큰 진전을 이루어낼 수 있을 것이다. 셋째로 '착한 소비' 운동 혹은 '윤리적 소비' 운동도 교회가 앞장서서 전개할 수 있는 생활운동이 될 것이다. "Fair trade, not free trade!"를 표어로 공정무역 상품을 소비하는 것은 사실상 가장 작은 실천으로 세상을 바꾸는 길이기도 하다. 마지막 네 번째로 기독교 사회책임투자(Socially Responsible Investment, SRI) 운동도 확대해 나가볼 만하다.[21] 미국의 서브프라임 대출과 무함마드 유누스(Muhammad Yunus)가 창설한 그라민 은행의 '서브 서브 서브프라임 대출'의 차이는 무엇일까? 그것은 아주 간단하다. 그라민 은행은 사람을 살리려고 사람에게 다가가는 은행이다. 미국의 은행은 이윤 극대화를 위한 은행이다. 그렇다면 혹 한국교회가 서브 서브 서브프라임과 같은 대안적 금융을 꿈꾸고 제안하고, 교회가 가진 물적 자원을 통해 실현해볼 길은 있을까? 한국 개신교회가 가용한 자금이 3조이며 이는 가톨릭이나 불교보다 거의 10배에 이른다는 보도에 이러한 제안을 던져본다. 물론 꿈같은 이야기다.

---

21 이에 관해서는 한국오이코크레딧(www.oilocredit.or.kr)의 활동을 참조하고, 러셀 스파스, 『사회책임투자: 세계적 혁명』(홍성사, 2007)을 참조하라. 특히 채수일, "신자유주의에 대한 교회의 대응: 돈으로 하는 에큐메니컬 운동," 「기독교사상」(2001/1)을 참조하라.

IV. 신·인간·자연에 대한 신학적 재구성

앞서 살펴보았지만, 우리의 세계는 물리적으로 무한한 성장이 가능하지 않은 세계다. 우리는 우리의 세계가 한계(limit)를 가진 세계임을 철저히 인식해야 한다. 그리고 그에 발맞춰 인간 중심적인 창조 이해에서 벗어나 하나님 창조 세계의 통전성 안에서 인간의 창조성과 자유를 새로 인식해야 한다.

데일리도 깨달았듯이, 경제 성장을 둘러싼 논쟁은 단순한 기술적 논쟁이 아니다. 그것은 우리 인간이 가진 세계관의 근본적인 변화를 수반하는 논쟁이다. 생태적 대안 경제는 결코 기술적 해결책이 아니라 도덕적이고 종교적인 해결책이다. 1967년 "우리의 생태적 위기의 역사적 뿌리"라는 한 편의 작은 논문에서 기독교의 '지독한 인간중심주의'가 오늘날 생태 파괴의 근본 원인이라고 지목하여 현대 기독교 신학의 대각성을 촉구한 화이트(Lynn White, Jr.) 박사도 현재의 생태적 위기가 과학과 기술의 힘으로 극복될 수 있는 성질의 것이 아니며 이 위기에 대한 본질적 대책은 다름 아닌 종교적인 것이 되어야 한다고 역설했다.[22]

우리는 우리 인간에 대한 이해를 바꿔야 한다. 경제학자들은 인간을 생산자 혹은 소비자라고 부르지만, 열역학 법칙들에 의하면 인간은 창조자가 아니라 오히려 '폐기물의 생산자'에 불과하다.[23] 인간이 소유한 기

---

22 Lynn White, Jr., "The Historical Roots of Our Ecological Crisis," *Science* 155 (1967), 1203-1207을 참조하라.

23 열역학의 법칙들에 의하면 물질과 에너지는 창조되지도 파괴되지도 않는다. 따라서 엄밀히 말해 인간은 물질을 생산하거나 파괴할 수 없고 오직 한 단계에서 다른 단계로, 즉 원료에서 물자로 그리고 물자에서 쓰레기로 그 외형만을 변형시킬 수 있을 뿐이다. 그리고 인간은 새로운 에너지를 사용하지 않고서는 폐기물을 원료로 되돌릴 수 없는 존재다. 이렇게 보면 인간은 창조자가 아니라 오히려 '폐기물의 생산자'라는, 지금과 완전히 다른 이미지

술이 인간을 피조물에서 창조자의 반열에 올려놓을 것이라는 믿음은 근대가 만든 허상일 뿐이다. 이제 우리는 인간이 가진 창조적인 능력을 옹호하는 방법으로 성장에 탐닉하는 습관을 버려야 한다. 또 인간이 가지고 있는 '파생된' 창조적 능력이 마치 자생적이고 자율적이며 또한 무한한 것인 양 생각하는 망상에서 벗어나야 한다.[24] 창조성을 부여받았으나 여전히 한계성을 가지고 있는 피조물이 바로 우리 인간이다. 이러한 겸허한 인간학적 이해로부터 변화는 시작될 수 있다. 인간은 "창조성을 부여받았으나 한계에 복종해야 하는 존재"인 것이다.[25]

사실 4백 년 묵은 기계론적 세계관이 문제다. 베이컨, 데카르트, 뉴턴, 로크, 스미스가 퍼뜨린 이 기계론적 세계관의 특징은 '진보'(progress)라는 개념이다. 진보란 '덜 질서 있는' 자연 세계가 인간에 의해 '더 질서 있는' 문명으로 나아간다는 개념이다. 이 과정에서 더 많은 물질적 부가 축적될수록 세계는 더욱 질서 있는 세계가 된다는 것이다. 그리고 과학과 기술은 이를 실천하는 도구라는 것이다. 하지만 아인슈타인이 "모든 과학의 제1 법칙"이라고 말한 엔트로피(entropy) 법칙에 따르면, 지구상이건 우주건 그 어디서든 질서를 창조하기 위해서는 더 큰 무질서를 만들어내야 한다.[26] 이 법칙에 의하면 역사가 진보의 과정이라는 가설뿐만

를 얻게 되는 것이다. "우리의 에코시스템 안에서는 결코 완벽한 재생이 허용되지 않는다"고 데일리는 강조한다(Daly, Steady-State Economics, 2-3, 7-8, 105).

24 Daly, *Beyond Growth*, 218, 221, 224.

25 Daly, *Ibid.*, 224. 존 캅(John B. Cobb, Jr.)도 인간은 "역사의 주인이 아니다"라고 말하며, 샐리 맥페이그(Sallie McFague)는 "인간이 [지구의] 창조자도, 중심도, 존속과 변혁의 수단도 아니고 단지 은총의 수혜자"일 뿐이라고 강조한다. John B. Cobb, Jr., *Sustainability: Economics, Ecology, and Justice* (Eugene, OR.: Wipf and Stock, 1992), 111; Sallie McFague, *Life Abundant: Rethinking Theology and Economy for a Planet in Peril* (Minneapolis: Fortress Press, 2001), 138.

26 이에 관해서는 제레미 리프킨, 『엔트로피』(세종연구원, 2000)를 참조하라.

아니라 과학과 기술이 질서 있는 세계를 창조할 것이라는 가설도 망상이고 허상이며 선동적인 이데올로기일 뿐이다.

이렇듯 오늘날 생태 위기의 이면에는 잘못된 인간학적·신학적 전제가 숨어 있다. 인간은 '경제적 인간'(homo economicus)이며 이런 인간의 욕망은 만족을 모른다는 인간학적 전제와 이러한 '무한한 욕망이라는 원죄'는 인간의 기술에 의해 '속죄'될 수 있고, 신의 명령 가운데 가장 중요한 명령은 더 많은 사람을 위해 더 많은 재화를 생산하라는 것이라는 신학적 전제가 뒤에 숨어 있는 것이다. 하지만, 데일리가 지적하듯이, 실재의 세계에 사는 인간이 만족을 모르는 '경제 인간'은 아니며, 우리가 인간의 '상대적 필요'를 만족하게 할 수 없다 하더라도 '절대적 필요'는 만족하게 할 수 있다.[27] 지금 우리에게는 '신학적 삼위일체'라 불리는 신·인간·자연에 대한 근본적인 새 이해가 절실한 것이다.

신학이 중요하다(Theology matters!). 당장 현장에 뛰어드는 실천도 중요하지만 먼저 우리의 신학이 바뀌어야 한다. 신·인간·자연에 대한 세계관이 총체적으로 변해야 한다. 세상을 고치려면 먼저 이 세상이 어떻게 짜여있는가를 먼저 알아야 한다. 문제가 바로 거기서 비롯되었기 때문이다. 샐리 맥페이그는 기후변화를 정면으로 다룬 그의 저서에서 지구 온난화를 신학적 의제로 받아들인다.[28] 인간 종(種)을 포함한 지구 전체의 멸종 위기 앞에서 그는 인간 사상의 가장 근원을 다루는 신학적 패러다임의 변화부터 시작되어야 한다고 강조한다. "하느님과 우리 자신에 대한 잘못된 인습적 의미 때문에 지구와 생명체들에 대한 파괴가 계속되는 것이다."라고 잘라 말한다. 지금 잘못된 신관과 인간관이 우리의 잘못된 행

27 Daly and Townsend, *Valuing the Earth*, 155.
28 샐리 맥페이그, 『기후변화와 신학의 재구성』 (기독교연구소, 2008)를 참조하라.

동을 묵인하고 있는 것이라면 우리는 이러한 신관과 인간관을 비판하고 해체하여 재구성해야 한다.

맥페이그에 따르면, 고전적 신학의 영혼 중심적이고 저 세상적인 구원관은 기후변화의 위기 앞에서 인간을 방관자로 만들었다. 맥페이그에 의하면 오늘날 지구 시장을 다스리는 신고전주의 경제학은 고전적인 신학의 구원관과 잘 어울리며 현재의 기후변화 위기를 촉진한다. 고전적 신학은 기본적으로 이원론적 시각에서 세상을 바라본다. 영/육, 하나님/세계, 정신/육체 등 서로 대립한다고 생각하는 두 개의 가치를 이항 대립적으로 나눈다. 한쪽이 다른 한쪽보다 더 우월하다고 위계를 짓는 이원론적인 위계질서는 인간이 하나님과 세계를 바라보는 데 큰 영향을 끼쳤다. 이원론적 위계질서 안에서 하나님은 저 세상의 바깥에 초월해 계시는데 위계질서 맨 위의 최고 존재다. 하나님은 인간의 영혼 구원에만 관심을 가지고 그 외의 일에 대해서는 무관심하다. 또 세상은 인간이 잠시 머물다가는 호텔과 같은 곳이기 때문에 인간은 살면서 모든 자원을 내키는 대로 착취하고 과다하게 이용해도 된다. 이러한 고전적 신학관은 고전주의 경제학에서 해석한 인간, 즉 인간은 욕망을 지닌 개인적 존재라고 보는 인간관과 묘하게 조화를 이루며 생태계의 파괴를 가속하고 있다고 맥페이그는 질타한다.

이제 우리는 보다 공동체적 인간 이해, 즉 인간을 '지구에 속한 존재'로 보는 인간관의 전환을 이루어야 한다. 인간만이 중요한 존재가 아니다. 우주가 자신을 인식한 '우주의 자의식'이 바로 우리 인간이긴 하지만 인간은 지구 '위' 혹은 지구 '밖'에 군림하는 지배자가 아니다. 우리는 지구에 속해 있을 뿐만 아니라, 물, 식량, 토지 그리고 기후 등에 철저히 의존해 있다. 우리는 지구 '안'에 다른 생명과 함께, 그 생명 덕분에 존재한다. 그래서 맥페이그는 대단히 의미심장한 신학적 선언을 한다. 그는

"하나님이 이 세계 속에 성육신해 계신다"라고 말한다. 이것은 매우 과감한 제안이다. 하나님이 나사렛 예수의 한 몸으로 육화되었기보다는 온 세계 속에 육화되었다는 것이 바로 맥페이그의 출발점이다.29 전통적 창조론이 이원론적 위계적 구조 아래에서 피조물을 배제했던 것에 비해, 성육신에 토대를 둔 창조 이해에 의하면 하나님은 우주 안에 계시고 인간과 삼라만상은 하나님을 드러내는 표시이다. 따라서 세계의 고통은 곧 하나님 자신의 고통과 상처가 된다. 맥페이그는 하나님이 계시지 않는 곳이 없다는 아우구스티누스의 말에 따라 기독교 신학의 창조론과 성육신 사상이 서로 다른 별개의 것이 아님을 논증한다.30 그래서 맥페이그에게 이 세계는 '하나님의 몸'(Body of God)이다. 하나님과 세계는 동일하지 않으나 그는 세계를 하나님의 몸의 육화(in-carnation)라고 보는 것이다. 만약 이런 신학적 모델의 변화가 일어난다면 우리의 실제 삶과 신앙에 어떤 변화를 가져올까?

만약 우리가 이 세계를 하나님의 몸으로 이해한다면 우리는 하나님을 천상이나 사후에서가 아니라 지금 여기 이 땅 위에서 만날 수 있다. 그리고 우리가 하나님을 이 우주와 세계 안에서 만날 수 있다면 그것은 곧 우리가 신앙의 실천을 새로 인식하는 계기가 된다. 우리가 하나님을 이 세계 안에서 만날 수 있다면 곧 굶주린 이들을 먹이고, 헐벗은 자들을 입히며, 병든 자들을 치유하고, 오늘날의 기후변화 앞에서 온실가스를 줄이는 행동이 바로 하나님을 만나는 길이 되는 것이다. 하나님이 지금

---

29 이정배, "기후변화와 신학의 재구성 ― S. 맥페이그의 新刊을 중심하여," 〈2008 기독교환경운동 정책세미나〉 발제문.

30 이정배는 또한 본래 창조론과 성육신을 하나로 보는 관점이 기독교 초기부터 있었음을 밝힌다. 초기의 오리게네스가 그랬고 중세 신학자 보나벤투라도 그랬다는 것이다. Illa Delio, *Christ in Evolution* (Maryknoll, New York: Orbis, 2008) 서문 참조.

여기 이 세계 안에 현존하시기에 지구를 돌보는 것이 곧 하나님을 사랑하는 일이 되는 것이다. 이처럼 우리가 인간의 생존공간인 지구를 하나님 현존의 자리로 인식하는 것은 기후변화의 시대에 인류의 문명사적 전환을 제안할 수 있는 종교적 근거가 된다. 세상을 기계가 아니라 하나님의 몸으로 다시 볼 수 있을 때 우리를 지배하던 인습과 교리 그리고 거기에 기생한 성장 이데올로기는 힘을 잃고 우리는 과감히 새로운 세계를 상상할 수 있는 영적인 자유와 눈을 얻게 되는 것이다.

사실 기후변화가 요구하는 신학적 성찰의 자원은 풍부하다. 우리는 기후변화가 요구하는 신학적 성찰의 지평을 켈트 영성(Celtic spirituality)과 중세 기독교의 신비주의로도 확장할 수 있다. 최후의 만찬 때 예수의 품에 기대어 사랑받던 제자, 그래서 '하나님의 심장박동 소리'를 직접 들었다는 요한의 전통에서 나온 켈트 영성에 우리는 다시 주목할 필요가 있다.[31] 갓 태어난 어린 아기의 얼굴에서 하나님의 형상을 본 펠라기우스에게서, 가장 진정하게 인간적인 것이 가장 신적인 것이라고 말한 존 스코트에게서 그리고 하나님은 물질적 영역으로부터의 도피가 아니라 창조의 물질적 영역 가운데서 찾아질 수 있다고 말한 조지 마크라우드 등에게서 흘러나온 신학적 자원에 우리는 다시 주목할 수 있다. 그렇게 해서 우리에게 하늘과 태양, 달과 별들의 빛 가운데에서 하나님의 은총을 말하고 육체적인 것을 통해 영적인 것을 보며 모든 생명 가운데서 한 생명으로 하나님을 바라보는 눈이 형성되어야 한다.[32] 이렇게 "우리의 숨결

---

31 이에 관해서는 필립 뉴엘, 『켈트 영성 이야기』(대한기독교서회, 2001)를 참조하라.
32 그런 눈을 가진 켈트 교회의 시를 읽어보자. "위대한 하나님의 눈, 영광의 하나님의 눈, 만군의 왕의 눈, 살아 있는 왕의 눈, 우리 위로 내리쬐네, 언제나 어느 계절인, 우리 위로 내리쬐네, 부드럽고 광대하게, 당신에게 영광이 그대 찬란한 태양이여, 당신에게 영광이, 그대 태양이여, 생명의 하나님의 얼굴이여"(*Carmina Gadlica III*). 위의 책에서 재인용.

보다 더 우리에게 가까이 계시는 분"을 만날 수 있을 때 기독교의 신앙은 기후변화의 시대에 모두의 생존공간인 지구 앞에서 책임 있는 존재로 살아갈 수 있게 될 것이다.

또 신비주의가 되살아나야 한다. 신비주의란 세상으로부터 멀어지는 것이 아니라 오히려 삶으로 들어가는 것이다. 이 세계의 잘못된 그 어떤 것들보다 더 깊숙이 있는 삶의 중심에서 하나님을 찾는 것이다. 쬘레 (Dorothee Soelle)가 말하듯이 진정한 신비주의는 일상성의 문제를 진지하게 취급하며 저항적 정신을 내포하고, 이기적 자아를 벗어나 다른 것들과의 관계성을 마음에 품고 적극적으로 연대하는 신비주의다.[33] 그것은 끊임없이 세계 안으로 들어가며 그 안에서 정의를 추구하고 또한 정열적으로 살아가는 어우러짐이며 춤이다. 이러한 신비주의 영성에 의하면 우리가 '나'로부터 벗어나는 방법은 우리 안에 있는 '하나님의 것'을 깨닫는 것에서 비롯된다. '내 것'이라고 소유한 것을 '하나님의 것'으로 기억하는 것, 욕망으로부터 자유롭게 되어 그리스도와 하나를 이루는 것 그리고 소유보다 존재에서 그리스도를 만나는 것, 바로 이것이 세상과 자신의 몸을 긍정하게 하고 신비와 생명을 억압하는 모든 것에 저항하게 하는 기독교를 만들 수 있다.

V. 나가는 말

코로나는 '환경' 전염병이다. 『에코데믹, 끝나지 않는 전염병』의 저자 마크 제롬 월터슨은 광우병, 에이즈, 살모넬라, 라임병, 한타바이러스,

---

33 이에 관해서는 도로테 쬘레, 『신비와 저항』(이화여대출판부, 2007)을 참조하라.

웨스트 나일뇌염, 지금의 코로나바이러스 모두가 공통으로 '인수공통 감염병'으로 인간에 의해 발생하고 있음을 고발했다. 그리고 이 모든 대규모 전염병은 예외 없이 인간의 자연 파괴 행위에서 비롯된 것임을 명확히 추적했다. 인간이 숲을 없애고, 생물 간 균형을 교란하고, 지구 온난화를 일으키고, 세계를 마구 돌아다니며 각지의 토착 생물들을 뒤섞고, 항생제를 남용하고, 초식동물에게 고기를 먹이는 등 온갖 '기괴한' 파괴 행위를 저지름으로써 새로운 전염병이 창궐하고 우리 스스로 고통을 당하고 있는 현실을 폭로한 것이다. 그러므로 저자는 코로나바이러스를 요즘 유행하는 '팬데믹'(pandemic – 세계적 대유행)이라는 용어를 사용하지 않고 대신 '에코데믹'(ecodemic)이라는 말로 표현한다. 생태를 뜻하는 '에코'(eco)에 전염병을 뜻하는 '에피데믹'(epidemic)을 합성해 만든 용어다. 즉 지금의 전염병은 인류가 지구 환경을 파괴한 결과로 나타난 전염병 그러니까 '환경 전염병' 혹은 '생태병'으로 이해되어야 한다는 것이다. 그의 말을 직접 들어보자.

> 어쩐 일인지 우리는 전체 그림에서 가장 중요하지 않은 부분들만 보고 있다. 대중 매체는 대개 새 질병과 맞서 싸우는 전투만을 따로 떼어내 다룰 뿐, 수많은 새로운 질병들을 아우르는 더 큰 이야기인 생태학적 이야기는 거의 하지 않는다. 이 더 큰 이야기는 인간과 동물들이 새로운 질병에 희생당하고 있다는 식으로 단순하게 말하지 않는다. 오히려 우리가 자연환경에 급격한 변화를 일으킴으로써 많은 질병을 일으키거나 악화시키고 있다고 말한다. 우리는 이렇게 생태적 변화와 밀접하게 연관된 새로운 전염병들을 '에코데믹'(Ecodemic), 즉 '생태병' 혹은 '환경 전염병'이라고 부르는 것이 옳을지 모른다.

이제 우리는 환상에서 깨어나야 한다. "누구든지 그리스도 안에 있으면 새로운 피조물"(고린도후서 5:17)이라고 했다. 지금은 우리가 이 땅에 '풍성한 생명'(요한 10:10)을 주시기 위해 오신 옛 그리스도 안에서 하나님의 창조 세계를 지키고 경작하고 돌보는 '호모 심비우스'(Homo Symbious) 즉 공생인(共生人)으로 살아가야 한다. 지금은 문명사적 대전환의 시기다. 회심의 시간, 카이로스의 시간, 즉 은혜와 결단의 시간이다.

2부

코로나19 시대,
한국교회 목회의 과제

코로나19, 생태계의 위기와
한국교회의 목회적 과제*
─ 자연 생태계와 문화 생태계 그리고 목회 생태계 맥락에서

신재식**

I. 서론

코로나바이러스의 전 지구적 확산과 이로 인해 발생한 질병은 인류에게 새로운 환경이다.[1] 인류는 지금까지 경험한 적 없는 새로운 환경에 다양한 방식으로 대응하거나 적응하는 중이다. 또한 이로 인해 인류 활동의 전반적인 영역은 과거와 다른 새로운 형식과 내용으로 전환 중이다. 종교활동 역시 이런 전환에서 예외는 아니며, 한국교회 역시 이러한 목

---

* 이 글은 2020년 7월 14일 부산장신대 세계선교연구소가 주최한 '코로나19, 생태계의 위기와 한국교회 목회적 과제'라는 화상 강의 원고를 수정 보완한 것이다.
** 호남신학대학교 교수
1 코로나바이러스의 공식 명칭은 코비드-19(Covid-19)이지만, 여기에서는 편의상 한국 사회에서 통용되는 코로나바이러스로 표기한다.

회 환경의 변화에 맞춰 목회 생태계를 다시 구성하고 있다.

이런 상황에서 이 글의 관심사는 코로나바이러스와 생태계 위기에 직면해서 한국교회의 목회 과제를 위한 논의를 제시하는 것이다. 이를 위해서 이 글은 코로나바이러스의 등장과 생태계의 위기가 어떤 관련이 있으며, 이것이 한국교회의 목회와 어떤 관련이 있고 현재의 변화 상황에 적절히 조응하는 목회 생태계를 구성할 때 고려해야 할 점 등의 문제에 주목한다. 이러한 문제에 대해 이 글은 생태적 관점에서 다소 거시적 맥락에서 접근한다. 글을 진행하는 출발점과 전개 방향은 다음과 같다.

생태계는 인간을 둘러싼 환경 전체를 포괄하는 의미로 쓰이며, 생태적 관점이란 이런 포괄적인 측면을 고려하면서 접근하는 것이다. 여기에서 생태적이라고 하면 단순히 자연만을 의미하는 것은 아니다. 생태계가 인간을 둘러싼 환경 전체라면, 오늘의 상황에서 자연환경과 문화 환경을 모두 고려해야 한다. 지구 생명 역사라는 거시적 관점에서 보면, 현재 지구 생태계의 상황은 자연과 문화가 함께 진화해 가는 공진화 단계에 들어섰다. 지구 생명 역사에서 인류는 등장 이래 오랫동안 자연의 질서와 변화에 종속되어 살아왔다. 인류가 문화를 통해 자연에 영향을 미치기 시작하면서 자연과 문화의 두 측면이 함께 진화하기 시작했다. 인류는 20세기 후반에 들어와서 인류가 발전시킨 과학기술을 근간으로 하는 문화가 자연을 통제하고 조작, 변형하게 되었다. 자연의 질서를 바꿀 수 있는 능력을 지니면서 지구 생명의 역사는 자연과 문화의 공진화에서 문화가 자연의 진화를 이끌어가는 단계로 접어들었다. '인류세'나 '포스트휴머니즘', '호모 데우스' 등은 이런 상황을 함축적으로 담고 있는 용어다.

현재 생태계의 위기라는 것은 지구 생태계 전체가 위기에 처했다는 것이며, 동시에 특정 생물종이나 개체군이 멸종의 위기 상태로 국지적 생태계가 위기에 처했다는 것도 포함한다. 이런 위기는 생태계 변화에 따른 것이다. 현재 당면한 생태계의 위기는 생태계 변화로 인한 것이며, 이런 생태계 변화는 인류라는 종에 의해 촉발된 것이다. 따라서 생태계의 위기를 조명하는 것은 인류가 포함된 지구 생태계 전체를 대상으로 하며 인류의 생태계를 구성하는 자연 생태계와 문화 생태계를 함께 고려하는 것이다. 이렇게 현재의 위기 상황을 파악하기 위해 자연과 문화의 변화를 검토하는 것은 생태학적, 진화생물학적, 과학 기술적 관점에서 바라보아야 한다.

글의 내용은 크게 두 부분으로 나뉜다. 전반부는 자연 생태계 맥락으로, 현재 상황을 촉발한 코로나바이러스와 이로 인한 인수공통전염병에서 시작한다. 이어 인수공통전염병의 발생과 생태계의 관련성, 인수공통전염병을 발생시키는 생태계 변화의 핵심인 인류 생태계 안에서의 위상, 인류로 인한 인류세의 시작을 다룬다.

후반부는 문화 생태계 맥락에서 종교와 의사소통 수단인 미디어의 관계, 디지털 미디어와 비대면 신앙생활, 비대면 신앙생활과 한국교회 신앙 담론의 변화 그리고 비대면 시대와 한국교회 목회 과제를 다룬다. 호모 사피엔스라는 인류가 이룬 문화 생태계를 미디어의 변화, 즉 의사소통 수단의 변화와 종교라는 측면에서 먼저 개관한다. 현재 비대면 시대에 한국교회가 전자매체, 즉 디지털 미디어를 통해 이에 대응하고 있음을 주목한다. 이어서 비대면 시대의 신앙생활이 가져온 신앙 담론의 변화를 성속 이원론과 예외주의 해체라는 측면에서 살핀다. 마지막으로 비대면 사회에서 목회 생태계를 구성할 때 고려해야 할 세 가지로, 인간의 사회성, 플랫폼으로서 교회, 인터넷 세대 이해를 제시한다.

II. 자연 생태계: 코로나바이러스와 자연 생태계 그리고 호모 사피엔스

1. 코로나바이러스와 인수공통전염병

코로나바이러스, 즉 코비드-19(Covid-19)는 인수공통전염병을 일으키는 병원체이다. 인수공통전염병은 척추동물과 사람 사이에 전파가 가능한 질병을 말한다. 이 질병은 사람과 동물 사이에 병원체를 공유할 수 있는 상황이 증대하면서 발생한다. 역사적으로 인류의 생활환경이 바뀔 때마다 병원체가 바뀐 환경에 적응하고 진화하면서 새로운 전염병이 출현했다. 예측하지 못한 신종 전염병이 나타날 때마다 인류는 매우 큰 영향을 받고, 피해를 겪었다. 신종 전염병은 '새로운 숙주 집단이 처음 노출된 후 발생률이 계속 증가하는 전염병'이다. 새로운 병원체의 출현은 '종간전파'(spillover)와 연결된다. '종간전파'란 질병 생태학에서 어떤 생물종을 숙주로 삼았던 병원체가 다른 생물종으로 전파되는 순간을 지칭하는 용어다. 새로운 인수공통전염병은 척추동물에 있던 병원체가 인간에게 전파되는 것이다. 인간의 신종 질병의 70% 정도가 인수공통전염병이며 그 대부분이 야생동물로부터 온 것이다.[2] 인류의 집단 사망 중 가장 큰 요인은 대규모 전쟁이 아니라 흑사병과 같은 전염병이다.[3]

---

2 2005년 에든버러 대학의 과학자가 1,407종의 인간 병원체를 조사했는데 58%가 인수공통 전염병이었다. 총 1,407종 중 177종만이 새로 출현했거나 재출현한 것이며, 그중 4분의 3이 인수공통전염 병원체였다. 2008년에 「네이처」에 발표된 런던동물학회의 케이트 존스 팀의 연구는 1940년에서 2004년에 발생한 300건 이상의 신종 전염병 사례에서 인수공통 전염 비율이 60.3%로 나타난다. 이것은 에든버러대학과 동일했다. 데이비드 쾌먼/김병철 역, 『인수공통 모든 전염병의 열쇠』(꿈꿀자유, 2013), 55-57(이하 『인수공통 모든 전염병의 열쇠』로 표기한다).

그렇다면 인수공통전염병은 어떻게 전파되는가? 거의 모든 인수공통전염병은 바이러스, 세균, 곰팡이, 원생생물, 프리온, 기생충 등 여섯 가지 병원체 중 한 가지에 의한 감염이다. 이 병원체 중 바이러스가 가장 큰 문제이다. 바이러스는 엄청나게 단순해서 빨리 진화하고 항생제가 듣지 않으며, 찾아내기도 힘들고 온갖 증상을 일으키면서 때에 따라 엄청난 사망을 일으키기 때문이다.

바이러스에 의한 인수공통전염병은 코비드-19(2019), 마르부르크병(1967), 라사열(1969), 에볼라(1976), 에이즈1(1981), 에이즈2(1986), 신놈브레(1994), 헨드라(1994), 조류독감(1997), 니파(1998), 웨스트나일(1999), 사스(2003), 돼지독감(2009), 메르스(2012) 등으로 모두 원숭이, 박쥐, 낙타 등의 척추동물을 숙주로 한다.4

'바이러스'라는 단어는 '독, 식물의 수액, 점액'을 뜻하는 라틴어 'virus'를 그대로 가져온 것이다. 이 단어가 영어에서 병원체라는 의미로 처음 사용된 것은 1728년이다. 바이러스는 크기가 아주 작아 유전체(genome)도 극히 단순하고 살아가는 데 필요한 유전자만 지닌다. 또한 자기 복제 장치가 없어 살아 있는 세포 속에서만 자신을 복제할 수 있다. 바이러스는 이렇게 남에게 빌붙어 사는 존재이기 때문에 기본적인 4가

---

3 현재 유행 질병 가운데, 코로나바이러스에 의한 사망자는 2020년 12월 1일 기준으로 147만 명이 넘었으며, 6,350만 명 이상의 감염자가 있다. https://www.worldometers.info/coronavirus. 코로나바이러스의 국내·외 발생 현황은 다음 인터넷 주소를 참고하라. https://ncov.mohw.go.kr/bdBoardList_Real.do?brdId=1&brdGubun=14&ncvContSeq=&contSeq=&board_id=&gubun=(2020년 12월 1일 최종 접속). 에이즈는 이미 2,900만 명이 사망했고, 현재 3,300만 명이 감염되어 있지만, 아직 진행 중이기 때문에 피해의 정도와 범위를 예측할 수 없다. 20세기 일어난 가장 큰 유행병은 1918-1920년 사이에 유행했던 독감으로 전 세계적으로 5,000만 명이 사망했다. 흑사병으로는 1347-1352년 사이 유럽 인구의 30퍼센트 이상이 사망했다고 추정된다. 『인수공통 모든 전염병의 열쇠』, 364.
4 질병 이름 뒤의 괄호는 발생한 해를 나타낸다. 『인수공통 모든 전염병의 열쇠』, 50.

지 과제가 있다: 어떻게 다른 숙주로 옮겨갈 것인가, 어떻게 그 숙주의 몸속에서 세포를 뚫고 들어갈 것인가, 어떻게 그 세포의 내부 기관과 자원을 사용해서 자신을 대규모로 복제할 것인가, 어떻게 그 세포와 숙주에서 탈출할 것인가이다.[5]

그런데 코로나바이러스와 관련해서 더 주목해야 할 것은 신종 병원체 대부분이 RNA 바이러스라는 것이다. 헨드라와 니파, 에볼라와 마르부르크병, 웨스트나일, 맞추포열, 후닌, 독감 바이러스들, 한타바이러스, 뎅기열과 황열, 광견병과 관련된 바이러스들, 사스(SARS-CoV), 라사열, 에이즈1(HIV-1)과 에이즈2(HIV-2)가 모두 RNA 바이러스다. RNA 바이러스는 유전정보를 한 가닥의 분자로 저장하기 때문에 DNA처럼 짝짓기 시스템이나, 중합 효소에 의한 검토나 교정 과정이 없다. 이런 특징 때문에 DNA 바이러스는 돌연변이 발생률이 비교적 낮지만, RNA 바이러스는 엄청나게 많은 돌연변이가 발생하며 때로는 돌연변이율이 DNA 바이러스보다 수천 배 더 높다. 또한 RNA 바이러스는 복제 속도가 아주 빨라 숙주의 몸속에서 삽시간에 숫자가 불어난다.[6] 코로나바이러스를 비롯한 RNA 바이러스에 대한 대처가 어려운 까닭은 바로 이렇게 빠른 복제와 높은 돌연변이율로 인해 매우 다양한 유전학적 변이가 발생하기 때문이다.

일반적으로 바이러스가 인체에 침범하는 양상을 두 가지 생각할 수 있다. 먼저 증상이 전염력이 매우 높아지기 전에 나타나는 경우다. 즉 증상이 높은 전염력보다 먼저 나타나는 것이다. 예를 들어, 사스-쿠로나바이러스(SARS-CoV)는 두통, 발열, 오한, 기침 등의 증상이 바이러스가 본격적으로 다른 사람에게 퍼뜨리기 전에 시작된다. 따라서 전염력이 최고

---

5 『인수공통 모든 전염병의 열쇠』, 334.
6 『인수공통 모든 전염병의 열쇠』, 387-388.

에 달하기 전에 발견하여 입원 및 격리할 수 있다. 그런데 독감을 비롯한 많은 경우는 반대로 무증상 전파가 일어난다. 현재 코로나바이러스도 여기에 해당하는데, 자체 전염력이 크며 무증상 감염을 비롯해 증상 이전에 감염이 시작된다.

현재 코로나바이러스에 대한 대처가 쉽지 않은 것은 RNA 바이러스의 특징인 잦은 돌연변이에 따른 진화, 바이러스는 세포가 아니므로 세포인 세균을 죽이거나 증식을 억제하는 화학물질 즉 항생제의 영향을 받지 않는 것, 무증상 전염으로 인한 쉬운 확산, 비행기 등 문명화된 이동수단을 통한 빠른 전파와 확산 등이 함께 결합했기 때문이다. 그렇다면 코로나바이러스가 인수공통전염병을 일으키는 병원체 중 하나라면 왜, 어떻게 다른 척추동물에서 인간에게 전파되고 있는가? 이것은 자연 생태계 변화에 직결된 문제이다.

2. 인수공통전염병과 생태계

인수공통전염병은 척추동물에서 인간에게 전파된 질병이다. 이것은 인간을 공격하는 동물의 질병이다. 병원체가 공격 목표를 동물에서 인간으로 바꾸고 인간의 몸속에 자리 잡는 데 성공하는 경우 인간에게 질병이나 죽음이 찾아온다. 그런데 이 전염병의 병원체인 바이러스가 특별히 인간을 표적으로 삼은 것은 아니다. 바이러스 측에서 보면, 자신들의 영역을 침범하는 수십억의 인간은 새로운 서식지일 뿐이다. 인체에 침입해서 적응할 수만 있다면 이런 새로운 서식지가 없다. 게다가 유전체가 DNA가 아니라 RNA로 되어있는 바이러스는 돌연변이가 쉽게 일어나 새로운 환경인 인체에 매우 빨리 적응한다.

이렇게 인수공통전염병은 생태계라는 정교한 물리적 시스템 속에서 개체와 생물종 사이에서 발생하는 사건이다. 전염병은 포식, 경쟁, 부패, 광합성 등과 함께 생태학자들이 연구하는 기본 과정 중 하나이다. 포식자란 외부에서 먹잇감을 찾아 잡아먹는 비교적 큰 맹수들이다. 반면에 바이러스 등 질병을 일으키는 매개체인 병원체는 내부에서 먹잇감을 찾아 잡아먹는 비교적 작은 맹수들이다.[7]

따라서 인수공통전염병은 생태적 관점에서 파악해야 한다. 인수공통전염병이 저절로 생긴 질병이 아니기 때문이다. 인수공통전염병을 비롯한 질병들은 숨어 있다가 생태계에 큰 변화가 생기면 하나둘씩 나타난다. 여기에는 생태계와 진화라는 서로 다르지만 연결된 두 차원이 관련된다. 생태계 측면은 인수공통전염병이 관련된 서식지 교란, 고기를 얻기 위한 사냥, 동물 숙주 안에 있던 낯선 바이러스에 인간의 노출 등이다. 이것은 종과 종 사이에서 동물의 집단과 집단 사이에서 발생한 일이다. 진화 측면은 RNA 바이러스의 복제 속도와 돌연변이율, 각기 다른 바이러스 균주의 성공과 실패, 새로운 숙주에 대한 바이러스의 적응 등이다. 이것은 어떤 동물종이 오랜 시간에 걸쳐 환경에 반응할 때 동물종 안에서 일어난다. 이 과정에는 아무런 목적이 없으며 결과뿐이다. 생태적 환경은 종간전파의 기회를 제공하며, 진화는 종간전파가 전 세계적인 유행병으로 번지는 과정을 촉진한다. 인수공통전염병의 이런 특징은 생태학과 진화생물학의 중요한 주제들이다.[8]

문제는 인수공통전염병이 동물과 인간 사이의 장벽을 뛰어넘어 인간에게 정착한 것인데, 최근 들어 점점 더 자주 발생하고 있다. 그런데 이런 빈번한 발생은 인류가 행한 일들의 의도하지 않은 결과이다. 인류가 초

---

7 『인수공통 모든 전염병의 열쇠』, 26-27.
8 인수공통전염병의 생태적 측면과 진화적 측면에 대해서는 『인수공통 모든 전염병의 열쇠』, 430-431, 465, 645를 참고하라.

래한 생태학적 압력과 혼란 때문에 동물의 병원체가 인간과 접촉하는 일이 그 어느 때보다 많아졌다. 동시에 인류의 기술과 행동 때문에 병원체가 유례없이 넓고 빨리 전파된다. 인수공통전염병의 전파와 확산에는 세 가지 요인이 작용한다.[9]

첫째, 인류로 인한 자연 생태계의 급속한 붕괴이다. 현재 인류 활동은 대재앙을 초래할 만큼 빠른 속도로 자연 생태계를 붕괴시키고 있다. 벌목, 도로 건설, 화전 농법, 야생동물 사냥과 섭식, 목초지 확보를 위한 숲의 개간, 광물 채취, 도시 확장, 교외 개발, 화학적 오염, 바다의 부영양화, 해양 식량 자원의 남획, 기후변화, 물품의 과잉생산과 국제교역, 자연을 훼손하는 모든 '문명화 계획' 등의 인류 활동으로 생태계는 산산조각이 나고 있다. 2020년 78억 명에 달하는 인류 활동으로 지구 생태계가 극도의 위험 수준에 도달했다.

둘째 동물을 숙주로 삼던 병원체이다. 바이러스와 세균, 곰팡이, 원생생물, 기타 미생물을 포함하여 수백만 종의 병원체 가운데 많은 수가 다른 동물의 몸에 기생한다. 바이러스는 다른 생물의 살아 있는 세포 속에서만 증식한다. 수많은 바이러스는 각자 세균이나 곰팡이, 원생생물, 동물, 식물에 기생하면서 증식과 지리적 분포를 규정하는 생태학적 관계를 맺고 있다. 이때 양자 간의 관계는 매우 밀접하며 오랜 세월에 걸쳐 확립된 것으로 항상 그런 것은 아니지만 공생 관계인 경우가 많다. 이들은 상호의존적이며 우호적인 관계로 함께 살지만 큰 문제를 일으키지 않는다.

셋째, 인류로 인한 미생물의 서식지 파괴이다. 현재 자연 생태계가 너무나 많이 파괴되어 이런 미생물이 점차 널리 퍼지고 있다. 나무들이 벌목되고, 토종 동물들이 도살될 때마다 그들의 몸에 깃들어 살던 미생물

---

9 『인수공통 모든 전염병의 열쇠』, 51-53.

들이 주변으로 확산한다. 밀려나고 쫓겨나 서식지를 빼앗긴 기생적 미생물 앞에 두 가지 길이 놓여 있다. 새로운 숙주 또는 새로운 종류의 숙주를 찾든지, 멸종하는 것이다.

자신의 생태계가 파괴되고 숙주로 삼던 동식물이 사라지면서 서식지를 잃은 코로나바이러스를 비롯한 병원체들이 78억 명에 달하는 인간의 몸에 정착하는 데 성공한다면 인류는 훌륭하고 새로운 서식지이다. 일단 병원체가 인간에게 정착하면 남은 문제는 인간 문명의 도움을 받아서 전 세계로 쉽고 빠르게 분포되고 확산되는 것이다. 인수공통전염병의 문제는 병원체의 확산에서 자연 생태계뿐만 아니라 문화 생태계와 직접 관련된다.

인수공통전염병을 포함한 질병에서 '질병이 어디서 왔는지'뿐만 아니라 '얼마나 멀리 갈 수 있는지'가 중요한 요인이다. 인수공통전염병의 등장과 확산에는 인간 존재와 인간의 기술 문명이 결정적으로 작용한다. 인수공통전염병 같은 유행병은 밀집된 군집에서 일어나는 경향이 있고 인류는 매우 높은 인구 밀도 속에 살며 서로 긴밀하게 연결되어 있다.

메가시티는 인구 1,000만 명 이상이 거주하는 도시를 말하는데 2020년 기준 전 세계의 35개 도시가 메가시티다. 19세기 초반까지 인류는 3%만 도시에서 살았다. 이제는 세계 인구의 절반인 40억 명 정도가 도시에서 살며, 2050년경에는 전 인류의 70%가 도시에 거주할 것으로 예상한다. 대한민국은 전 인구의 80%가 도시에 산다. 코로나바이러스 발생지인 중국 우한은 900만 명의 인구를 가진 세계 42위 도시이다.[10]

인류는 비행기를 통해 사방으로 날아다니며 메가시티 사이를 1-2시

---

10 최평순, 다큐프라임 〈인류세〉 제작팀, 『인류세: 인간의 시대』 (해나무, 2020), 218-220. 이하 『인류세: 인간의 시대』로 표기한다.

간으로 연결할 수 있다. 2002-2003년에 광둥성과 홍콩에서 발생한 중 중호흡기증후군(사스)을 일으켰던 사스-코로나바이러스(SARS-Cov)는 홍콩발 토론토행 비행기에 몸을 실은 감염된 여성을 통해 캐나다로 확산 했다. 이렇게 인간은 어디에나 엄청난 숫자로 존재하기 때문에 인간과 동물에 무임승차하는 바이러스를 비롯한 미생물에게 새로운 서식지이 다. 인구가 과밀할수록 질병 확산에 취약해서 바이러스를 비롯한 병원체 에게 인간은 새로운 기회를 제공하는 신대륙이다.

3. 생태계와 호모 사피엔스

인수공통전염병의 발생과 확산에는 생태계 안에서 인류라는 종의 존 재가 핵심적인 요인이다. 지구 생명 역사에서 보면 인류는 매우 독특한 존재이며 거의 모순적인 존재다. 몸집이 크고 수명이 길면서도 숫자가 엄청나게 많기 때문이다. 이런 인류를 '대발생'(outbreak)이라고 한다. '대 발생'은 생태학적 관점에서 특정 동물종의 개체 수가 비교적 짧은 기간에 폭발적으로 늘어나는 현상을 가리킨다. 대발생을 일으키는 종은 기껏해 야 2%에 지나지 않는다. 지구 역사에서 가장 심각한 대발생이 인류, 즉 호모 사피엔스라는 동물종의 대발생이다. 화석 기록을 볼 때, 몸집이 큰 동물종 가운데 인류만큼 많은 숫자에 도달한 동물종은 없다. 게다가 인 류는 여러 동물종이 섞여 있는 것이 아니라 단일 동물종이다. 호모 사피 엔스가 60억 명을 넘어섰을 때, 인류는 육상에 존재했던 어떤 동물종 보 다 거의 100배 이상 더 큰 생물량(biomass)을 갖게 되었다.[11]

호모 사피엔스의 대발생은 지난 2세기 동안 인간 집단의 급격한 성장

---

11 『인수공통 모든 전염병의 열쇠』, 619-621.

속도와 크기를 통해 확인할 수 있다. 호모 사피엔스라는 동물종은 약 20만 년 전에 등장해서, 1804년에 10억 명이 되기까지 5만 년이 걸렸다. 1804년에서 1927년 사이에 다시 10억 명이 늘었으며, 1960년에 30억 명에 도달했다. 그 이후 인류의 숫자는 13년 만에 10억 명씩 늘었으며, 2011년에는 70억 명을 돌파했다. 최근 10억 명이 늘어나는 기간은 단 10년밖에 걸리지 않았고 2020년 현재 약 78억 명에 도달했다.[12] 인구증가율은 여전히 연간 1%가 넘고 매년 7,000만 명씩 늘고 있다.

최근 몇십 년 동안 인류는 지구가 45억 년 역사에서 경험한 것을 능가하는 수준으로 세계를 바꾸었다. 인류가 일으킨 생태계의 변화 규모는 엄청나며 지구 생명 역사에서 신기원을 열고 있다. 인류는 숲을 그대로 둘지 베어낼지, 판다가 생존할지 멸종할지, 강이 어디로 어떻게 흐를지는 물론 대기의 온도까지 결정한다. 인류는 지표면의 10분의 4를 식량을 기르는 데 사용하며 전 세계 담수의 4분의 3을 통제하고 관리한다. 인류 때문에 열대의 산호초가 사라지고 극지의 빙하가 녹고 있으며 물고기가 사라져 바다가 텅 비고 있다. 섬 전체가 상승하는 해수면 아래로 사라지지만, 북극에서는 맨땅이 새로 모습을 드러내고 있다.[13] 지구상에서 얼음으로 뒤덮인 동토층을 제외한 땅의 표면 가운데 75%가 이미 심각한 변화를 겪었고 대부분의 해양이 오염되었으며, 습지 지역의 85% 이상이 사라졌다.[14]

---

12 현재 전 세계의 인구 통계에 관해서는 https://www.worldometers.info/world-popu-lation/world-population-by-year/ 참고하라.

13 가이아 빈스/김명주 옮김, 『인류세의 모험』 (곰출판, 2018), 16. 이하 『인류세의 모험』으로 표기한다.

14 세계자연기금 한국본부, 『지구생명보고서 2020 요약본』, 8. 세계자연기금 한국본부의 웹사이트에서 최근 『지구생명보고서』(Living Planet Report) 한국어 요약본을 구할 수 있다. 기후, 에너지, 해양, 시장 등 생태적 관점의 자료들도 함께 있다.

인류는 자연환경의 변화뿐만 아니라 생물종의 지형까지 바꾸었다. 산업혁명 이래 인류의 활동으로 산림, 초지, 습지 및 기타 중요한 생태계가 심각하게 파괴되고 황폐해졌다. 이로 인해 많은 생물종이 야생에서 멸종했거나 멸종 위기에 처해있고, 생태계를 구성하는 종들은 단순화되고 있다.

지구 동물 생태계는 인류에 의해 심각하게 바뀌었다. 인류가 지구에서 가장 많은 대형동물이며, 그다음으로 많은 동물이 인류가 육종으로 창조한 가축들이다. 육상 동물 중 인간과 개나 고양이, 닭, 돼지, 소처럼 인간이 가축화한 동물이 97%의 생물량(biomass)을 차지하는 데 반해 야생동물은 3%의 생물량을 차지할 뿐이다. 인간의 개입으로 인해 지구 생태계에서 '생물 다양성'이 급속도로 줄어들고 있다.[15]

지구 생태계에서 '생물 다양성'이 이렇게 파괴된 시대는 없었다. 다양성이 높은 것은 그 시스템이 건강하다는 것을 의미한다. 즉 유전적 다양성이 클수록 종이 건강하고 종 다양성이 높을수록 생태계가 건강하며 생태계가 다양할수록 지구가 건강하다. '생물 다양성'의 측정에서 복잡하고 변하고 있는 생명 그물망의 모든 것을 파악할 수 있는 단 한 가지 지표는 없다. 이런 상황에서 지구생명지수(LPI, Living Planet Index)는 지구 생태계 전체의 상황을 보여주는 중요한 지표이다. 지구생명지수는 다양한 척추동물의 개체군 정보를 수집하여 시간의 추이에 따라 평균 개체군 풍도(population abundance)의 변화를 계산함으로써 '생물 다양성' 수준을 측정

---

https://www.wwfkorea.or.kr/our_earth/resources.

15 『인류세: 인간의 시대』, 80. '생물 다양성'은 어느 특정 지역에 얼마나 다양한 생물종이 분포하는지를 정의하는 용어이다. 이 용어는 기본 개념인 '종 다양성'에서 종 내의 개체들을 통하여 파악할 수 있는 '유전적 다양성', 다양한 종들로 구성된 기능 단위인 '생태계의 다양성' 그리고 인류가 자연과 교감하면서 이루어 낸 '문화적 다양성'까지 총괄하는 개념으로 확장된다.

한다. 세계자연기금(WWF, World Wildlife Fund)은 런던동물학회(Zoological Society of London)와 함께 지구생명지수를 조사해서 2년마다 『지구생명보고서』(Living Planet Report)를 통해 발표한다.16

올해로 13번째로 발간된 『지구생명보고서 2020』(Living Planet Report 2020)에서 지구생명지수는 세계 각지의 척추동물 4,392종, 20,811개의 개체군에서 얻은 과학적 데이터를 기반으로 산출되었다. 이 보고서에 따르면, 1970년부터 2016년까지 관찰된 포유류, 조류, 양서류, 파충류와 어류의 개체군 크기가 평균 68%가 감소했다. 이것은 2018년 60%보다 8% 더 감소한 수치다. 또한 담수의 지구생명지수의 경우 포유류, 조류, 양서류, 파충류와 어류 944종, 3,741개 개체군의 조사 결과 평균 84% 감소했는데, 이것은 1970년부터 매년 4% 감소한 수치이다.17

지난 몇십 년간 육상에서 발생한 '생물 다양성' 손실의 가장 중요하고 직접적인 요인은 토지 이용의 변화다. 일차적으로 이는 자연 그대로의 상태로 유지되던 서식지가 농업 시스템으로 전환된 데 따른 것이다. 대부분의 해양 지역에서는 남획이 벌어지고 있다. 즉 동물의 개체 수를 위협하고 '생물 다양성'을 감소시키는 가장 대표적인 요인은 서식지 감소와 훼손이며 그 외 남획, 오염, 외래종과 질병 기후변화가 있다.18 이런 요인들은 거의 모두가 인간이 땅과 바다를 인간의 필요를 충족시키기 위해 용도를 변화시키는 것과 직접 관련된다.

호모 사피엔스의 성공으로 인해 지구는 현재 인류의 행성이 되었다.

---

16 『지구생명보고서』(Living Planet Report)는 세계자연기금의 웹 사이트에서 구할 수 있다. https://livingplanet.panda.org/about-the-living-planet-report.
17 지구생명지수를 얻기 위한 데이터는 지속해서 늘어나는 데, 2020년 지수에는 400개의 신규 생물종과 4,870개의 신규 개체군이 포함되었다. 『지구생명보고서 2020 요약본』, 9.
18 세계자연기금 한국본부, 『지구생명보고서 2016 요약본』, 2016. 10.

자연적 공간은 인공적 공간으로 바뀌고 있다. 인류는 이 행성에 마지막으로 남은 거대한 숲과 야생 생태계를 침입하여 물리적 구조와 생태적 공동체를 파괴해 왔으며, 지금도 계속 파괴하고 있다. 숲속의 야생동물을 죽여 고기를 먹고 그 자리에 정착하여 일터와 주거지로 마을과 도시를 세웠다. 더불어 인류가 길들인 동물들을 데리고 들어가 야생 동물종을 가축으로 대체했다.

지구 동물종의 지형 역시 인류의 손길을 거치면서 급격한 변화를 겪고 있다. 인류의 늘어난 숫자만큼 가축들의 숫자도 늘어야 했기에 거대한 공장식 축산업을 시작했다. 이렇게 대량으로 사육하는 가축들에게 대량의 항생제를 투여했다. 가축의 질병을 치료하기 위해서가 아니라, 체중을 불리고 이윤을 얻기에 가장 적합한 상태로 도축할 때까지만 건강을 유지하기 위해서였다. 이 결과 항생제에 내성을 갖는 저항성 세균의 진화를 부추겼다. 인류는 놀라운 속도로 아주 먼 거리까지 가축을 수출하고 수입한다. 의학 연구나 애완동물을 키우기 위해 야생동물을 수출하고 수입한다. 이들 수출입 동물에 미생물이 무임 승차하며 코로나바이러스와 같은 병원체도 예외는 아니다. 게다가 인류는 가축을 수송하는 것보다 훨씬 더 빠르게 도시와 대륙 사이를 오간다.[19] 이렇게 인류는 자연 생태계와 문화 생태계를 결합하면서 인류 중심으로 지구 생태계를 재편한 것이다. 이제 인류는 지구의 정복자가 되어 지구 생태계를 재단하고 조작하게 되었다. 더 나아가 인류는 지구 생태계의 운명을 결정지을 수 있는 지배자가 되었다.

---

19 『인수공통 모든 전염병의 열쇠』, 643-644.

4. 호모 사피엔스와 인류세

지구 생명공동체에서 인류의 위상은 거의 독보적이고 독특하다. 인류와 가장 가까운 친척인 침팬지는 5만 년 전과 다름없이 살아가고 있다. 그렇지만 인류는 이제 하나의 동물종이 아니다. 인류는 축적된 문화를 지닌 유일한 생명체로서, 매번 다시 창조하기보다 과거의 유산 위에서 시작할 수 있는 유일한 생명종이다. 인간은 살아 있는 지구의 생물 화학적 조건을 의식적으로 재편하는 최초의 종이다. 우리는 지구라는 행성의 주인이 되었고 지구 생명의 운명을 좌지우지하고 있다. 인류는 지구를 다른 행성으로 만들고 있으며 지구는 지질시대의 경계를 넘어서서 '인류세'(Anthropocene)로 진입 중이다.

약 1만 년 전 세계 인구가 약 100만 명이었을 때, 농경이 발명되어 지배종들이 야생의 식물상을 대처함에 따라 몇몇 지역의 풍경이 크게 달라졌다. 약 5,500년 전 세계 인구가 약 500만이었을 때 도시가 건설되고 최초의 거대 문명이 발생했다. 18세기 이래 유럽과 북아메리카에서 일어난 산업혁명은 인간과 짐승의 노동을 기계로 대체했다. 약 150년 전 세계 인구가 약 10억 명이었을 때, 화석연료로 대량의 이산화탄소를 대기로 방출하면서 전 지구적으로 무시할 수 없는 영향을 미치기 시작했다.

하지만 인류는 제2차 세계 대전 이후 큰 규모와 빠른 속도로 주변 환경에 영향을 끼쳤다. 인구 팽창, 세계회, 대량생산, 기술동신 혁명, 개선된 농법과 의료 발전이 그것을 추동했다. 인간 활동의 폭주가 지구를 급격하게 변화시키는 힘으로 작용하고 있는 상황은 구체적인 지표들을 통해서 드러난다. 최근 인류 역사를 연구하면서 24개의 지표를 그래프로 그렸는데, 12개 지표는 사회경제적 변화에 관한 것으로 세계 인구, 도시 인구, 실질 GDP, 에너지 사용, 비료 소비, 종이 생산 등이다. 다른 12개 지표는 지구 시스템에 관한 것으로 이산화탄소, 성층권 오존, 표면 온도, 열대우림 손실, 해양 산성화 등이다. 거의 모든 그래프가 산업혁명부터 1950년 직전까지는 완만한 증가세를 보이다가 1950년대를 기점으로 가파르게 상승했다. 이 경향성을 '거대한 가속'(Great Acceleration)이라고 한다.[20]

인류는 '대발생'을 거치면서 지구 생태계에서 가장 성공한 종이 되었으며 지구 생태계의 운명을 결정할 수 있는 능력을 지닌 거의 초자연적인 존재처럼 되었다. 인류는 식물의 품종을 개량하고, 질병을 퇴치하며 전기를 전송하고 완전히 새로운 물질을 만들고 있다. 기온을 올리거나 내릴 수 있고, 종을 없애고 완전히 새로운 종을 만들고, 지구 표면을 다시 조각하고 지구의 생물학을 결정할 수 있는 자연적인 힘을 갖게 되었다.

지구상 곳곳에 영향력을 미치던 인류는 이제 자연의 순환을 초월하고 지구의 물리, 화학, 생물 과정을 바꾸는 초자연적 존재처럼 되어가고 있다. 시험관에서 새 생명을 창조할 수 있고 죽은 생물들로부터 멸종한 종을 되살려낼 수 있으며 세포에서 새로운 신체 부위를 자라게 하거나 특정 신체 부위를 대체할 기계 부품을 만들 수 있다. 로봇을 발명해 노예처럼 부리고 컴퓨터를 발명해 확장된 뇌로 사용하며 의사소통을 위한 새로운 네트워크 생태계를 창조했다. 그냥 두었으면 영아기에 죽었을 사람들을 의료 기술을 이용해 살려냄으로써 인류 자신의 진화적 경로를 바꾸었다. 인류는 인공 환경과 외부 에너지원을 창조함으로써 다른 종들을 제약하는 한계를 뛰어넘었다. 날개 없이 날 수 있고 아가미 없이 잠수할

---

20 『인류세: 인간의 시대』, 24-29. '거대한 가속'을 보여주는 24개의 그래프는 『지구생명보고서 2018 요약본』, 8-9 또는 국제자연기금 한국본부가 출판한 『한국 생태 발자국 보고서 2016』을 참고하라. https://www.igbp.net/globalchange/greatacceleration.4.1b8a e20512db692f2a680001630.html. Will Steffen, Paul J. Crutzen and John R. McNeill, "The Anthropocene: Are Humans Now Overwhelming the Great Forces of Nature." *AMBIO: A Journal of the Human Environment* 36.8 (2007): 614-621.

수 있다. 인류는 지구를 떠나 달을 방문한 유일한 종이다.[21]

인류의 이런 활동과 위상은 지구 전체에 흔적을 남기고 지구 생태계의 진로를 바꾸고 있다. 지질학자들은 이 새로운 시대를 인류세(Anthropocene)라 부른다. 인류세는 네덜란드 화학자 파울 크뤼천(Paul Crutzen)이 제안한 개념으로 우리 시대가 지질시대 상으로 홀로세(Holocene)를 지나 새로운 지질시대에 진입했다는 것을 의미한다.[22] 2019년 '인류세 실무그룹'은 인류세가 지질학적, 층서학적으로 실재하며 인류세의 시작점을 1950년대로 보는 두 안건을 통과시켰다. 2021년경 인류세를 정식 지질시대로 인정하자는 제안서가 국제층서위원회와 국제지질학 연합에서 통과되면 인류세는 공식화된다.[23] 인류의 활동으로 인한 '거대한 가속'은 안정적으로 유지되던 지구 시스템의 변화 비율을 통제 불가능한 상황으로 밀어붙였고, 결국 지구 시스템은 홀로세의 안정적 상태를 벗어나게 된 것이다. 이것은 인류 자체가 지구를 산산 조각낸 소행성 충돌, 지구를 연기 장막으로 뒤덮는 화산 폭발 같은 지질시대를 정의하는 사건들과 맞먹는 지구 물리학적 힘이 되었음을 인정하는 것이다.

지금으로부터 수백만 년 뒤 누군가 지표면에 켜켜이 쌓인 지층 속에서 인류의 지문을 볼 수 있을 것이다. 마치 현재 인류가 쥐라기 지층에서 공룡의 증거를 보고, 캄브리아기 지층에서 생명의 대폭발을 보고, 홀로세 지층에서 빙하가 후퇴하는 자국을 볼 수 있는 것과 같다. 인류의 영향은 대규모 멸종, 바다의 화학 조성 변화, 사라진 숲과 사막의 확장, 강을 가로막은 댐, 빙하의 후퇴와 가라앉은 섬들에서 나타날 것이다. 먼 미래의 지질학자들은 화석 기록에서 다양한 동물의 멸종과 가축의 번성, 알

---

21 『인류세의 모험』, 17-18.

22 Paul J. Crutzen, 'Geology of Mankind,' *Nature* 415, 23 (2002), doi:10.1038/415023a.

23 『인류세: 인간의 시대』, 50-51.

루미늄 캔과 비닐봉지 같은 인공 물질들에 대한 화학적 흔적, 캐나다 동북부 애서배스카 오일샌드 지역의 합성원유 탄광 사업과 같은 인위적 사업들의 흔적을 발견할 것이다.[24]

이렇게 인류세는 인류가 하나의 생물종으로 살아가는 방식에서 변화가 일어나면서 살아 있는 지구에 미치는 막대한 영향의 직접적인 결과이다. 40억 년이 더 된 오랜 지구 역사에서 20만 년 전에 등장한 극히 새로운 호모 사피엔스라는 생물종은 지구를 개조하고 새로운 행성으로 바꾸는 물리학적 힘과 능력을 갖춘 종이 되었다. 인류는 이제 산업화, 인구 팽창, 세계화, 통신기술 혁명의 산물인 초유기체가 되었다. 유발 하라리의 표현을 빌리자면 '호모 사피엔스'에서 신과 같은 능력을 지닌, 신과 견줄만한 '호모 데우스'가 되었다. 그 '호모 데우스' 같은 존재가 눈에 보이지 않는 미세한 존재 '코로나바이러스' 앞에서 당혹스러워하고 있다.

인수공통전염병에 직면한 당혹스러움은 인간이 자연 생태계와 분리할 수 없는 존재라는 사실을 일깨워준다. 사실 '자연계'란 없다. 그것은 인류가 만들어낸 잘못된 용어에 불과하다. 그냥 세계가 있을 뿐이다. 코로나바이러스나 인간, 돼지, 오리, 박쥐 등 모든 것이 이 세계의 일부일 뿐이다. 인류는 초자연적인 힘을 가지고 지구 생태계를 재단하고 지구 생명 역사의 운명까지 통제할 수 있는 능력을 갖춘 초자연적인 위상을 가졌지만, 여전히 과학기술로 무장하고 문화라는 옷을 두른 몸을 가진 생물종이다. 이제 그 문화라는 옷, 문화 생태계를 살펴보자.

---

24 『인류세의 모험』, 15.

III. 문화 생태계: 디지털 미디어와 문화 생태계 그리고 한국교회

1. 종교와 디지털미디어

앞서 언급했듯이, 생태계는 일반적으로 인간이 주변 환경과 상호작용하면서 관계 갖는 그물망 전체를 의미한다. 따라서 생태계는 인간의 주변을 구성하는 자연환경과 문화 환경까지 포함한다. 오늘의 인류는 생태환경 변화와 문화 환경 변화를 동시에 경험하고 있다. 앞서 언급했지만, 인류는 자연 생태계 안에서 독보적 위상을 확립하게 되었고, 인류의 활동으로 인해 지구 생태계는 여섯 번째 멸종이 시작되고 있다. 동시에 인류는 과학기술을 급속하게 발전시키면서 문화적 환경을 급변시켰다.

특히 새로운 미디어의 출현은 지구에서 인류를 초유기체로 만들고 있다. 한국교회를 비롯한 기독교 역시 자연 생태계와 문화 생태계의 이런 급변화를 경험하고 있다. 특별히 문화 생태계의 변화와 관련해 미디어 환경의 변화에 주목해야 한다. 역사적으로 미디어의 변화에 따라 종교 생활의 형식이 이에 대응하며 변화해 왔기 때문이다. 실제 코로나바이러스에 직면해서 한국교회를 비롯한 세계 교회는 디지털 미디어를 이용해서 종교 생활을 유지하고 있다. 즉 코로나바이러스로 인해 자연 생태계와 문화 생태계 두 환경 변화가 급속도로 결합하면서 기독교 신앙의 형식과 내용이 질적으로 변화하는 상황이다.

지금부터 오늘날 문화 생태계를 구성하는 핵심 요인이 된 과학기술과 이에 따른 미디어의 변화에 종교 생활이 어떻게 전개됐는지 간략히 살펴본다.[25] 과학기술은 종교에 새로운 환경을 만들어내고 있다. 종교는 과학기술이 제공하는 의사소통 수단의 발전에 따라 종교활동의 구조와 내용에서 큰 영향을 받아왔다.

테크놀로지가 점차로 전혀 새로운 인간 환경을 창조한다고 주장하는 마샬 맥루한은 '미디어가 메시지다'라고 이야기한다.[26] 그에 따르면, 사회는 커뮤니케이션의 내용보다는 그 수단이 되는 미디어에 의해 형성된다. 이것은 사회에서 전달되는 내용보다는 어떤 미디어를 통해서 그런 내용이 전달되고 있는가를 더 중요시하는 것이다. 인간의 삶과 행동 양식이 미디어를 낳는 것이 아니라, 미디어의 양식이 새로운 인간의 사고와 행동을 형성한다는 것을 의미한다. 즉 문화를 형성하는데 결정적인 요인이 바로 미디어라는 것이다.

맥루한의 관점을 빌리면, 커뮤니케이션 기술의 역사는 어떤 의미에서 인류의 문화사이다. 인류는 약 5,000년 전부터 문자를 사용하기 시작했으며 500여 년 전에 문자를 기계적으로 인쇄하는 인쇄술을 사용했다. 70여 년 전에 컴퓨터가 도입되었고 20세기 후반 들어 멀티미디어를 기반으로 하는 디지털 시대가 본격적으로 시작되었다.

윌리엄 포어는 커뮤니케이션 수단의 변화에 따라 인류 문화사를 구술시대, 기록 시대, 인쇄 시대, 전자 시대로 분류한다.[27] 그는 미디어의 변화가 인간에게 세계관과 가치관의 변화를 가져올 뿐만 아니라, 인간의 사유 방식마저 변화시켰다는 논지를 전개한다. 인간이 이전에 입에서 입으로 하는 말을 가시적인 형태인 기록(writing)으로 재현하는 체계를 발전시키면서 기록 시대가 시작되고, 기록의 발명은 의사전달 방식에 거대

---

25 이하 '종교와 디지털미디어' 부분은 신재식, "전자 시대의 기독교와 문자 이후 시대의 신학," 「신학이해」 제20집(2000), 105-132에서 일부를 요약한 것이다.

26 마샬 맥루한/박정규 옮김, 『미디어의 이해: 인간의 확장』(커뮤니케이션북스, 1997), 25.

27 윌리엄 포어/신경혜·홍경원 옮김, 『매스미디어 시대의 복음과 문화』(대한기독교서회, 1998), 62-75.

한 변화를 가져왔을 뿐만 아니라 사람들의 생각하는 방식을 바꾸어 놓았다. '구술문화'에서 '기록문화'로의 전이는 고도의 정확한 암기력의 필요를 없앴으며, 의사 전달하는 사람들은 쉽게 암기되던 언어로 자신을 표현할 필요가 줄었다. 구술문화에서 기억을 돕도록 했던 무용담과 시, 리듬, 운율, 반복, 상투적인 문구들, 풍부한 시각적 이미지가 더는 필요하지 않게 되었다. 그 대신 사람들은 더 직접 문자를 통해 개념과 사상을 다룰 수 있게 되었다.

기록 시대를 이어 인쇄술의 발달은 인간의 커뮤니케이션 환경을 또다시 크게 확장했다. 인쇄술을 통해 과거에는 오직 성직자와 교사, 부자만 가능했던 저술들을 더욱 많은 사람이 접할 수 있게 되었으며, 이로 인해 지식의 대중화가 시작되었다. 소수에 한정되었던 지식과 권위의 독점체제가 무너지기 시작했다. 종교개혁은 바로 이 인쇄술에 크게 도움받았다. 지난 500년 동안 서구 문화는 '책의 문화'이며 종교개혁으로 나타난 개신교는 '책의 종교'라 해도 과언이 아니다.

인류는 1946년 컴퓨터가 만들어진 이래 전자 시대를 열었으며 컴퓨터와 인터넷으로 상징되는 정보통신혁명은 정보화 사회를 만들었다. 오늘날 커뮤니케이션 환경인 뉴미디어, 즉 멀티미디어는 문자, 음성, 데이터, 화상과 동화상의 영상이 통합된 멀티미디어다. 이렇게 디지털화, 영상화, 통합성, 쌍방향성 등을 특징으로 하는 멀티미디어 커뮤니케이션 시대를 '전자문화'의 시대라고 부른다. 오늘날 디지털 네트워크 기술은 인류 문화를 이전에 예측하지 못했던 새로운 방향으로 이끌고 있다.

새로운 멀티미디어는 우리를 이전 시대와는 전혀 다른 환경에 처하게 하였고 인간 삶의 형태나 사유 방식을 새로이 이끌게 된다. 구술시대에서 기록 시대의 전환에 따라 인간의 사유 방식이 바뀌었듯이, 디지털 문화의 전자 시대에 인간의 사유 역시 알게 모르게 디지털 형태로 적응되고 변화되고 있다.[28] 그리고 이것은 우리의 가치, 관점, 세계관, 궁극적으로는 신앙 이해에까지 영향을 주고 있다.

그런데 거의 모든 세계종교는 기록 시대의 산물이다. 그 기원이 구술 시대에 있지만, 문자로 기록된 '책'이 기독교, 유대교, 이슬람교, 유교, 불교와 같은 자기 성찰적인 종교 전통을 가능하게 했다. 이런 종교 전통에서 종교적 교의는 다 책의 논리 속에서 형성되어 왔다. 예를 들면, 기독교 역시 문자 시대의 종교이며 특히 개신교는 인쇄 시대의 산물이다. 종교개혁이 인쇄술에 크게 의존해서 성공한 이래, 개신교 신학은 철저하게 '책'의 전통 안에서 형성되어 왔다.

그런데 우리가 경험하고 살아가는 시대와 사회가 과학기술의 새로운 성취물인 멀티미디어가 의사소통을 통제하는 전자 시대라면, 인쇄 전통에서 형성되어 온 기독교, 특히 '책'의 전통에서 형성된 신학은 상당히 많은 변화와 도전을 경험하게 된다. 이미 인간이 지식을 얻는 주된 수단이 책에서 스마트폰이나 컴퓨터, 텔레비전 모니터로 전환한 상태에서 우리는 그것을 '디지털 시대의 기독교', '멀티미디어 시대의 기독교', '디스플레이 시대의 신학' 또는 '문자 이후 시대의 기독교' 또는 '문자 이후의 시대의 신학'이라고 부를 수 있다.

특별히 그 실체에 대한 논란과는 별개로 제4차 산업혁명이 사물인터넷(IoT), 클라우드 등 정보통신기술(ICT)을 통해 인간과 인간, 사물과 사물, 인간과 사물이 상호 연결되고 빅데이터와 인공지능(AI) 등을 이용해 더욱 지능화된 사회로 변화를 이끌고 있다. 이런 변화의 맥락에서 종교와 종교적 의사소통 역시 현재 커뮤니케이션의 특징인 초연결성(Hyper-

---

28 디지털 기술이 인간의 뇌와 생각에 주는 영향에 관해서는, 수전 그린필드/이한음 옮김, 『마인드 체인지』(북라이프, 2015)과 진 트웬지/김현정 옮김, 『#i세대』(매일경제신문사, 2018)을 참고하라.

Connected)과 초지능화(Hyper-Intelligent)에서 자유스러울 수 없다. 문자와 텍스트 대신 상징과 이미지가 소비되는 시대와 문화에서 종교는 새로운 미디어에 맞는 방식으로 내용과 체계를 구성하고 있다. 오늘날은 '책'이라는 문자 매체 대신, 문자와 음성, 화상까지 포함하는 디지털화 된 멀티미디어 디스플레이를 통해 전달하는 상황에 이르렀다. 그것은 결국 종교가 새로운 미디어가 갖는 디지털화, 모바일화, 스크린화, 탈매개화, 가상화, 로봇화, 융합화 등의 특징을 반영하는 종교 형태와 내용이 되도록 이끌 것이다. 문자 시대에 책이 인간의 확장된 뇌 역할을 했듯이, 디스플레이 시대에는 스마트폰의 메모리칩, 컴퓨터의 하드디스크, 가상공간의 클라우드가 인간의 확장된 신체와 뇌 기능을 수행한다. 이런 변화에 따라 모든 종교는 새로운 상황에 직면하고 있다.

또한 '닫힌' 인쇄 시대에 형성된 신학적 담론은 '열린' 매체를 통해서 권위의 위상 변화를 경험하게 될 것이다. 정보에 대한 자유스러운 접근과 유통 구조 속에서 교회의 위계질서나 전통적 권위는 약화하고 있다. 종교적 지위나 권위는 성직자나 신학자와 같이 정보를 공급하는 사람에게 있는 것이 아니라, 정보의 취사선택을 결정하는 평신도들에게 있게 될 것이다. 평신도들이 정보의 선택 여부를 결정한다는 것은 정보 공급자, 즉 신학자나 목회자의 권위를 평가한다는 의미도 있다. 이와 더불어 자유로운 정보의 유통 속에 평신도들은 그 정보를 자유롭게 가공하고 변형하게 될 것이다. 이렇게 바뀐 미디어 환경은 종교를 수지적, 계층적, 지역적 특징에서 수평적, 네트워크적, 전지구적 특징으로 변경한다. 개별 종교의 미래는 그 종교를 소비하는 디스플레이 세대와 얼마나 많이 소통하고 공감할 수 있는가에 달려 있다.

2. 디지털미디어와 비대면 신앙생활

코로나바이러스로 인해 한국 사회 전반이 비대면화 되고 있다. 코로나바이러스라는 신종 인수공통전염병에 대한 대응으로 물리적 거리두기가 권장되고 비대면 사회가 등장했다. 경제 활동, 교육 활동, 예술 활동, 정치 활동, 종교 활동 등 인간 활동의 대부분 영역에서 비대면화가 확산되고 있다. 비대면 활동을 통해 기존의 활동이나 조직 등이 어느 정도 또는 최소한의 유지를 시도한 것이다. 그나마 이정도 유지가 가능해진 것은 새로운 미디어 때문이다. 인터넷을 비롯한 온라인 네트워킹 시스템이 비대면 활동을 담당하는 핵심적인 수단이다. 만약 디지털 멀티미디어라는 물질적 환경이 갖추어지지 않았다면, 현재 인류가 실행하고 있는 코로나바이러스에 대한 대응이나 선택은 전혀 달라졌을 것이다.

한국교회는 코로나바이러스의 국내 유입 이후 정부 지침에 따라 온라인 예배나 온라인과 오프라인을 병행하는 예배로 모이고 있다. 기독교 신앙생활에서 온라인 예배뿐만 아니라 온라인 헌금, 온라인 성경 공부, 온라인 기도회, 온라인 구역모임, 온라인 회의, 온라인 총회까지 시행하고 있다. 온라인 예배 시행 초기에 이런 형식의 예배에 대한 정당성 여부가 한국교회 일부에서 논의되었다. 일부 교회의 부정적인 반응에도 불구하고 예배 본질에 대한 성서적, 역사적, 신학적 논의를 기반으로 온라인 예배가 일반적으로 수용되고 있다. 직접 대면해야 가능한 성찬식이나 세례식 같은 전통적인 성례전이 온라인으로 가능한 것인가에 대한 논의는 여전히 진행 중이지만 적극적으로 수용되는 상황은 아니다.

이러한 변화는 코로나바이러스에 의해 촉발된 비대면 시대를 맞이하면서 한국교회도 신앙 형식이 새로운 방향으로 전개되고 있다는 것을 보여준다. 앞으로 인류가 코로나바이러스를 극복한다고 해도 한국교회를 비롯한 기독교의 신앙생활 양식이 코로나바이러스 발생 이전의 형식으로 돌아간다는 것은 그다지 가능하게 보이지 않는다. 과거의 일상생활로 돌아갈 수 있을지도 확신할 수 없지만, 온라인을 통한 비대면 신앙생활은 더욱 큰 온라인 디지털 네트워킹이라는 문명사적 흐름을 따라갈 것으로 보인다.

이렇게 지금 한국교회의 목회 현장은 자연 생태계의 변화와 문화 생태계의 변화 한가운데서 과학기술이 적용된 디지털 미디어에 의존해 있는 상황이다. 신앙생활 자체가 새로운 의사소통 매체인 디지털 미디어에 의존하게 되었다. 코로나바이러스가 새로운 미디어의 변화에 따라 신앙생활의 형식이 변화되는 것을 예상보다 앞당긴 것이다. 달리 말하면, 과학기술에 의존한 온라인 디지털 미디어의 활용이 코로나바이러스를 통해 목회 현장에 급속도로 적용된 것이라고 할 수 있다. 전자 시대에 들어온 이후에도 그동안 한국교회는 기존의 익숙한 대면 신앙생활 형식을 지켜왔는데, 코로나바이러스로 인해 한국 사회 전체가 급격히 비대면 사회로 이행하면서 여기에 발을 맞추게 된 것이다. 즉 한국교회 내부의 자발적 동의나 승인이 아니라 외부 요인에 의해 강요된 변화를 겪고 있다.

이렇게 예배를 비롯한 신앙생활의 형식이 자발적인 목회적, 신학적 논의를 거치고 합의한 것이 아니므로 고려해야 하는 다른 문제가 있다. 그것은 기존의 신앙생활을 정당화해 온 신앙 담론에서 변화된 비대면 신앙생활 형식을 정당화하는 신앙 담론이다. 예를 들면, 온라인 예배와 관련해서 예배를 포함한 예전이나 교회론에 대한 신학적 논의 등이다. 현재의 신앙생활 형식이 예상치 못한 외부적 요인에 의한 비자발적 변화이기 때문에 이렇게 변화된 신앙생활 형식을 정당화하는 신앙 담론이 앞으로 한국교회의 목회 현장에 함축하는 바를 보다 주목해야 할 것이다.

3. 비대면 신앙생활과 한국교회 신앙 담론의 변화

그렇다면 비대면 시대의 신앙 형식이 변화하면서 그동안의 신앙 형식에 정당성을 부여해 왔던 신앙 담론이 겪는 새로운 변화는 무엇인가? 전통적으로 종교 형식은 '성'과 '속'을 구분하면서 '거룩한 것'과 일상적인 '속된 것'에 대한 위계 구조를 형성해 왔다. 이런 성, 속의 구분에서 거룩한 것에 관련된 것들은 일상적인 것보다 우월하고 특별하므로 예외적인 것으로 간주하였다.

'성'과 '속'을 구분하는 종교 형식에서 대표적인 것이 거룩한 시간, 거룩한 공간, 거룩한 사람을 구별하는 것이다. 대부분 종교가 거룩한 시간을 속된 일상 시간과 구분하는데, 기독교 전통의 교회력에서 성탄절, 사순절, 부활절, 대림절 등은 거룩한 절기, 예배로 모이는 일요일은 '주일'로 거룩한 날, 주일 예배 시간은 가장 거룩한 시간이 된다. 또한 장소도 구별하여 거룩한 땅인 성지가 있고, 거룩한 예배 장소인 성소, 즉 성전이나 예배당이 있고, 성전에는 지성소, 예배당 안에서는 말씀이 선포되는 강단이 더욱 거룩한 장소로 여겨진다. 동시에 성, 속의 이분법은 사람에게도 적용되어 각 종교의 창시자들은 모두 거룩한 사람 '성인'이며, 기독교의 경우 기독교인들을 거룩한 사람들, '성도'로 자기 구분을 한다. 더 나아가 각 종교 전통에서는 위대한 신앙인을 '성인'이나 '복자'로, 종교 전문가 사제를 거룩한 사람에 포함하면서 성직자와 평신도를 구별한다. 이런 성속 이분법과 계층구조에서 지금까지 각 종교 전통은 자신들의 신앙 형식을 지탱해왔다.

그런데 온라인 예배는 지금까지 기독교가 지녀온 이런 거룩한 시간과 거룩한 공간의 이분법을 해소하고 있다. 거룩한 시간인 주일, 거룩한 장소인 교회, 거룩한 사람들이 함께 모이는 시공간 속의 거룩한 공동체 형식만을 고집할 수 없게 되었다. 시간과 공간의 제약을 받지 않고 접속 가능한 모든 사람이 참여하는 온라인 신앙생활의 형식이 새로 자리 잡게 된 것이다. 엄밀히 말하면, 거룩한 공간과 거룩한 시간의 약화는 코로나바이러스에 의해 초래된 것이라기보다는 전자 시대라는 인류의 문화 단계와 인류가 현재 채용하고 의사소통 수단인 인터넷을 포함한 디지털 미디어가 지닌 속성에 따른 결과이다. 위에서 언급했듯이 코로나바이러스로 인한 온라인 예배는 이런 흐름을 보다 명시적으로 강화한 것일 뿐이다. 디지털 미디어라는 특정 문화 생태계가 구축되지 않았다면 온라인 예배나 비대면 신앙생활로 전환은 불가능했을 것이기 때문이다.

이렇게 거룩한 것과 속된 것의 이분법이 약화하면, 이 이분법의 틀 안에서 우월적 지위를 갖고 예외적인 취급이나 특별한 대우나 권리를 요구했던 요인들 역시 정당성이 약화된다. 코로나바이러스와 같은 전염병이 확산할수록, 온라인을 이용한 비대면 신앙생활이 일반화될수록, 전통적으로 신앙의 중심이 되었던 특별한 장소와 특별한 인물의 영향은 약화될 것이다. 그 대표적인 것이 교회와 성직자이다.

사실 기독교를 비롯한 종교들은 자신들이 종교적 공간을 특별한 곳으로, 종교 사제를 특별한 존재로 대하면서 '구별'과 '예외'를 요구했다. 종교 기관인 예배당이나 사찰, 성당은 일반 세속 권력이 침범할 수 없는 거룩한 곳으로, 성직자 역시 세속적 존재가 아니라 구별된 예외적 존재로 특별히 인식되길 기대했다. 개신교의 경우는 이것은 '예배당 예외주의'나 '목회자 예외주의'로 표명되었다. 그러나 코로나바이러스와 같은 자연 생태계 변화 앞에서 그 특별한 우월적 지위는 무력화되었다.

코로나바이러스가 개신교에 던진 강력한 충격이 교회와 예배에 대한 인식 변화이다. 이제 교회는 '구원의 장소'이면서 동시에 '위험한 장소'가 되었다. 교회가 '복음'이 선포되고 확산하는 '구원'의 장소지만 동시에 '바이러스'가 확산하는 '전염' 장소가 된 것이다. 또한 다양한 불특정 다수를 접촉하는 목회자는 복음을 선포하는 거룩한 사람일 수도 있지만 동시에 질병을 감염시킬 수 있는 잠재적 보균자일 수도 있다는 인식이다.

코로나바이러스를 비롯한 자연 생태계는 성과 속을 구분하지 않으며, 예배당이나 목회자를 예외로 특별하게 취급하지 않는다. 바이러스는 종교를 구분하지 않으며, 장소를 구분하지 않으며, 시간을 구분하지 않으며, 사람을 구분하지 않는다. 오히려 물리적 거리두기에 익숙하지 않아서 집단으로 모이는 교회나 신앙인과 목회자는 바이러스 확산을 위한 좋은 환경이 된다. 이렇게 교회나 목회자가 전염병의 감염이나 확산에서 예외는 아니며, 때에 따라서는 더 위험하고 취약할 수 있다는 인식은 기존의 신앙생활 형식뿐만 아니라 그것을 정당화했던 신앙 담론에 큰 균열을 가져온다.

그 균열은 지금까지 기독교가 가져온 특정 '중심주의'의 종언으로 귀결될 가능성이 아주 크다. 성, 속의 구분에 따른 '예배당 예외주의'나 '목회자 예외주의'는 신앙생활에서 '예배당 중심주의', '목회자 중심주의', '거룩 중심주의' 등 여타 중심주의와 관련된다. 온라인을 통한 비대면 예배나 디지털 미디어를 통한 신앙 형식은 신앙생활에서 예배당 중심주의, 목회자 중심주의, 거룩 중심주의를 벗어나게 한다. 디지털 미디어는 성과 속을 구별하지 않으며 거룩한 장소나 시간, 사람을 구분하지 않기 때문이다. 비대면 시대에 예배당 없는 신앙생활, 목회자를 대면하지 않는 신앙생활, 성과 속이 분리되지 않은 일상의 신앙생활이 지속하면 자연스럽게 기존의 중심주의에서 멀어지게 될 것이다.

이렇게 신앙생활의 양식이 변화하면 기존의 신앙 형식을 뒷받침했던 신앙 담론 체계 역시 변화를 가져온다. 그동안 특별주의와 예외주의, 중심주의를 합리화하고 정당화하고 공식 담론으로 인정되던 것들에 대한 질문이 제기된다. 예를 들면, 한국교회의 금과옥조였던 '주일성수'와 '예배당 중심주의'에 대한 태도 변화이다. 주일날 교회에서 예배드리지 않는다는 문제 또는 주일성수를 할 수 없다는 문제에 대해, 지금까지는 "감히 어떻게?"라는 태도가 당연하게 받아들여졌다. 이제는 "온라인 예배도 괜찮네요!" 나 "온라인 예배를 드려도 되네요!"로 바뀌고 있다. 또한 "주일성수"를 하지 못하는 것은 어떤 이유일지라도 그 자체가 불편한 사실로 교회 안에서 암묵적으로 지나갈 뿐이었는데, 코로나바이러스는 '주일성수'의 예외를 공식적으로 표명하고 용인하는 계기가 되었다. 감염이나 전염의 위험 또는 방역에 투입되는 업무 등 주일성수의 예외를 허용하는 사례가 거의 공식적으로 용인되고 있다. 특히 기저질환을 갖고 있거나 노약자의 경우는 주일 예배에 참석하지 않도록 권장하기도 한다.

예배당 중심주의 역시 마찬가지다. 그동안 신앙생활의 거의 모든 영역이 "예배당"을 중심으로 이루어져야 한다는 것은 한국교회 안에서 의문의 여지가 없는 당위였다. 그렇지만 구원과 질병의 동시적 가능성으로서 "예배당"이 지닌 양가 측면은 신앙생활에서 '예배당 중심주의'에 질문을 제기한다. 게다가 언제 어디서나 접속할 수 있는 온라인 예배와 온라인을 통한 신앙생활의 유지는 예배당 중심주의의 당위성에 의문을 던진다.

이런 질문들이 제기될 때, 기존의 신앙생활 형식을 정당화했던 담론 대신에 새로운 담론이 그 자리를 차지하게 된다. 우선, 담론의 권위 주체가 변화한다. 그동안 한국교회는 '종교 예외주의'나 '목회자 특별주의'를 내세워 교회 안팎의 담론을 이끌어 왔다. 그런데 코로나바이러스로 인한 목회 생태계의 변화는 교회의 정당화 담론을 '예외주의'나 '특별주의'에 근거한 '신앙주의'에서 '상식주의'로 전환하고 있다.

교회와 신앙인, 목회자들이 바이러스에서 벗어날 수 없는 상황에서 바이러스의 특성을 간과한 신앙적, 교리적 주장보다는 바이러스의 특성을 고려한 일반적, 상식적 주장이 더 합리적이라고 판단되고 수용되고 있다. 질병이 죄의 결과나 심판의 결과라는 선포보다는 바이러스나 세균에 의한 감염이라는 주장이 더 설득력 있고, 하나님이 바이러스로부터 감염을 막아준다는 신앙 고백보다는 사람이나 장소를 구별하지 않는 바이러스 전염에 대한 지식이 더 합리적이라고 수용된다.

이것은 한국교회에서 신앙적, 교리적 합리성보다는 일상적, 상식적, 사회적, 과학적 합리성이 이전보다 더 중요하게 작동하고 있는 것을 의미한다. 교회 안에서 다른 종류의 합리성이 작동한다는 것은 한국 사회 전체의 안전과 안녕이라는 사회적 압력이 교인과 교회에 미친 결과이다. 한국 사회의 대부분이 '신앙주의'보다는 '상식주의'에 적극적으로 동의하고 이런 사회적 동의가 결국 교회에서 받아들여진 것이다. 엄밀히 말하면, 교회와 신앙생활이 사회적, 공동체적 책임과 가치에 의해 규제당하는 것이다. 그리고 한국 사회 대부분은 이런 규제가 적절하며, 지나치게 과도하다는 일부 한국교회의 주장에 동의하지 않는다. 이런 상황에서 한국교회나 목회자가 여전히 '예외주의'나 '특별주의'를 요구하고 교회 안에서 '신앙주의'를 강조할 때, 한국교회 전체가 한국 사회에서 게토화될 가능성이 크다.

4. 비대면 시대와 한국교회의 목회 과제

그렇다면 코로나바이러스 발생 이후 한국교회는 어떤 목회적 과제를 가져야 하는가? 최근 한국교회 안팎에서는 비대면 사회에서 목회적 대응에 관련해 상당히 다양한 논의가 제시되고 여전히 진행 중이다. 여기에서는 생태계의 위기라는 맥락에서 앞으로 한국교회가 목회 현장에서 고려해야 할 점을 지금까지 논의한 생태적 관점, 즉 자연 생태적 관점과 문화 생태적 관점에서 간략히 언급한다.

아주 일반화하면, 한국교회 안에서 생태계에 대한 민감성과 감수성을 높이는 작업이 시급하다. 한국교회 안에서 이런 분야에 대한 교육적 관심은 거의 드물었다. 생태계에 대한 교육은 자연 생태계뿐만 아니라 문화 생태계까지 관련된 영역을 함께 가르치는 것을 의미한다. 자연 생태계의 위기는 생태학과 진화생물학 등이 보여주는 자연적 구조와 현실적 측면을 교육하는 것이 필요하다. 더불어 현재 동식물의 멸종을 비롯한 생태계의 위기나 기후 종말, 환경오염 등은 이산화탄소 배출부터 플라스틱 낭비까지 현대 경제체제와 밀접한 관련이 있으므로 문화 생태계에 대한 교육도 필요하다. 즉 현재의 위기에 대응하기 위해서는 자연과 문화 두 생태계를 함께 교육하는 것이 시급하며, 이런 주제들은 목회자의 역량을 넘어서는 영역이기 때문에 관련 전문가들과 함께 공동 작업을 준비하고 진행해야 할 것이다.

동시에 한국교회가 온라인 사회에서 목회할 때 좀 더 고려해야 할 세 가지를 생태적 관점의 연장선에서 제시하면 다음과 같다. 첫째, 인간의 사회성, 즉 사회적 존재로서 인간의 본능이다. 인간은 사회적 동물이며 인간의 사회성은 생명의 역사 과정에서 인간의 몸 안에 각인된 본능이다. 인류가 현재의 고도 문명을 이루고 지구의 정복자가 되고 초유기체적 존재가 된 것은 인간의 사회성 때문이다.[29] 가족제도부터 국가까지, 동호회부터 주식회사까지, 정당부터 종교까지, 이것들은 인간이 사회성을 구현하는 여러 기제다. 이 가운데 혈연을 기반으로 한 친족공동체를 제외

---

[29] 인간의 사회성과 인류의 진화 과정 등에 관해서는 다음을 참고하라: 에드워드 윌슨/이한음 옮김, 『지구의 정복자』(사이언스북스, 2013), 다이앤 애커먼/김명남 옮김, 『휴먼 에이지』(문학동네, 2017), 매튜 리버먼/ 최호영 옮김, 『사회적 뇌』(시공사, 2015), 마틴 노왁-로저 하이필드/허준석 옮김, 『초협력자』(사이언스북스, 2012).

한 나머지는 모두 권력 획득이나 이윤 창출과 같은 특정 신념을 추구하는 인위적 구성물이다. 이런 기제 가운데 종교는 인간의 사회성을 실현하는 가장 오랜 역사를 가진 구성물이다. 역사적으로 종교는 명시적으로 표명하지는 않지만, 인간이 사회성을 실현하고 사회적 욕구와 욕망을 해소하는 중요한 역할을 해왔다. 한국교회도 이런 사회성 실현의 기제라는 측면에서 예외는 아니다.

그런데 인간에게 각인된 사회적 본능은 비대면 사회라고 해서 없어지지 않는다. 사회적 거리두기가 끝나자마자 식당이나 카페, 클럽 등으로 모이는 것은 그동안 억눌린 사회적 본능이 표출된 것이다. 비대면 시대, 온라인 시대에 인간의 사회적 본능, 사회적 욕구와 욕망을 어떻게 채우고 구현할 수 있는지가 중요한 문제이다. 역사 속에서 대면 시대에 형성된 기독교의 신앙 체계가 현재와 같은 온라인 시대에 인간의 사회적 본능에 따른 사회적 욕구와 욕망을 고려하는 일이 무척 낯설지만 붙잡고 씨름해야 할 과제임은 분명하다.

둘째, 플랫폼으로서 교회의 역할이다. 이것은 인간의 사회성과 관련된 것으로 교회가 지속해서 플랫폼 임무를 수행하느냐의 여부이다. 서구 역사에서 기독교는 일종의 플랫폼 임무를 수행했다. 교회는 신앙뿐만 아니라, 물적 자원의 생산과 유통과 소비, 온갖 지적 담론의 생산과 전달을 비롯한 온갖 종류의 정치적, 사회적, 예술적, 종교적 행위 등이 이루어진 일종의 플랫폼이었다. 한국교회도 과거 서구 역사에서 서구교회가 행했던 비중보다는 못하지만, 일정 정도 플랫폼으로 기능을 수행했다. 한국교회는 예배를 위한 신앙공동체이지만 동시에 친교와 교육, 사업, 복지 등이 실현되는 매체였다. 그동안 한국교회는 상당수의 사람에게 플랫폼 역할을 해왔으며, 그것이 사람들이 교회로 모이게 하는 일정 정도의 동인이었다.

그런데 오늘날 현대사회의 다양한 영역에서 그동안 교회가 해왔던 플랫폼의 임무를 수행하고 있다. 세대나 관심에 따라 사람들은 교회 이외의 다른 다양한 플랫폼을 선택하고 있다. 특별히 비대면 사회가 일상화된 시점에서, 한국교회가 여전히 사람들의 사회적 욕구를 해소하는 플랫폼 임무를 수행할 수 있을지 고려해야 할 것이다. 다양한 계층의 사람들에게 사회성을 실현하는 플랫폼 역할을 제대로 할 수 있느냐의 여부가 한국교회의 앞날을 결정하는 핵심적인 요인 중 하나가 될 것이다. 특히 한국교회가 젊은 사람들이 이용할 수 있는 플랫폼으로서 기능할 수 있느냐는 문제는 한국교회의 미래와 직결된다.

마지막으로, 새로운 세대에 대한 '이해'이다. 현재 한국 사회에는 세 세대가 공존하고 있으며 교회도 동일한 구조이다. 한국전쟁 세대, 민주화 세대, 인터넷 세대가 그 세 세대이다. 각 세대는 공통으로 역사적 사건을 경험한 사람들의 묶음인데, 각 세대가 경험한 역사적 사건은 한국전쟁, 민주화운동, 세월호로 각각 다르다. 또한 각 세대의 세계관을 결정하는 지향점 역시 이념과 민주화, 공정으로 서로 다르다. 이것은 '한 지붕 세 가족' 상황이다.

생태적으로 보면 어느 생명체나 그 집단의 구성원이 바뀌면 그 집단은 새로운 집단이 된다. 세대의 경험이 다르면 완전히 다른 집단이다. 태어나면서부터 전자매체와 디지털 미디어 환경에서 살아온 사람들은, 자연이 일차 환경이고 산업화 시대를 경험한 사람들과 전혀 '다른' 종류의 인간이다. 인터넷 세대는 전자매체 환경에서 성장하고 디지털 삶의 방식과 사유 방식으로 행동한다. 이들이 경험한 온라인 생태계에서 종교 상황은 공급자 우선에서 소비자 우선으로 바뀌고 있다. 이들은 교회 안에서 통용되는 교리적, 신앙적 합리성과 상식적 합리성, 과학적 합리성 등 한국 사회 일반의 합리성을 공유하고 있다. 이들의 신앙생활은 이런 여러 가지 합리성 가운데 하나를 선택하는 것이 아니라, 여러 가지 합리성을 동시에 고려하면서 진행된다.

이런 상황에서 기존의 아날로그 세대가 이들 디지털 세대 또는 한국전쟁 세대나 민주화 세대가 인터넷 세대를 적절하게 이끌 수 있는지 질문해야 할 것이다. 현재 한국교회의 의사 결정 과정은 젊은 세대를 거의 배제하고 진행되는 현실이다. 한국교회는 지난 30년 동안 세대 변화나 교체가 거의 이루어지지 않은 집단이다. 이제는 한국 사회에서 가장 노쇠하고 뒤처진 조직 중 하나이며, 가장 권위주의적이고 폐쇄적인 집단이다. 이 결과 한국교회는 한국 사회 일반에 수용되는 사회적 가치나 사회적 합의에 한참 미치지 못하는 수준을 보여주고 있다.

이런 한국교회의 지도력이 당면한 생태계의 변화와 비대면 사회에 대해 적절하게 예측하고 대응할 수 있을지 의문이다. 한국전쟁 세대나 민주화 세대가 살아온 삶의 과정에서 얻은 지식이나 경험이 거의 효과를 발휘할 수 없는 새로운 상황이기 때문이다. 기존의 세대가 비대면 생태계, 비대면 문화에서 성장한 세대를 이끌 수 있는 지도력을 보여줄 수 있을지 고민해야 한다. 어떤 미디어를 사용해서 어떤 방식으로 미래 세대의 사회성을 구현하는 플랫폼으로써 교회가 가능할 것인지 성찰해야 할 것이다. 이를 위해서 인터넷 세대를 기존 세대와는 '다른 종류의 인류'로 '인정'하고 '이해'하려는 노력에서 시작해야 할 것으로 보인다.

IV. 결론

지금까지 논의한 흐름을 요약하면 다음과 같다. 코로나바이러스는 인수공통전염병이다. 이것의 등장은 자연 생태계의 교란 때문인데, 이

교란의 제1 원인이 호모 사피엔스라는 인류이다. 인류 숫자가 지구 생명 역사에서 유례가 없을 정도로 폭발적으로 성장하고 이로 인해 인류를 중심으로 지구 생태계를 재편한 탓이다. 인류는 너무 급속도로 성장해서 나머지 생물권들과 함께 진화할 시간이 없었고, 다른 생명체들은 인류의 대량학살에 대비할 시간이 없었다. 이렇게 부족한 시간 때문에 인류를 제외한 생물들은 끔찍한 종말을 맞이하고 있다. 이것이 인류에 의한 6번째 멸종이다.

이런 자연 생태계의 급격한 변화에 따라 인수공통전염병이 발생한 상황에 인류는 과학기술을 사용해서 대응하고 있다. 의학적 대응과 더불어 디지털 전자기술을 적용해서 대응하고 있는 것이다. 종교 역시 코로나바이러스로 인한 비대면 사회에서 디지털 미디어를 통해 대응하면서 신앙 생활의 형식에서 변화를 가져왔다. 이로 인해 성과 속의 구분, 거룩한 시간과 공간과 사람이라는 위계 구조가 변화하고 기존의 종교 생활 형식을 정당화하고 뒷받침했던 신앙 담론에 균열이 시작되었다.

기독교 안에서는 교회와 목회자에 대한 특별주의, 예외주의, 우월주의가 약화하고 있다. 더불어 교회 담론에서도 신앙적 교리적 합리성의 일방적인 관철보다는 상식적, 사회적, 과학적, 의학적 합리성이 의사 결정 과정에서 더욱 설득력을 발휘하고 있다.

자연 생태계의 변화와 문화 생태계의 변화 속에 있는 기독교가 비대면 사회라는 환경에 직면해서 목회 생태계를 구성할 때 무엇을 고려해야 하는가? 지식으로는 자연 생태계와 문화 생태계에 대한 균형 잡힌 교육해야 할 것이다. 목회에서는 인간의 사회적 본능과 사회성을 실현하는 플랫폼으로써 교회, 다른 인류로서 새로운 세대에 대한 이해를 먼저 고려해야 할 것으로 보인다.

한국교회가 자연 생태계의 위기를 제대로 인식하고 문화 생태계의 변화를 적절히 이해하면서 새로운 목회 생태계를 구성하는 데 적극적으로 나서야 할 것이다. 한국교회의 정체성과 목회 형식에서 변화를 두려워하지 않고 지속해서 갱신하는 것, 그것이 개혁교회의 본질에 충실한 것이며, 한국교회의 미래를 기약하는 길이 될 것이다.

코로나19, 공동체와 한국교회의 회심*

정원범**

I. 들어가는 말

지난 10월 26일 전 세계의 코로나 확진 상황 등에 대해 TBS 뉴스는 다음과 같이 보도하였다.[1]

미국과 유럽에서 코로나-19가 빠르게 확산하면서 전 세계 코로나19 신규 확진자 수가 50만 명에 육박하고 있습니다. 세계보건기구(WHO)가 집계한 전 세계 코로나19 신규 확진자 수는 현지 시간 24일 기준 46만 5천 319명으로 사흘 연속 하루 기준 역대 최다를 기록했고 사망자는 6천 570명입니다. 이에 따라 전 세계 **코로나19 누적 확진자수는 4천 230만 명을 넘어섰고**, 누

---

* 이 글은 2020년 12월에 출판되는 정원범 저, 『교회: 세상에 대한 하나님의 대조사회』(논산: 대장간, 2020)에 실린 글임.

** 대전신학대학교 교수

1 https://tbs.seoul.kr/news/newsView.do?typ_800=4&idx_800=3409557&seq_80
   0=20402134.

적 사망자수는 115만 명에 육박했습니다. 신규 확진자 중 절반 가까이는 유럽 지역에서 발생했습니다. 프랑스에서는 하루 코로나-19 신규 확진자가 5만 2천 명을 넘어섰고, 스페인과 이탈리아 정부는 강력한 '봉쇄' 조처에 나섰습니다. 스페인은 밤 11시부터 다음날 오전 6시까지 이동을 제한하는 국가경계령을 발동했고 이탈리아 정부는 음식점 등의 영업시간을 제한하고 영화관, 헬스클럽, 극장을 폐쇄하는 조치를 취했습니다. 미국도 계속 악화되는 상황으로 존스 홉킨스 집계를 보면 현지 시간 24일 기준 신규 확진자 수가 8만 3천 718명으로 역대 최대를 기록했습니다. 이에 중서부 일부 지역에선 의료대란 조짐도 나타나고 있습니다. 세계보건기구(WHO)는 너무 많은 국가에서 신규 확진자 수가 기하급수적으로 늘어나고 있다며 일부 국가들은 위험 경로에 있다고 경고했습니다.

10월 18일 아시아경제의 보도에 따르면 "국가별 누적 확진자 수는 미국이 834만 3,140명으로 세계에서 가장 많았고 인도(749만 4,551명), 브라질(522만 4,362명), 러시아(139만 9,334명)가 뒤를 이었다. 국가별 누적 사망자 수도 미국이 22만 4,283명으로 가장 많았다. 브라질(15만 3,690명), 인도(11만 4,064명), 멕시코(8만 6,059명), 영국(4만 3,579명), 이탈리아(3만 6,474명) 순으로 나타났다."[2]

현재 전 세계 코로나19 누적 확진자 수 4천 230만 명, 전 세계 코로나19 누적 사망자 수 115만 명이라는 숫자는 코로나의 상황이 얼마나 심각한지를 잘 보여주고 있다. 그러나 코로나로 인한 피해는 단지 보건의 문제를 넘어 사회, 경제 전반에 걸쳐서 심각한 충격을 주고 있다. WHO는 코로나19 여파로 전 세계가 한 달에 3,750억 달러(약 444조 원)가 넘는 경제적 손실을 보고 있다고 분석했는데 사무총장은 "주요 20개국(G20)

---

2 https://www.asiae.co.kr/article/2020101819212863690.

만 해도 경기부양책으로 10조 달러 이상을 썼다. 글로벌 금융 위기 당시 푼 자금의 3배 반이 넘는 규모"라고 설명했다.[3] 한마디로 경제적 피해 상황이 매우 심각하다는 것인데 코로나19 사태로 인해 수많은 기업은 문을 닫고 있고, 수많은 사람은 일자리를 잃고 거리로 내몰리고 있다.

이런 현실에 대해 한국교회는 어떤 반응을 보이고 있을까? 무엇 때문에 코로나 상황 속에서 오늘의 교회는 점점 더 신뢰를 잃어가고 있는 것일까? 어떻게 해야 교회는 추락하고 있는 신뢰를 다시 회복할 수 있을까? 이런 문제의식을 느끼고 필자는 2장에서 코로나19에 대한 교회의 반응을 정리하고자 하며, 3장과 4장에서는 교회의 사회적 신뢰를 회복하기 위한 대안을 제시하고자 한다. 그 대안으로 첫째는 콘스탄틴주의적인 교회를 벗어나 교회의 본래 모습, 즉 예수님이 세우고자 하셨던 대조사회의 공동체적인 삶을 회복해야 한다는 사실과 둘째는 시대적인 과제에 응답하기 위해 공공성을 잃어버린 교회를 벗어나 생태적인 삶과 사회적 경제를 선교의 과제로 삼는 교회로 거듭나야 한다는 사실을 제시하고자 한다.

II. 코로나19에 대한 교회의 반응

1. 성찰을 거부하는 반응

지난 8월 28일, 경향신문 사설은 "코로나 반성은커녕 대면 예배 고집하는 개신교 지도자들"이라는 제목하에 "'2차 대유행'으로 치닫고 있는

---

3 https://biz.chosun.com/site/data/html_dir/2020/08/14/2020081400550.html.

코로나19 사태의 주된 책임이 교회에 있다는 것은 부인하기 어렵다"라고 하였다. 그도 그럴 것이 코로나19 2차 확산의 최대 진원지인 전광훈의 사랑제일교회의 반사회적 행태(1,000명에 육박하는 확진자를 발생시킴)는 말할 것도 없고 적잖은 교회 지도자들이 대면 예배를 고집하면서 교회발 코로나 확진자들을 양산하였기 때문이다.

교회발 코로나19 감염 확산세가 심각해지자 정부는 8월 30일부터 전국적으로 비대면 예배만 허용하는 행정명령을 내렸다. 그러자 교계에서는 거세게 반발하였다. 특히 부산기독교총연합회는 부산시가 종교의 자유를 침해한다면서 대면 예배를 강행하겠다고 하였다. 부산기독교총연합회는 이러한 내용을 담아 부산지역 16개 구군 기독교연합회와 소속 1,800여 지역교회에 공문을 보냈고, 부산시를 상대로 행정명령 집행정지 소송까지 제기하겠다고도 했다. 또한 수도권 중형교회 최모 목사는 8월 31일 천지일보와의 인터뷰에서 정부의 비대면 예배 조치가 "교회 탄압"이라고 분개하며 "목회자들이 (정부에 맞서) 들고 일어서야 한다"고 말하기까지 하였다.[4]

이런 교회의 모습을 보면서 의정부시의 이 모(43, 여) 씨는 "이웃을 사랑하고 배려해야 하는 종교인들이 진정 맞느냐"고 비판했고, 양주시의 전 모(40, 여) 씨는 "타인의 생명에 위협을 주면서까지 왜 모이는 것이냐? 꼭 사람들이 모여야만 하나님을 만날 수 있는 것이냐"며 성토하였으며, 우종학 서울대학교 물리천문학부 교수는 자신의 페이스북 계정에 "예배 모임이 칼이 돼 남들의 목숨을 위태하게 하면 모이지 않는 것이 신앙"이라고 비판하였다.[5]

---

4 https://www.newscj.com/news/articleView.html?idxno=774894.
5 위의 글.

그뿐만 아니라 교계의 비판도 줄을 이었는데 손봉호 교수는 기윤실 홈페이지에 "대면 예배만 예배란 주장은 성경적 근거도 없다"라며 "일각에서는 헌금 때문에 대면 예배를 고집한다고 비아냥거리는데 한국교회가 받을 수 있는 최대의 모독이다. 부디 사실이 아니기를 바란다"라고 하였고, 기독교윤리실천운동본부는 '코로나19의 폭발적 재확산 상황에서 한국교회에 드리는 호소문'에서 다음과 같이 호소하였다.6

사랑제일교회와 광복절 광화문 집회 발 코로나19 재확산이 전 국민의 삶을 위협하고 있습니다. 특히 사랑제일교회 교인들과 광화문 집회 참석자들이 진단검사를 거부하거나 방역을 방해하고 가짜뉴스를 퍼뜨림으로 인해 정부가 행정력을 낭비하고 있고 전 국민이 공포에 떨고 있으며 엄청난 생활의 불편과 경제적 손실을 보고 있습니다. 이러한 상황은 교회와 기독교인들의 삶에도 직접적인 영향을 미치고 있습니다. 대다수의 교회가 정부의 방역수칙을 잘 지키고 있음에도 불구하고 몇몇 교회의 비상식적이고 반사회적인 행동 그리고 일부 교회 관련 단체들의 몰상식적인 대응으로 인해 교회가 방역 방해집단으로 오해받고 있는 상황입니다. 이로 인해 대다수 기독교인이 괴로워하고 있습니다.… 넷째, 수도권 교회의 비대면 예배 조치에 대해 예배 금지와 종교 탄압으로 몰아가는 한국교회연합(한교연)과 일부 기독교 단체들은 즉각 그 행동을 멈추어야 할 것입니다. 이는 우리 국민과 성도의 안전을 위해 정부의 지침을 따라 비대면 예배를 준비하고 있는 대다수 교회의 뜻을 왜곡되게 일반 사회에 전달할 수 있습니다. 그리고 이러한 행동으로 인해 한국교회가 비상식적이며 반사회적인 방역 방해집단이라는 이미지가 강화될 경우 이는 한국교회의 미래에 치명적인 악영향을 미칠 것입니다. 진정으로 한국교회를 사랑한다면 이 행동을 멈추어야 할 것입니다.

---

6 https://cemk.org/17741/ 참고: 요 4:21-24; 롬 12:1.

기독교는 이웃사랑의 종교입니다. 예배는 교회의 가장 중요한 기능이지만 이 시점에 현장 예배를 드리는 것은 교인과 국민의 생명과 건강에 위해를 가할 가능성이 큽니다. 따라서 하나님이 기뻐하시는 예배라고 할 수 없습니다. 더군다나 지금은 온라인 예배라는 긴급 처방이 가능한 상황입니다. 아울러 국민의 안전을 도모하고 생명을 보호하고자 하는 정부의 합법적인 정책에 협력하는 것은 성경과 신앙 고백이 가르치는 그리스도인의 의무입니다. 한국교회는 사랑제일교회와 광복절 광화문 집회로 인한 코로나19의 폭발적 확산의 위기 앞에서 그 책임을 통감하고 우리의 어두운 부분과 단절하고 더욱 적극적인 이웃사랑을 실천해야 할 것입니다.

2. 비대면 콘텐츠 개발을 시도하는 반응

코로나19 팬데믹을 거치면서 다양한 사회적 변화가 나타났는데 그중 가장 뚜렷한 것이 비대면 사회(언택트 시대)로의 진입이다. 코로나19로 인한 사회적 거리두기로 인해 비대면 사회가 되면서 재택근무, 온라인 수업, 온라인으로 즐기는 문화예술까지 비대면 시스템이 빠르게 확산하고 있다. 코로나19가 우리의 사회, 우리의 문화, 우리의 경제를 비대면 사회, 비대면 문화, 비대면 소비, 비대면(온라인) 경제로 바꾸고 있다.

이러한 비대면 시대에 교회는 어떻게 반응하고 있을까? 청어람 ARMC가 8월 20일부터 26일까지 805명을 대상으로 소셜미디어를 통해 온라인으로 진행했던 설문조사에 따르면, 응답자 805명 중 57%(464명)가 지금 출석하는 교회의 예배가 '현장 예배와 온라인 중계를 병행하고 있다'라고 응답했고, 32%(258명)가 온라인으로만 진행한다고 했으며, 온라인 예배 없이 현장 예배로만 진행하는 경우는 6%(55명)에 불과했다. 즉 코로나19 재확산 위기가 고조되던 시점에 90% 가까운 교회가 온라

인 예배를 시행하고 있는 것으로 나타났다.[7]

이렇게 80% 이상의 교회들이 온라인 예배를 드리고 있지만 작은 교회들은 기술과 장비, 인력이 부족해 온라인 예배와 교육이 쉽지 않은 실정이다. 이에 따라 온라인 교육자료를 전국의 모든 교회와 나누기 위해 자체 교회 교육 프로그램을 사용해 오던 교회들이 장신대 기독교교육연구원과 함께 '교육자료 나눔 운동'에 나섰다. 현재는 14개 교회가 참여하고 있지만, 더 많은 교회가 참여할 것으로 예상이 되는데 교육자료(온라인 설교에 활용할 수 있는 교육 동영상부터 가정에서 부모와 함께할 수 있는 주중 신앙교육, 사순절 절기 프로그램 등의 자료)는 연구원 페이스북(facebook.com/Putsceri)을 통해 이용할 수 있다고 한다.[8]

현재 코로나19 상황 속에서 우리의 일상은 많은 것이 비대면으로 이루어지고 있다. 수업도, 회의도, 소비도 비대면이 대세를 이루고 있고 언택트 시대로의 변화에 발맞춰 교육 현장에서는 다양한 온라인 교육 콘텐츠들이 개발되고 있다. 우리 교회도 마찬가지로 아이들이 온라인으로 흥미롭게 예배드리며 재미있게 신앙교육도 받을 수 있도록 하기 위한 다양한 온라인 교육 콘텐츠의 개발이 요구되고 있는데 이러한 콘텐츠 개발에 참여하는 교회들이 점점 더 늘어날 것으로 예상한다.

3. 의미와 본질을 찾는 성찰의 반응

청어람ARMC에서 코로나19가 성도들의 신앙생활에 미친 영향 등을 조사하는 설문 중 '코로나 시대에 교회가 가장 신경 쓰고 보완해야 할 점

---

7 https://www.newsnjoy.or.kr/news/articleView.html?idxno=301312
8 https://m.kmib.co.kr/view.asp?arcid=0924126276

은 무엇이냐'라는 질문을 보면, 전체 응답자 805명9 중 27%(224명)가 사회와의 긴밀한 소통, 섬김, 봉사라고 응답했고, 25%(208명)는 위기 상황에 대한 올바른 해석과 교훈 제시, 22%(178명)는 변화에 적응하는 새로운 운영과 혁신, 22%(177명)는 예배를 비롯한 신앙의 기본기 회복이라고 대답했다. 여기서 볼 수 있듯이 적잖은 교인들은 코로나19에 대한 올바른 해석과 교훈, 신앙의 본질을 제시해주기를 원하는 것으로 나타났고, 또한 목회자들도 설교나 SNS 등을 통해 코로나19에 대한 의미와 신앙, 예배, 교회의 본질을 제시하려고 노력하였다. 대표적인 사례 몇 가지를 소개한다면 우선, 안중덕 목사의 '코로나 감염시대가 전해주는 메시지'이다.10

마스크를 착용하라는 것은 [잠자면 하라]는 뜻입니다.
막말과 거짓말을 하지 말며 불필요한 말을 줄이고
남의 말에 귀를 기울이라는 말입니다.
입을 다물면 사랑스러운 것들에 시선이 머물게 되고
아름다운 소리와 세미한 속삭임이 들려올 것입니다.
손을 자주 씻으라는 것은 [마음을 깨끗이 하라]는 뜻입니다.
악한 행실과 죄에서 돌이켜 회개하고 성결 하라는 말입니다.
안과 밖이 깨끗하여야 자신도 살고 남도 살 수 있다는 말입니다.
마음의 거울을 닦아야 자신이 보이고
마음의 창을 닦아야 이웃도 보일 것입니다.
사람과 거리두기를 하라는 것은 [자연을 가까이하라]는 뜻입니다.
사람끼리 모여서 살면서 서로 다투지 말고

---

9 응답자 805명 중 일반 성도는 71%(576명), 목회자는 23%(188명)이었고, 가나안 성도는 5%(40명)이었다.

10 https://www.kookminnews.com/news/view.php?idx=28976.

공기와 물과 자연의 생태계를 돌보며

조화롭게 살라는 말입니다.

자연을 가까이할수록 마음이 넉넉하여 모든 것을 사랑하게 될 것입니다.

대면 예배를 금지하라는 것은

[언제 어디서나 하나님을 바라보아라]는 뜻입니다.

위안을 얻거나 사람에게 보이려고 예배당에 가지 말고

천지에 계신 하나님을 예배하라는 뜻입니다.

하나님을 대면할수록 그의 나라와 그의 뜻에 가까이 이르게 될 것입니다.

집합을 금지하라는 것은 [소외된 자들과 함께하라]는 뜻입니다.

모여서 선동하거나 힘자랑하지 말고

사람이 그리운 이들의 벗이 되라는 말입니다.

우는 자들과 함께 울고

홀로 외로이 무거운 짐을 지고 가는 이들의 짐을 나누어질수록

세상은 사랑으로 포근해질 것입니다.

그런가 하면 이찬수 목사(분당우리교회)는 코로나19는 우리 그리스도 인과 교회의 부끄러운 민낯을 드러내는 사건이라고 하였고, 김경진 목사 (소망교회)는 "하나님이 이 땅에 전염병을 허용한 것은 이단의 실체를 만 천하에 드러내고 독단으로 가득한 교회의 모습을 똑바로 보게 하려는 경 고"[11]라고 하였다. 또한 이상학 목사(새문안교회)는 교회의 본질에 충실 해야 한다는 점을 다음과 같이 강조하였다.[12]

---

11 https://www.chosun.com/opinion/taepyeongro/2020/09/14/MDBAT3AU6NB5 DFN3UHNIYJHHYI/.

12 https://www.cts.tv/news/view?ncate=THMNWS01&dpid=264144.

지금 많은 교회가 코로나 이후를 말합니다만, 아직 전염병은 끝나지 않았습니다. 백신과 치료제가 개발되어 보급되기 전까지 우리는 계속해서 강화되거나 혹은 완화된 형태의 사회적 거리두기를 하고, 방역에 온 힘을 쏟으면서 신앙생활을 하고 교회를 섬기는 방법을 익혀 나가야 합니다. 이 기간은 1년이 될 수도 있고 2년이 될 수도 있습니다. 이 기간에 가장 중요한 부분은 교회가 본질에 충실히 하는 것입니다. 풍랑이 심하여 배가 심하게 요동할 때는 배 안의 생명을 지키기 위해 절대 필요하지 않은 물건은 바다에 버려야 하는 이치입니다. 마찬가지로, 코로나 상황에서 한국교회는 본질과 비본질을 잘 구분하여 본질에 더욱 충실하고 비본질적인 것은 당분간 "내려놓는" 훈련을 해야 한다고 봅니다. 이번 전염병 사태를 통해 한국교회가 배운 부분이 있습니다. 교회의 본질이 무엇인가 하는 부분입니다. 사역도 못하고 교제도 못하고 봉사도 못하는데, 어쨌든 재정적인 부분만 아니면 교회는 지금까지 유지되어 왔습니다. 이것들이 본질이 아니었다는 뜻입니다. 교회의 본질은 교회의 주인이 되시는 [삼위 하나님], 그분의 말씀 그리고 하나님이 성도들 삶에 침투해서 직접 말씀하시는 예배의 현장이었습니다. 온라인 일지라도 예배가 영과 진리로 드려지는 자리면 하나님은 일하셨습니다. 코로나가 종식되기 전까지 교회는 현장에 나와 예배를 드리건, 온라인으로 예배를 드리건 결국 교회의 본질은 하나님 자신이지 인간의 모임이나 사역, 프로그램들이 아니었다는 것을 염두에 두고 하나님 자신에게 집중할 수 있도록 성도들을 도와야 한다고 봅니다.

한편, 예장통합 교단 소속 목회자 1,135명을 대상으로 코로나19 상황에서의 목회 실태 및 전망을 묻는 설문조사에서 한국교회가 향후 관심을 가져야 할 주제를 묻는 질문에 '예배의 본질에 대한 정립'이라는 응답이 43.8%로 가장 높았으며, 이어 '교회 중심의 신앙에서 생활신앙 강화'(21.2%), '교회의 공적인 역할 강화'(12.9%), '온라인 시스템 및 콘텐츠

개발'(6.9%) 등의 순으로 응답했다.[13]

4. 원인과 문명 전환의 과제를 찾는 성찰의 반응

많은 전문가는 지구 온난화를 비롯한 환경 문제들이 코로나바이러스와 같은 신종 바이러스를 촉발했다고 주장한다. 최재천 교수도 기후변화, 생태계 파괴, 인간에 의한 야생동물의 서식지 파괴가 코로나바이러스 발생의 원인이라고 하였고,[14] 제레미 리프킨도 "코로나19 위기의 주요 원인은 기후변화"[15]라고 하였다.

이렇게 코로나바이러스 발생의 원인을 생태계 파괴, 기후변화로 파악하는 사람들은 예외 없이 인간이 자연 일부라는 새로운 가치관, 세상의 모든 것은 하나의 망으로 연결되어 있다는 새로운 세계관, 생태 중심의 새로운 삶의 방식으로 전환할 것을 강력히 주장한다. 이에 따라 교계에서도 문명 전환의 과제를 강조하고 있는데 우선 한국기독교교회협의회(NCCK)의 사례를 들 수 있다. NCCK는 '코로나19 재확산 상황에 대한 한국기독교교회협의회 입장문'을 통해 다음과 같이 말한다.[16]

우리는 지금 코로나19 이전 시대와 이후 시대를 구분하며 '회복'을 상상하던 시기를 지나 코로나19와 함께 하는 시대의 새로운 일상을 준비하지 않으면 안 되는 전 인류적 생명 위기 시대를 살아가고 있습니다. 탐욕의 문명 세계를 발전시켜온 인류를 향해 "멈춰라, 성찰하라, 돌이키라"라는 하나님의 명령

---

13 https://www.dailywrn.com/15787.
14 최재천 외, 『코로나 사피엔스』 (서울: 인플루엔셜, 2020), 25-30.
15 제러미 리프킨 외, 『오늘부터의 세계』 (서울: 메디치미디어, 2020), 19.
16 https://kncc01.kode.co.kr/newsView/knc202008170001.

은, 생태적 회심과 문명사적 전환을 요청하는 보다 근본적이고 종말론적인 경고를 담고 있습니다. 우리의 목표가 단순히 코로나19 이전 시대로의 회복이 아니라 생명 중심의 변혁적 전환을 이루어야 한다는 메시지입니다.

필자도 제4회 한국교회 생명신학 포럼의 기조발제에서 "생명문명으로 전환을 위한 코로나19의 교훈"이라는 제목으로 다음과 같이 문명 전환의 과제를 제시한 바 있다.17

우리는 풍성한 생명을 누리기 위한 생명문명으로 전환을 어떻게 이루어가야 하는지 살펴보고자 한다. 생명문명으로 일대 전환을 위해 우리는 무엇보다도 (과거의 대역병을 포함하여) 코로나19가 가르쳐주는 교훈이 무엇인가를 발견해서 우리의 의식과 삶의 태도와 방식을 바꾸어 나가야 할 것이다.

첫째로, 코로나19는 인간의 잘못된 삶의 결과라는 점에서 지금까지 우리가 살아온 삶의 방식에서 무엇이 잘못된 것이었는지를 가르쳐준다.

① 정상적인 일상의 삶을 무너뜨리고 있는 코로나19는 우리 인류가 지금까지 형성해온 문명은 살리는 문명이 아니라 가난한 나라들과 사회적 약자들과 생태계를 착취하고 약탈하면서 지구의 생명체계를 파괴해온 제국주의 문명이었음을 가르쳐준다. 따라서 인간의 문명을 생명문명으로 전환하기 위해서 우리는 인간뿐만이 아니라 인간이 아닌 다른 존재들(자연)을 착취의 대상이 아니라 함께 더불어 살아가야 하는 존재라고 생각하는 인식의 대전환을 가져와야 한다.

② 코로나19는 인간의 문명이 생태계 파괴를 당연시해왔던 인간 중심적인 문명이었음을 가르쳐준다. 따라서 풍성한 생명문명으로 전환을 위해서 우리는

---

17 정원범, "생명문명으로 전환을 위한 코로나19의 교훈," 「제4회 한국교회 생명신학 포럼 자료집」, 10.

인간 중심적인 문명을 지구 중심적, 생명 중심적 문명으로 바꾸어야 함과 동시에 인간의 안녕(행복)이 자연의 안녕(행복)과 직결되어 있다고 생각하는 인식의 대전환을 가져와야 한다.

③ 코로나19는 인간의 문명이 무한 개발과 무한성장, 무한 생산과 무한 소비, 무한 경쟁을 추구하는 탐욕적인 문명이었음을 가르쳐준다. 따라서 지속 가능한 문명으로 전환을 위해서 유한한 인간으로서 우리는 본래 한계를 가진 존재라는 사실을 인정해야 한다.

④ 코로나19는 우리의 세계관이 영혼과 육체, 인간과 자연, 남성과 여성을 분리하고 후자에 대한 전자의 지배를 정당화시켜온 이원론적인 세계관이었음을 가르쳐준다. 따라서 생명문명으로 전환을 위해서 우리는 이원론적인 지배의식을 버리고 통전적인 평등의식을 가져야 한다.

III. 교회의 회심 1
: 대안공동체로서 본질을 회복하는 교회

1. 콘스탄틴주의적인 교회 벗어나기

지난 7월 초, 정부가 교회 내 소모임을 제한하자 종교의 자유를 침해하고 기독교를 탄압한다고 주장한 바 있던 한교총은 8월 18일 입장문에서 "최근 몇 교회가 방역수칙을 준수하지 않고 교인들과 지역사회의 감염 확산 통로가 된 것 깊이 사과드린다"라고 했고,[18] 한국기독교목회자협의회도 "최근 논란의 중심에 선 일부 교회들이 국민 건강과 안전을 위한 코로나19 예방 지침을 제대로 준수하지 않아 전국적으로 코로나19

---

18 https://www.newsnjoy.or.kr/news/articleView.html?idxno=301184.

확진자 수가 급속도로 증가하고 있는 상황에 대해 예수 그리스도를 주로 고백하는 이들로서 책임을 통감합니다. 생명이신 예수 그리스도의 사랑으로 고통받는 이들을 어루만져야 할 교회가 우리 사회를 고통스럽게 하는 상황이 개탄스럽습니다"라고 사과했다.[19]

그리고 한국기독교교회협의회도 "교회 내 소모임 금지 조치가 해제된 7월 24일 이후, 교회에서의 감염은 가파르게 증가하였습니다. 금지 조치가 해제되더라도 교회 안에서의 소모임과 식사, 기타 감염 위험을 높이는 종교 행위를 자제할 것을 지속해서 요청했지만, 안일한 태도로 코로나19 이전의 행위들을 답습한 교회들이 우리 사회 전체를 심각한 위험으로 몰아넣었습니다. 우리는 교회가 코로나19 재확산의 중심에 있음을 참담한 심정으로 인정하며 우리 사회의 모든 구성원에게 깊은 사죄의 말씀을 드립니다"라고 사과하였다.[20]

얼마 전 코로나 확산의 주범이었던 전광훈과 극우 기독교 세력에 대해 개신교계 내 진보·개혁 성향의 10여 개 단체로 구성된 '개신교 회복을 위한 비상대책위원회' 역시 "전광훈과 극우 기독교 세력은 사랑과 화해가 본질인 기독교를 **차별과 혐오의 종교**[21]로 바꾸더니 이제는 극도의 혐오 대상으로 전락하도록 만들어 버렸습니다.… 〈우리의 사죄〉 1. 우리는 하나님과 국민 앞에 교회가 빛과 소금의 역할을 하지 못했음을 고백합니다. 그동안 한국교회가 **성장과 번영**만을 추구하며 이웃을 돌아보지 못했음을 사죄합니다. 2. 우리는 이번 코로나19 사태 앞에서도 **물질을 추구하**

---

19 위의 자료.

20 위의 자료.

21 기장 총회는 전광훈 현상을 보면서 "분단 체제에서 화해의 가교가 돼야 할 교회가 대결과 증오를 부추겼다. 극단적 혐오와 막말을 서슴지 않았다"라고 하였고 "'전광훈 현상'을 배태하고 감싸거나 방관해온 그동안 한국교회의 잘못을 통렬하게 참회해야 한다"고 주장했다.

는 **탐욕**을 사죄합니다. 3. 전광훈과 같은 무리들이 한국교회의 지도자로 설치고, 이단과 사이비가 판치는 현실 속에서 교회의 자정 능력을 상실했음을 사죄합니다. 4. 한국교회가 방역 당국에 최선을 다해 협조하지 못했음을 사죄합니다"[22]라고 고백했다.

한국 근대화와 사회변혁의 원동력이었던 한국 개신교가 어쩌다가 이런 지경까지 이르게 된 것일까? 여러 가지 분석이 가능하겠지만 가장 큰 이유는 아무래도 한국교회가 교회다움을 상실한 채 세상과 다를 바 없는 곳이 되었기 때문이다. 이처럼 교회가 세상과 다를 바 없는 곳이 된 현상을 존 하워드 요더는 콘스탄틴주의라고 하였다. 콘스탄틴주의란 교회와 세상(사회, 국가)의 동일시 또는 융합의 현상을 말한다.[23]

기장 총회는 교회발 코로나 확산 사태를 '전광훈 현상'이라고 정의하면서 "극우적 정치이념과 근본주의적 믿음이 결합한 '전광훈 현상'은 한국교회의 민낯이었다"라고 하였고, 배덕만 교수는 "최근 한국 사회에서 전광훈, 한기총, 반동성애 운동, 태극기부대로 상징되는 극우적 개신교 진영은 한국 현대사의 질곡 속에서 근본주의·친미주의·반공주의의 화학작용으로 탄생한 독특한 기독교 현상이다"[24]고 분석했다. 이런 설명은 모두 대부분 보수화된 한국 개신교가 얼마나 보수적이고 극우적인 정치권력과 밀접하게 결합하여 있는지, 또한 세상의 대세로 잡은 것이면 무엇이든지 그것을 사실과 진리로 받아들이는 태도를 취해왔는지를 잘 보여준다고 할 것이다. 이런 점에서 한국교회는 세상의 소금과 빛이 되기 위해서 무엇보다 세상과 다를 바 없는 삶의 방식을 취하고 있는 콘스탄틴주의적 교회로부터 하루속히 벗어나야 할 것이다.

---

22 https://www.logosian.com/news/articleView.html?idxno=1422.

23 정원범, 『교회다운 교회: 참된 기독교 영성의 회복』 (서울: 동연, 2016), 26.

24 https://www.newsnjoy.or.kr/news/articleView.html?idxno=225974.

2. 예수님이 세우기 원하셨던 교회: 대조 사회 공동체

본래 예수님이 세우고자 하셨던 교회의 모습은 어떤 모습이었을까? "예수님 사역의 일체의 유일한 의향은 하나님의 백성들을 모으는 일이었고,[25] 예수님은 자신이 모으고자 하셨던 하나님의 백성, 곧 교회를 대조사회(Kontrastgesellschaft) 또는 대척사회(Gegengesellschaft)로 이해했다.[26] 로핑크는 이에 대해 이렇게 말한다.

> 예수는 모아야 할 하나님의 백성을(막 10:42-45가 이미 말해주듯이) 대조사회로 이해한다. 다시 말해서 국가나 민족으로 이해하는 것이 아니다. 그것은 독자적인 생활권을 형성하여 세상에서 여느 사람들이 예사로 살고 있는 것과는 달리 살며 달리 상종하는 그런 공동체이다. 예수가 모으려는 하나님 백성이야말로 대안 사회라고 일컫기에 손색이 없다. 이 사회 안에서는 이 세상 권세들의 폭력구조가 아니라 화해와 우애가 지배해야 하는 것이다.[27]
> 하나님의 백성이란 이스라엘 국가를 뜻하는 것이 아니다. 그렇다고 하나님의 백성은 한적한 벽지에서 구원을 대망하는 경건자들의 영적 공동체만도 아니다. 온 실존으로 ─따라서 온 사회적 차원에서도─ 하나님의 선택과 소명을 의식하는, 하나님의 뜻에 따라 지상의 다른 모든 백성과 구별되어야 할 그런 이스라엘이다.[28]
> 교회는 지상의 소금이요 세상의 빛이며 드넓게 빛을 비추는 도시다. 교회는 사람들에게 수긍될 수 있는 사회질서의 삶을 사는 공동체다. 세상을 위한 교

---

25 Gerhard Lofink/정한교 역, 『예수는 어떤 공동체를 원했나?』(*Wie Hat Jesus Gemainde Gewollt?*) (왜관: 분도출판사, 1996), 56.

26 위의 책, 204, 207.

27 위의 책, 102.

28 위의 책, 207.

회다. 그러므로 교회는 그 자신이 세상이 되어서는 안 되고, 세상 안에서 번영해서는 안 되며, 교회 본연의 모습을 간직해야 한다.[29]

요컨대 교회란 한마디로 이교 사회(세상)와 근본부터가 철저히 다른 새로운 삶의 방식을 따라 사는 새로운 사회, 새로운 사회질서로서 세상과 날카롭게 맞서는 대조사회 공동체라는 것이고,[30] 예수님의 사역은 바로 이러한 새로운 공동체를 세우는 것이었다.[31] 결국 "교회란 일반 사회 속에서 하나님의 대조사회로서 존재"해야 하며, "교회 전체가 대안적 성격을 띤 사회라야 한다"는 것이다.[32]

3. 대조사회의 공동체적인 삶을 실천하는 공동체 교회

로핑크에 따르면 예수님과 바울의 가장 중요한 관심사는 마지막 때에 하나님의 뜻에 따라 최종적으로 달성될 하나님 백성들을 모으는 일, 곧 그리스도인 공동체들을 세우는 것이었다.[33] 그도 그럴 것이 예수님의

---

29 위의 책, 119.

30 존 하워드 요더/신원하 · 권연경 옮김, 『예수의 정치학』(*The Polotics of Jesus*) (서울: IVP, 2007), 101-102; 게르하르트 로핑크/정한교 옮김, 『예수는 어떤 공동체를 원했나?』, 220-221, 268.

31 존 하워드 요더/신원하 · 권연경 옮김, 『예수의 정치학』, 376.

32 게르하르트 로핑크/정한교 옮김, 『예수는 어떤 공동체를 원했나?』, 210, 227

33 게르하르트 로핑크/정한교 옮김, 『예수는 어떤 공동체를 원했나?』, 174. 교회공동체로 사는 것이 인류를 위한 가장 큰 섬김이며 그리스도를 선포하는 최선의 길이라고 확신하는 에버하르트 아놀드는 이렇게 말한다: 1. 공동체는 사회, 정치적 문제에 대한 해답이다. 2. 공동체는 신앙의 응답이다. 3. 공동체 안에서의 삶은 성령 안에서의 삶이다. 4. 공동체는 다가오는 하나님 나라의 징표이다. 5. 공동체는 사랑과 일치로의 부르심이다. 6. 공동체는 희생을 의미한다. 7. 공동체는 신앙의 모험이다. 김난예 · 정원범, 『공동체 영성의 향기』 (논산: 대장간, 2019), 205-206.

가르침과 사역의 핵심이 하나님 나라였기 때문이고, 하나님 나라(하나님의 통치)는 언제나 하나님 백성들의 공동체를 전제로 하기 때문이다.[34] 예수 그리스도를 중심으로 모여진 하나님의 백성들은 하나님의 다스림[35]에 순종하면서 대조사회의 삶, 즉 철저하게 하나님 나라의 새로운 삶의 방식을 따라 살아가야 한다. 그렇게 될 때 그리스도인 공동체(하나님의 백성들)는 하나님 나라의 현존을 가리키는 징표가 된다.[36] 이런 점에서 교회의 가장 중요한 과업은 세상에 대한 대조사회가 되는 것이다.[37] 교회가 세상에 대한 하나님의 대조사회라는 사실을 강조하고 있는 로핑크는 계속해서 "교회는 교회 자신을 위해서가 아니라 온전히 또 오로지 세상을 위해서 존재하는 까닭에, 교회가 세상으로 변해서는 안 되며 교회 본연의 모습을 간직하고 있어야 한다"[38]고 말한다.

그러면 교회가 교회 본연의 모습, 즉 대조사회의 삶을 산다는 것은 어떤 삶을 산다는 것일까? 이에 대한 로핑크의 설명을 도표로 정리해보자.[39]

세상 (세상의 사회들)	교회 = 하나님의 백성, 그리스도의 몸
일반 사회, 이교도 사회, 세상의 지배질서	교회 = 세상 속에 있는 하나님의 대조사회 하나님의 공동체, '새로운 창조'로서 공동체, 하나님의 새로운 사회질서, 새로운 공동체, 하나님의 새로운 세상, 하나님 나라의 새로운 질서, 하나님 나라의 사회질서

---

34 위의 책, 57.

35 "하나님의 백성은 하나님의 통치권에 의하여 장악되는 바로 그만큼—그 실존의 모든 차원에서— 달라질 것이다."(위의 책, 128)

36 위의 책, 124. 하나님의 다스림이 바야흐로 이미 하나님의 백성들 안에서 현재의 일이 되고 있고, 교회 또는 그리스도인 공동체들 안에서 하나님 나라가 이미 현재의 일이 되고 있다(위의 책, 125).

37 게르하르트 로핑크/정한교 옮김, 『예수는 어떤 공동체를 원했나?』, 242.

38 위의 책, 242-243.

39 위의 책, 69-282.

한때는 / 어두움	지금은 / 빛 "한때 여러분은 어둠이었으나 지금은 주 안의 빛입니다. 빛의 자녀답게 살아가십시오"(엡 5:8, cf: 딛 3:3-6, 골 3:8-14)
옛사람 / 옛 사회	교회 = 새 사람들로 이루어진 새로운 사회
옛 사회, 이교도 사회의 인간 : 분노, 격정, 악의, 모독, 욕설, 거짓말	그리스도인 = 하나님의 새 사회의 새 인간 자비, 친절, 겸손, 온유, 인내, 사랑(골 3:8-14)
지배욕, 권력욕에 사무친 세상의 사회 / 지배와 권력의 추구 인간이 인간 위에 군림	교회= 지배 관계, 지배구조에서 벗어난 새로운 사회, 지배의 단념, 지배욕이 배제된 사회 "제자 공동체 안에서는 지배 관계가 없어져야 한다."40(막 10:42-45) "교회가 그 권위를 걸핏하면 지배에 의하여 확보하려 한다는 것은 교회 본연의 모습을 흐리게 하는 가장 큰 비극의 하나다… 진정한 권위는 지배를 단념하고 무력해졌을 때라야 빛이 난다. 이것이 십자가에 못 박힌 분의 권위다"41
끝없는 적대(대립) 관계, 계급사회, 여성 차별 사회	교회= 모두가 평등한 하나님의 새로운 세상을 가리키는 징표 하나님의 새로운 세상이 공동체 안에서 이미 시작되었다: 그리스도 안에서의 새로운 공동체 안에서는 유대인도 없고, 헬라인도 없으며, 노예도 없고, 자유인도 없으며, 남자도 없고, 여자도 없다(갈 3:26-29; 고전 12:13)42. "새로운 창조로서 공동체, 즉 하나님의 새로운 세상을 가리키는 징표로서 공동체"43
신분의 차별, 특권이 있는 사회: 유대 사회는 옆에 언급된 부류의 사람들에게 동등한 인간 가치를 부인 하며 상종조차 거부함	교회= 차별과 특권이 없는 사회 압도적인 성령의 체험을 통해 모든 사회적 차별의 지양되고, 모든 사회적 장벽들이 철폐되고 특권과 천대가 배제된 새로운 화합의 공동체(요엘 3:1-5; 행전 2:17-18) "예수는 화합된 사회인 이스라엘을 원한다. 그래서 부자도 가난한 사람도, 식자도 무식한 사람도, 갈릴래아 시골 사람도 예루살렘 도시인도, 건장한 사람도 병자도, 의인도 죄인도 상종한다. 아니, 더욱 꼬집어 말해야겠거니와 바로 가난한 사람, 굶주린 사람, 우는 사람, 지치고 짓눌린 사람, 병자, 죄인, 세관원, 창녀. 사마리아 사람, 여자, 어린이들을 위하

	여 편든다."[44]
혈연 가족	교회 = 새로운 하나님 가족, 새로운 가정 모든 그리스도인이 서로 형제, 자매가 되고, 형제애를 나누는 예수님의 새 가정 "요컨대 당시에는 공동체에 자기 집을 제공하는 사람들의 가정에서야말로 자기네 자신의 경계선들을 타파하고 공동체를 지향하는 개방된 새 가정의 구조가 모범적으로 드러난다고 말하지 않을 수 없다"[45]
폭력이 난무하는 세상	교회 = 폭력의 단념, 비폭력의 새로운 사회질서의 가장 중요한 표징 "폭력을 수단으로 해서 권리를 쟁취해서는 안 된다. 폭력으로 권리를 쟁취하느니 차라리 불의를 감수해야 한다."[46] "교회라는 메시아 백성 안에서는 이미 폭력이란 없다. 거기서는 모두가 '평화의 아들들'이 되어있다."[47]

오늘날 한국교회는 세상과 다를 바 없는 곳이 되었고, 심지어는 세상보다 더 세상적인 곳이 되었다는 이야기를 듣곤 한다. 그러나 고대교회는 그렇지 않았다. 아니 고대교회는 철저하게 대조사회였다. 그들은 바울서신 등에서 언급되었던 새로운 공동체 건설을 위한 기본 요구들[48]을

---

40 위의 책, 92.

41 위의 책, 203.

42 위의 책, 158-168.

43 위의 책, 168.

44 위의 책, 153.

45 위의 책, 183.

46 위의 책, 101.

47 위의 책, 290.

48 서로 앞장서서 남을 존경하십시오(롬 12:10), 서로 합심하십시오(롬 12:16), 서로 받아들이십시오(롬 15:7), 서로 충고하십시오(롬 15:14), 서로 거룩한 입맞춤으로 인사하십시오(롬 16:16), 서로 기다리십시오(고전 11:33), 서로를 위하여 같이 걱정하십시오(고전 12:25), 서로 사랑으로 남의 짐을 져주십시오(갈 6:2), 서로 위로하십시오(살전 5:11), 서로 건설하십시오(살전 5:11), 서로 화목하게 지내십시오(살전 5:13), 서로 선을 행하십시오(살전 5:15), 서로 사랑으로 참아주십시오(엡 4:2), 서로 친절하고 자비로운 사람이 되십시오(엡 4:32), 서로 순종하십시오(엡 5:21), 서로 용서하십시오(골 3:13),

실천했던 교회였다. 먼저 유스티누스의 기록을 보자.[49]

전에는 음란한 일들에 **빠졌었지만**, 이제는 오로지 순결에만 충실히 하는 우리입니다. 교묘한 요술들에 휩쓸렸었지만, 이제는 만들어진 것이 아닌 인자하신 하나님께 성별된 우리입니다. 돈과 재산을 무엇보다도 소중히 여겼었지만, 이제는 가진 것을 공동의 일에 이바지하고자 내어놓고 누구든지 아쉬운 사람과 나누어 가지는 우리입니다. 서로 미워하고 죽이고 하면서 우리의 동족이 아닌 사람들과는 생활 관습들이 달라서 한 번도 공동유대를 유지해 본 적이 없었지만, 그리스도께서 나타나신 후로 이제는 밥상공동체를 이루며 함께 사는 우리입니다.

디오니소스도 어떤 편지에서 이런 글을 남겼다.[50]

우리의 형제들은 대부분이 넘치는 사랑과 친절로 자기 자신을 돌보지 않고 서로 의지하며 두려움 없이 병자들을 거두어들여 세심하게 보살피고 그리스도 안에서 시중을 들었으므로 병자들과 똑같이 지극히 기쁜 마음으로 죽어갔습니다. ─ 다른 이가 앓는 병에 전염되면서, 다른 사람의 병에 자기도 걸리면서, 자발적으로 그들의 고통을 넘겨받으면서 ─ 이렇게 해서 우리 형제들은 가장 튼튼한 사람들까지도 세상을 떠났습니다.… 이교도들의 경우는 사정이 판이 했습니다. 그들은 병들기 시작하는 사람은 아무리 소중히 여기던 사람이라도 팽개치고 달아났고, 반쯤 죽은 이를 길바닥에 던져버렸으며, 시체를 매장도

서로 죄를 고백하십시오(약 5:16), 서로를 위해 기도하십시오(약 5:16), 서로 진심으로 다정하게 사랑하십시오(벧전 1:22), 서로 대접하십시오(벧전 4:9), 서로 겸손으로 대하십시오(벧전 5:5), 서로 친교를 나누십시오(요일 1:7), 위의 책, 170-171.
49 위의 책, 261.
50 위의 책, 264.

하지 않고 마치 오물처럼 버려두었습니다.

아리스테이디스는 그의 「호교론」에서 고대교회 그리스도인들의 삶이 얼마나 아름다운 모습이었는지에 대해 다음과 같이 증언하고 있다.[51]

오 황제여… 사실 그들은 하나님을 알고 있으며 그분을 만유의 창조자요 직공장이라고 믿고 있는 것입니다.… 그분에게서 그들은 계명을 받았으며 그 의미대로 기입하여 놓고 준수하고 있습니다.…

그래서 그들은 간통과 음행을 자행하지 않고 거짓 증언을 제시하지 않으며 맡겨진 재물을 횡령하지 않고, 자기 것이 아닌 것을 탐내지 않으며 부모를 공경하고, 이웃들에게 친절을 다하며 판관이면 정의에 따라 판결합니다. 사람 모습의 우상들에게 기도하지 않으며 남이 자기에게 행하기를 원하지 않는 바를 자신도 남에게 행하지 않습니다. 우상들에게 제물로 바쳐졌던 음식은 불결하므로 먹지 않습니다. 자기를 능멸하는 사람을 설득하여 친구로 삼으며 원수들에게 열심히 자선을 베풉니다.…

노예들에게 남녀를 가리지 않고… 권유하여, 자기들은 그들을 사랑하고 있으니 그리스도인이 되라고 합니다. 또 과연 그렇게 되면 이 사람들을 차별 없이 형제들이라고 부릅니다.… 그들은 어디를 가나 겸손과 친절을 다합니다. 그들에게는 거짓말을 찾아볼 수가 없습니다. 그들은 서로 사랑하고 있습니다. 과부들을 멸시하지 않으며 고아들을 학대자에게서 해방시킵니다. 가진 사람은 못 가진 사람에게 아쉬움 없이 내어 줍니다. 뜨네기가 눈에 띄면 자기네 집으로 맞이해들이며 마치 친형제처럼 반깁니다. 사실 그들은 육이 아니라 영으로 하나님 안에서 서로 형제라고 부르는 까닭입니다.

그들 가운데 어느 가난한 사람이 세상을 떠난 것을 그들 가운데 누군가가 보

---

51 위의 책, 266.

면, 그는 재력대로 장례를 주선합니다. 또 그들 중 누군가가 그리스도의 이름 때문에 감옥에 갇혔다거나 궁지에 빠져 있다는 소식이 들리면 모두 그에게 필요한 것을 돌보아주고, 될 수 있다면 그를 풀려나게 합니다. 또 그들 속에 누군가가 가난한 사람이나 궁핍한 사람이 있는데 자기들에게 먹고 남는 것이 없다면 이틀이나 사흘씩 단식을 하여서 궁핍한 삶에 필요한 양식을 마련해 줍니다.… 오 황제여, 이것이 그리스도인들이 삶아가는 삶의 법칙입니다.

이상의 사실을 통해 우리는 고대교회가 당시의 부패한 이교도 사회와 얼마나 철저하게 대조되는 아름다운 하나님의 공동체였던가를 하는 사실을 확인하게 된다.

지난 8월에 기독교 8개 언론(CBS, CTS, CGN, GoodTV, C채널, 국민일보, 극동방송, 기독신문)과 코로나19 설문조사 TF팀은 성인 1,000명을 대상으로 '코로나19의 종교 영향도 및 일반 국민의 기독교(개신교) 인식 조사'를 지앤컴리서치에 의뢰해 실시한 적이 있는데 조사 결과를 보면, 코로나19 이전과 이후 종교별 신뢰도 변화를 묻는 질문에 응답자 63.3%가 개신교에 대한 신뢰도가 "더 나빠졌다"고 응답했다.[52]

한국교회는 어떻게 잃어버린 신뢰를 회복할 수 있을까? 이 질문과 관련하여 로핑크는 말하기를, "그리스도인이 사회에 이바지할 수 있는 더 없이 큰 봉사는 아주 간단하다: 즉 교회가 참으로 교회가 되는 그것이다"[53]라고 말했다. 다시 말해 코로나 상황 속에서 점점 더 불신을 당하고 있는 한국교회는 세상의 소금과 빛이 되기 위해 무엇보다도 성경과 고대교회가 보여주고 있는 교회의 정체성, 즉 교회란 세상에 대한 하나님의 대조 사회라는 사실을 자각해야 할 것이고, 더 나아가 실제로 세상을 위

---

52 https://www.kidok.com/news/articleView.html?idxno=208020.
53 게르하르트 로핑크/정한교 옮김, 『예수는 어떤 공동체를 원했나?』, 278.

한 대조사회의 삶을 실천할 수 있어야 할 것이다.

IV. 교회의 회심 2: 시대적 과제에 응답하는 공동체 교회

1. 공공성을 잃어버린 교회 벗어나기

코로나19 상황 속에서 한국교회가 점점 더 불신을 당하고 있는 이유는 첫째로, 교회가 교회 본래의 모습을 잃어버렸기 때문이고 둘째로, 교회가 교회의 공공성을 잃어버렸기 때문이다. 레슬리 뉴비긴은 서구교회가 사회 주변부로 밀려나게 된 것은 기독교의 복음을 공적인 진리가 아니라 사적인 진리로 선포하였기 때문이고(신앙의 사사화), 그에 따라 교회의 공적 역할을 포기했기 때문이라고 하였다. 이런 현상은 한국교회의 경우와 크게 다르지 않다고 본다. 서구교회와 마찬가지로 한국교회 역시 그동안 공적 영역과 사적 영역을 나누는 이분법적 시각을 가지고 "개인의 영적 구원이라는 좁은 사적인 영역으로 물러나서 복음의 진리성을 공적으로 증언하고 공적인 영역의 문제들에 대하여 공적 진리로서 빛에 비쳐 책임 있게 발언하고 행동하는 일을 소홀히 해왔다."[54] 다시 말해 한국교회는 공적 문제에 관한 관심을 가지고 공적 문제들에 대한 해결방안을 모색하려는 공공신학적 관점을 갖지 못했기 때문에 일부 교회는 코로나 확산 상황 속에서 비대면 예배를 요청한 정부의 방역지침을 무시하고 지역 주민의 우려를 외면하면서 현장 예배를 강행하는 잘못을 저질렀다고 볼 수 있다. 따라서 그동안 교회의 공적 책임을 소홀히 해 왔던 교회는

---

[54] 류태선, 『공적 진리로서 복음』 (서울: 한들출판사, 2011), 10.

교회의 본질을 회복하려는 노력과 함께 공공성을 상실한 교회의 모습을 버리고, 교회의 공적 책임을 다하는 건강한 교회로 거듭날 수 있어야 할 것이다.

2. 생태적 삶을 추구하는 교회

최재천 교수가 말한 대로 기후변화, 생태계 파괴, 인간에 의한 야생동물 서식지의 파괴가 코로나바이러스 발생의 원인이라고 한다면, 우리 교회는 먼저 그동안 하나님의 피조 세계를 잘 관리하는 생태적인 삶을 살지 못했음을 회개해야 할 것이다. 기독교가 생태계 파괴에 일조했다는 지적들이 많이 있기 때문이다. 칼 아메리는 다음과 같이 말한다.[55]

> 기독교는 하나님과 모든 피조물 사이의 계약을 인간 중심적으로 축소했으며 이로 인하여 인간 이외의 다른 피조물을 경시하는 생각과 태도를 형성하였다. 기독교는 자연의 짐승, 물고기, 새, 풀과 나무 등을 하나님의 축복과 보호에서 배제하였으며 그들을 단지 인간을 위한 대상으로만 간주하여 자연의 훼손과 파괴는 물론 생태계의 위기를 초래하였다.

센트마이어 역시 "말하자면 19세기와 20세기 초 개신교 신학은 전반적으로 자연과 관계를 끊었고, 그로 인하여 자연을 마음대로 처리하고자 했던 산업주의의 정신을 사실상 허용했다"[56]고 지적했다. 따라서 한국교회는 코로나 사태를 "생태계를 파괴해가며 성장과 발전을 이루고자 했던

---

55 김균진, 『생태학의 위기와 신학』 (서울: 대한기독교서회, 1992), 29

56 H. Paul Santmire, *The Travail of Nature: The Ambiguous Ecological Promise of Christian Theology* (Minneapolis: Fortress Press, 1985), 122.

현대 문명을 향해 지금이라도 방향과 태도를 바꾸라는 경고"로 알고, 생태적인 삶으로 전환을 살아낼 것을 결단해야 한다.

그도 그럴 것이 지금의 상황은 지금까지의 삶의 방식을 그대로 유지하게 될 때 2050년이 되면 더는 거주할 수 없는 지구가 될 것으로 예측이[57] 될 정도로 심각한 생태 위기 상황이기 때문이다. 김용휘는 이 위기 상황을 다음과 같이 정리한다.[58]

코로나바이러스는 동물의 서식지를 파괴하고 야생동물을 남획하면서 생긴 재앙, 즉 환경 파괴에서 비롯된 환경재앙이다. 그런데 코로나 외에도 생태 위기는 갈수록 점점 더 심각해지고 있다. 기후변화, 종 다양성 소멸, 열대림 파괴, 사막화, 토양침식, 홍수와 가뭄, 폭염과 한파, 지하수 고갈과 오염, 산호초 파괴, 쓰레기 매립지 확대, 독성 폐기물과 살충제 및 제초제, 농약과 화학비료로 인한 땅의 황폐화, 핵폐기물, 미세먼지, 천연자원의 고갈, GMO 농산물 등등 이루 다 헤아리기도 힘들다.

이 중에서도 우리의 생존을 위협하는 가장 심각한 문제가 기후변화이다. 최근의 세계적인 홍수와 가뭄, 기록적인 폭염과 한파는 대부분 기후변화로 인한 것이다. 최근 유럽은 150년 만에 최악의 폭염으로 약 3만 5천 명이 사망했으며 인도는 50도가 넘는 폭염으로 약 1,500명이 사망했다. 중국과 브라질, 파키스탄은 기록적인 폭우와 홍수로 수천 명이 사망하는가 하면 스페인과 포르투갈, 아프리카는 극심한 가뭄으로 고통받고 있다. 또한 기후변화로 인해

---

57 데이비드 월러스 웰스/김재경 옮김, 『2050 거주 불능 지구』(*The Uninhabitable Earth*) (파주: 청림출판, 2020).

58 https://ecosophialab.com/%EC%83%9D%ED%83%9C%EC%A0%81-%EB%AC
%B8%EB%AA%85%EC%9C%BC%EB%A1%9C%EC%9D%98-%EC%A0%84%ED
%99%98%EC%9D%98-%EC%8B%9C%EA%B0%84-%EC%BD%94%EB%A1%9C
%EB%82%98-19%EB%A5%BC-%ED%86%B5%ED%95%9C-%EC%8B%A4%EC
%A1%B4/.

북극과 남극의 빙하가 녹으며 영구동토층이 감소하고 있으며, 제트기류의 이상과 바닷물의 열 순환이 방해받고 산호초가 멸종하고 있다. 그리고 북쪽 수림대와 아마존의 밀림도 감소하고 있다. 기후변화로 지난 100년간 약 1도가 상승했으며, 그 속도는 점점 더 빨라지고 있다.

2006년 발표된 영국 정부의 '기후변화의 경제학' 보고서에 따르면 지구의 온도가 1℃ 오를 경우, 안데스산맥 빙하가 녹으면서 이를 식수로 사용하고 있던 약 5,000만 명이 물 부족으로 고통을 겪으며, 매년 30만 명이 기후 관련 질병으로 사망한다고 한다. 지구의 온도가 3℃ 오를 경우 아마존 열대우림이 붕괴하고 최대 50%의 생물이 멸종 위기에 처하게 되며, 4℃ 오를 경우 이탈리아, 스페인, 그리스, 터키가 사막으로 변하고 북극 툰드라의 얼음이 사라져서 추운 지방에 살던 생물들이 멸종한다고 예측하고 있다. 5℃ 오를 경우 히말라야의 빙하가 사라지고 바다 산성화로 해양 생태계가 손상되며, 뉴욕과 런던이 바다에 잠겨 사라지게 된다고 한다. 그리고 평균기온이 6℃ 오를 경우 인간을 포함해서 현재 생물종의 90%가 멸종한다고 예측하고 있다.

그는 계속해서 『2050년, 거주불능 지구 – 한계치를 넘어 종말로 치닫는 21세기 기후재난 시나리오』를 쓴 데이비드 월러스 웰즈의 이야기를 다음과 같이 말한다.

그는 미래에 인류가 멸망한다면 그것은 '기후변화' 때문일 것이라고 경고하고 있다. 지금의 추세대로 간다면 2050년에는 북극과 남극의 빙하가 줄어드는 것은 물론 지표면의 30% 이상에서 극심한 사막화가 동반된다고 한다. 지구 곳곳에서 산불, 폭염, 가뭄, 침수 등의 이상 기후를 겪을 것이고, 강우량이 절반으로 떨어지는 엘니뇨 현상이 만연할 것이라고 한다. 그 결과 기후재난을 피해 목숨을 부지하려는 새로운 유형의 '기후 난민'이 등장할 것으로 예측한다. 그뿐만 아니라 곳곳에서 폭염이 1년에 100일 이상 지속할 것이고 전 세계

곡물 수확량이 80%가 감소할 것이며, 더불어 만성적 물 부족 문제에 처할 것이다. 이로 인해 국가 간 식량 전쟁이 불가피할 것이라고 한다. 또한 UN은 2050년에 기후 난민이 2억 명에 달할 것으로 예측하며 생존에 취약한 빈민층이 10억 명에 달할 것으로 내다보고 있다. 또 IPCC(유엔 산하의 기후변화에 관한 정부 간 협의체)의 보고서에 의하면 지구가 2도 상승하는 경우 1.5도 상승할 때보다 대기오염으로 인한 사망 인구가 약 1억 5,000만 명 더 늘어난다고 한다.

이처럼 생태계 파괴와 기후변화로 인한 결과가 인류의 생존을 위협할 정도로 치명적인 것이라고 한다면 하나님 사랑, 이웃사랑을 위해 존재하는 교회는 마땅히 이 세상을 인간과 인간이, 인간과 자연이 함께 공존, 상생하는 하나님의 생명공동체로 거듭나게 하는 일을 위해 생태적인 사명을 다할 수 있어야 한다.

3. 사회적 경제를 선교과제로 삼는 교회

미국의 정책연구소(IPS)가 지난 3월 조사했던 보고서에 따르면, 코로나19 여파로 미국에서 한 달 새 2,600만 명이 일자리를 잃었지만, 억만장자들의 재산은 오히려 3,800억 달러(약 467조 원) 늘어났으며 이 기간 억만장자 중 최소 8명은 코로나19에도 보유자산을 10억 달러(1조 2천억 원)나 늘렸다고 한다. 이런 보고서를 낸 연구소장 척 콜린스는 '코로나19 이후 미국의 억만장자는 더 부자가 됐다. 이제 중단돼야 한다'고 주장했다.[59]

우리나라도 올해 1월부터 시작된 코로나19로 인해 고소득층과 저소

---

59 https://www.sedaily.com/NewsVIew/1Z1NWPOPQK.

득층 양극단의 빈부격차가 심화되었다는 보고가 있다. 통계청 자료를 분석한 한 기자에 따르면 "계속되는 사회적 거리두기 기간 장기화로 많은 자영업자와 취업 준비생들이 경제적인 문제로 고통을 호소하는 반면 고소득층의 사람들은 이러한 시기를 발판 삼아 부를 축적"하는 정반대인 상황이다. 통계청의 '2020년 1분기 가계동향조사' 발표에 따르면 "가장 소득이 적은 1분위 가구의 경우 지난해 같은 기간보다 근로소득이 3.3% 줄었다. 반면 상위 20%는 2.6% 늘었다. 올해 1분기 우리나라 전체 가구의 소비지출에서도 양극단의 차이를 볼 수 있다. 상위 20%는 소비가 3.3% 감소하였지만, 소득 하위 20%는 10% 줄었다"고 한다.[60]

코로나로 인해 더욱 심화되는 이런 양극화 상황은 교회로 하여금 이 시대의 중요한 선교적 과제가 어떠해야 하는지에 대해 심각한 도전을 던지고 있다고 본다. 사실 부익부 빈익빈의 양극화 현상은 코로나 사태 이전부터 있었던 일이다. 이런 양극화 상황의 근본 원인은 무엇일까? 그것은 자본주의, 특히 신자유주의적인 자본주의의 불가피한 결과이다. 세계교회협의회가 말한 대로 "자본에 집중하는 신자유주의는 모든 사물, 모든 인간을 가격을 매겨 판매하는 상품으로 만들어 버린다. 인간의 존엄성보다 물질적 풍요를 우선시하므로 인간을 비인간화하고 탐욕을 위하여 생명을 희생시킨다. 그것은 죽임의 경제이다."[61] 최근에 김누리 교수도 "첫째, 자본주의는 인간을 소외시킵니다. … 자본주의에서는 사물이 인간을 지배합니다. 둘째, 자본주의는 사회를 파괴합니다. 사회적 공동체를 파괴하고 일종의 정글로 만듭니다. 셋째, 자본주의는 무한히 자연을 침탈하고 파괴합니다"[62]라고 지적했다.

---

60 https://www.iconsumer.or.kr/news/articleView.html?idxno=12981
61 WCC/김승환 옮김, 『경제세계화와 아가페운동』(도서출판 흙과생기, 2010). 16
62 최재천 외, 『코로나 사피엔스』(서울: 인플루엔셜, 2020), 147-149.

이런 상황에서 자본주의 시장경제가 야기되었고 코로나 상황이 더욱 심화시키고 있는 불평등과 빈부격차 등 다양한 사회문제에 대한 중요한 대안으로 부상되고 있는 것이 있는데 바로 사회적 경제이다. 사회적 경제란 사회적 목적 추구를 우선으로 하는 모든 활동을 지칭하는 개념으로, 국제협력개발기구에 따르면 사회적 경제는 "국가와 시장 사이에 존재하면서 사회적 요소와 경제적 요소를 모두 가진 조직들"이다.63 말하자면 자본보다 사람과 사회적 목적을 중요하게 생각하면서 신뢰, 협동, 공감, 자립, 연대, 호혜의 정신을 가지고 공동체적 가치의 실현을 목적으로 하는 경제가 바로 사회적 경제이다.

따라서 가난한 사람들을 특별히 사랑하고 계시는 하나님의 사랑과 정의64의 선교에 참여해야 하는 사명을 가진 교회는 사회적 약자들의 일자리를 창출하면서 승자독식의 사회를 함께 더불어 살아가는 공동체로 만들어가고자 하는 사회적 경제를 이 시대의 중요한 선교적인 과제로 삼아야 하리라 본다. 그러기 위해서는 코로나 사태의 원인과 그 폐해 그리고(신자유주의적) 자본주의의 폐해가 무엇인지를 자각하는 것이 필요하고, 아울러 하나님이 원하시는 경제(하나님의 경제)는 만민이 풍요한 생명을 누리며 풍요한 것을 나누며 살아가는 은혜의 경제, 인간의 존엄, 창조세계의 보존을 중시하는 생명의 경제라는 사실을 자각하는 것이 필요할 것이다.65

---

63 고동현 외,『사회적 경제와 사회적 가치』(서울: 한울아카데미, 2016), 62.
64 크리스 마셜/정원범 옮김,『성서는 정의로운가』(*Biblical Justice: A fresh approach to the Bible's teaching on Justice*) (춘천: KAP, 2016), 57-66.
65 WCC,『경제세계화와 아가페운동』, 16-17, 20-21.

V. 나가는 말

적지 않은 사람들이 이제 세계는 코로나 이전과 코로나 이후로 나누어질 것이라고 말한다.[66] 질병관리본부는 "코로나 이전 세상은 이제 다시 오지 않는다"라고 했고, 헨리 키신저도 "코로나19 팬데믹이 끝나도 세계는 그 이전과 전혀 같지 않을 것이며 코로나19가 세계질서를 영원히 바꿔 놓을 것"이라고 했다. 과거의 역사를 돌아볼 때 이런 판단은 그리 지나친 말이 아닌 것 같다. 왜냐하면, 수만 명, 수천만 명의 목숨을 앗아갔던 전염병들은 과거에 기존의 사회, 경제 질서를 바꾸어 놓았던 역사가 있기 때문이다. 14세기 중반 유럽에서 시작된 흑사병은 중세 유럽의 봉건제도 몰락과 시민계급의 성장을 가져왔고, 16세기 스페인 정복자들이 옮긴 천연두(원주민의 90%가 목숨을 잃음)는 남미 원주민 문명을 무너뜨리면서 대항해시대를 불러왔고, 급기야 유럽의 금융 질서를 바꾸었다. 또한 1차 세계 대전 중 유럽에서 발병한 스페인 독감으로 인해 영국은 몰락했고, 미국이 신흥 경제 대국으로 떠오르는 세계 경제 재편이 시작됐다.

이런 점에서 "우리가 알던 세상은 끝났다." "이제는 완전히 다른 세상이다"라는 말도 과장된 말이 아니다. 그러나 문제는 앞으로 일어날 세상의 변화를 어떻게 긍정적인 방향, 즉 인류의 삶을 건강하고도 지속 가능한 방향으로 만들어낼 것이냐의 문제라고 본다. 과연 인류가 지속 가능한 방향으로 문명의 전환을 이루어낼 수 있을까? 이 물음에 대해 장윤재 교수는 "언제 인류가 자신의 도덕적 결단으로 스스로 문명의 길을 바꾼 적이 있던가! 그럴 일은 앞으로도 없을 것이다"[67]라고 말하기도 했지만,

---

66 유발 하라리, 토머스 플드먼, 헨리 키신저 등.
67 한국교회생명신학포럼, 「제4회 한국교회생명신학포럼 자료집」, 15.

실제로 역사를 보면 인간은 위기를 만나 뭔가 긍정적인 세상의 변화를 일궈낸 사례들이 많이 있다. 예를 들면 영국은 2차 세계 대전을 계기로 국가 보건 의료서비스를 시작하게 되었고, 브라질은 2008년 금융 위기 상황에서 사회보장제를 신설했으며, 태국은 90년대 말 불경기를 겪으며 공공 의료보험제를 시작했다.

이런 희망을 품어보면서 인류가 현재 신자유주의 자본주의와 코로나 사태로 인해 야기된 여러 위기를 해결해 나가기 위한 생명문명으로 일대 전환의 과제를 잘 수행할 수 있기 바라고, 우리 교회 역시 지속 가능한 생명문명으로 전환을 이루는데 기여할 수 있기 위해서 교회의 교회다움을 회복하고, 시대적 과제를 훌륭하게 수행하는 교회로 거듭나기를 간절히 희망한다.

디지털 문화에 대한 이해와 관계적 목회*

김은혜**

I. 서론: 새로운 것이 아니다.

코로나가 가져온 비대면의 문화는 새로운 것이 아니지만 코로나 이후의 목회는 예전으로 돌아갈 수 없다. 실제로 코로나 팬데믹이 길어지면서 코로나가 동반한 사회변화와 행동들이 이제 제법 일상의 삶으로 자리 잡았다. 특별히 상당 기간 비대면 활동이 지속하면서 이전에 해왔던 접촉들과 만남을 통한 교류들이 상당 부분 제한을 받고 있다.[1] 그러나 엄밀한 의미에서 언택/비대면 문화는 초연결 사회를 만들어가는 디지털 관계의 방식 변화로서, 인터넷 모바일 기기와 센서 기술 등의 발전으로 사람과 사물 등 모든 것이 네트워크로 연결된 사회의 한 현상이다. 즉 정

---

* 본 연구논문은 「선교와 신학」 제52집(2020)에 수록되어 있습니다.
** 장로회신학대학교 교수
1 세계보건기구(WHO)는 9월 4일 코로나19 바이러스 감염 백신의 안정성과 효율성이 보장될 때까지 코로나가 장기화할 가능성을 예측했다.

보기술의 발전으로 만들어진 디지털 네트워크는 팬데믹으로 인해 만들어진 기술이 아니며 예전부터 폭넓게 활용되고 있었고, 그에 따른 장점들뿐만 아니라 부정적 측면들도 상당 부분 논의되어왔다. 특히 비대면 활동은 단순한 사회적 거리 두기라기보다 이미 시작된 고도기술사회가 지향하는 인간욕망의 산물이다.

그럼에도 불구하고 코로나 위기에 대한 두 가지 반응이 여전히 존재한다. 하나는 인간이 변화하는 세계에 적응하고 다시 여느 때처럼 돌아갈 것이라는 기대이다. 지나친 검역과 봉쇄보다는 지구촌은 4차 산업혁명 시대를 맞이하고 있으므로 호들갑 떨 필요가 없다고 판단한다. 두 번째는 인류가 '대위기'(The Great Emergency)의 시대를 맞이하였으며 코로나19 팬데믹으로 인한 사상자와 경제 위기뿐 아니라 세계 정치-경제는 이른바 새로운 암흑시대(New Global Dark Ages)로 접었다는 경고도 만만치 않다.[2] 분명한 것은 미래는 더 적극적으로 디지털 문화로 전환될 것이며 인류가 살아남을 수 없을지도 모른다는 불안이 문명의 근간부터 달라진 '코로나 사피엔스'라는 삶을 만들어 갈 것이라는 현실이다.[3]

이러한 세계변화 한 가운데서 한국교회에 엄청난 충격을 가져온 코로나의 영향은 우리가 미처 인식하지 못하는 동안 목회 현장과 성도의 신앙 의식을 변화시키고 있다. 이제 한국교회는 코로나 이후 변화하는

---

2 세계적 미래학자인 짐 데이터(87, Jim Dator) 하와이대 명예교수는 한국과 미국의 4가지 미래'(Four Futures of Korea and the US after the Great Emergency) 중 양극단을 보여준 시나리오 두 가지를 소개하였으며 나머지 두 가지에서는 3. 생명공학-인공지능 등 첨단 과학기술을 통한 위기 극복 4. 글로벌 통치기구가 등장하고, 개인과 공동체의 자유보다는 통제를 통해 치유-회복하는 절제된 세상을 예로 들었다. 그는 이번 코로나19 팬데믹을 대공황(The Great Depression)에 빗대 '대위기'라고 정의했다. [출처: 중앙일보] [최준호의 사이언스&] "한국, 코로나 이후의 기회 놓치지 마라" 미래학자의 조언

3 최재천 외, 『코로나 사피엔스: 문명의 대전환』 (서울: 인플루엔셜 2020).

환경에 저항하거나 적응하기보다 여전히 하나님의 섭리 안에 있는 세계 속에서 교회공동체를 돌아보고 성찰하며 변화에 대한 적극적 해석을 통하여 성도의 신앙생활 전환에 관심을 가져야 한다. 코로나 이후 급변하는 환경에 적응하며 변화를 겪는 성도들 삶의 방식과 신앙의식의 순환적 상관관계를 분석하여 목회 현장을 성찰하고 미래 교회공동체의 모습을 새롭게 모색해야 한다. 본 논문은 포스트 코로나 시대에 한국교회의 목회 생태계의 변화를 예측하면서 비대면 시대에 관계적 목회의 가능성과 디지털 문화의 도전에 대한 신학적 성찰을 통한 포스트 코로나 시대의 바람직한 교회공동체와 새로운 관계적 목회방식에 대한 제언이다.

II. 컨택트의 다른 방식으로서 언컨택트[4]와 디지털 문화기술의 발전

코로나가 우리에게 가져다준 새로운 문화는 언택트(Untact, 비대면)이다. 언택트는 접촉을 뜻하는 콘택트(contact)에 부정을 뜻하는 언(un)을 붙인 언어로 사회적 거리두기가 강조되면서 광범위하게 예전의 삶과 신앙생활의 방식을 변화시키고 있다. 모든 변화의 강력한 축이 된 언택트는 이제 '선택'이 아닌 '필수'가 되어 모든 생활문화를 이끌어가고 있다. 그러나 사실 언컨택트는 이미 『트렌드 코리아 2018』[5]에서 비대면과 무인거래의 '언택트(Untact) 마케팅'을 유통의 트렌드로 제시하면서 사용되었던 개념이다. 우리는 4차 산업혁명의 시대 그리고 고도기술사회에서

---

4 언컨택트를 줄여서 언택트(untact)라고 하는 이들도 있지만 명확한 의미를 표현하기 위해 '언컨택트'로 사용하고자 한다.
5 김난도 외, 『트렌드코리아 2018』(서울: 미래의 창, 2017).

언택트 기술(Technology of Untact)을 사용하고 있으며 코로나19 훨씬 이전부터 기술과 긴밀한 관계(relational)를 맺고 디지털 네트워크로 연결된 세상에서 생활해왔다.

접촉이 어려워지는 시대지만 실시간 접속과 대화가 가능하고 공간적으로도 인터넷이 연결(connected)되어 있는 곳이라면 어디서나 컨택할 수 있다. 스마트폰과 컴퓨터 연결이 없는 세상을 상상할 수 있는가? 고도기술의 시대, 인간의 몸은 이미 인터페이스(보청기, 의족, 신체 내외부의 기계장치 등)[6]적 신체로서 의학 기술과 기계장치, 신물질의 신체 개입을 통해 연장된 몸으로 살아가는 존재이다. 사실 이러한 관계망에서의 분리와 고립은 죽음뿐이다. 최재봉은 2019년 그의 신간 『포노사피엔스』[7]를 통해서 언컨택트는 '불안하지만 편리한' 시대에 기술사회의 현대인들이 소유한 욕망이자, 미래를 관통하는 가장 중요한 메가트렌드로 분석했다. 대면 접촉을 선호하지 않는 혼밥과 자동화 문화가 이미 우리에게 익숙해지고 있었던 것처럼 코로나가 만들어낸 문화는 사실 존재해 왔다. 이제 코로나19는 술잔을 돌리는 회식 문화를 종식 시킬 것이고 전 직원이 재택근무하는 오피스 프리 회사가 늘어날 것이며, 온라인 라이브로 전통시장을 쇼핑하고 비대면 BTS 콘서트를 즐기는 비대면 소비의 시대를 더욱 적극적으로 확장 시켰다. 또한 인공지능과 로봇과 정서적인 관계를 맺거나 사랑을 나눌 수 있는 사회가 되었다.[8]

---

6 인터페이스란 서로 다른 개체들이 커뮤니케이션(상호작용)할 수 있도록 연결하는 장치, 방법, 형식, 공간으로 기호(sign)의 형식과 속성을 기반으로 둔다. 여기서 기호란 시각적 상징뿐만 아니라 소리, 촉각 등 모든 감각적(sensorial) 대상을 포괄하는 것이다.

7 최재봉, 『포노사피엔스』 (서울: 샘엔파커스, 2019), 113-115. 그는 '포노사피엔스'는 스마트폰을 신체의 일부로 여기며 삶의 방식을 재정의한 사람들로 정의한다.

8 김용섭, 『언컨택트』, 40-41. (서울: 퍼블리온, 2020), 81 영화 "HER"에서 인공지능 컴퓨터 사만다와 사랑을 나눈 테오도르는 현실의 나의 현실이 될 수 있다는 의미이다.

전 세계 인구의 절반이 스마트폰을 쓰고 있고 한국의 스마트폰 가입 자는 5천만 명을 넘었다. 95%가 쓴다고 해도 과언이 아니다.9 디지털 문화 시대에 인간은 생활의 매 순간 찾고 보고 대화하고 듣고 만들고 구경하고 즐기고 중계하고 구매하면서 만드는 연결은 끝이 없다. 이 디지털 매체가 만들어가는 연결의 기록은 네트워크를 통하여 매 순간 역동적으로 변화하는 유기체로 만들어간다. 이것이 인간이 형성해가는 디지털 미디어 세상이다. 이렇게 정보기술사회는 코로나 이후 인공지능과 로봇 공학과 사물인터넷 그리고 3D 프린팅을 활용한 언택트 혹은 비대면 생산 방식에 더욱 박차를 가할 것이고, 아울러 온라인 거래와 화상회의 - 원격의료 - 온라인 강의 등을 바탕으로 초연결(hyper-connected) 사회가 빠르게 진행되리라는 예측은 어렵지 않다.10

이러한 변화를 이끄는 근본적인 변화는 디지털 기술발전과 연동되어 있다. 현대문화를 흔히 디지털 문화(digital culture)로 부르지만, 디지털 문화가 무엇인지를 규정하는 것은 간단한 문제가 아니다. 디지털 기술이 어떤 방식으로 문화에 영향을 미쳤고 그 결과가 무엇인지를 규정하는 것에 따라서 디지털 문화에 대한 견해는 크게 세 가지로 나뉜다.11 우리가 흔히 디지털 문화로 접하는 것은 "디지털 테크놀로지가 창출해 낸 사이버 스페이스(cyberspace)에서 벌어지는 문화 현상"으로 규정한다. 온라인 쇼핑몰, SNS, Youtube 방송, 온라인 게임 등이 이에 속한다. 이는 디지털 기술로 생겨난 디지털 미디어의 등장으로 형성되고 계속 변화되어가

9 김용섭, 『언컨택트』, 81

10 위의 책, 273-277.

11 첫째는 디지털 문화를 "전례 없이 기술이 추동해 가는 문화"로 보는 입장이다. 이는 현대문화에 가장 큰 영향을 미치는 것을 기술의 발전으로 본다. 둘째는 디지털 문화를 "디지털 테크놀로지의 함의를 다룬 문학, 예술 영역의 사조와 그것에 대한 비평 작업"으로 보는 것이다. 우리가 흔히 말하는 문화라기보다는 문학예술 사조에서 나타나는 경향에 가깝다.

는 문화인데, 유/무선 온라인 공간, 오프라인 공간 등 모든 사이버 공간에서 이루어지는 여러 문화 현상을 가리킨다. 이러한 디지털 문화는 몇 가지 특징이 있다.

첫째, 디지털 문화는 미디어와의 상호작용 방식과 관련해서 '인터페이스'와 '스크린'의 문화이다. 컴퓨터, 스마트폰 등이 가지는 그래픽 사용자 인터페이스(GUI, Graphical User Interface)와 정보를 매개하는 스크린은 문화를 새롭게 형성하고 있으며, 이러한 인터페이스와 스크린 문화는 현대문화의 상호작용 방식의 영향으로 변화되기도 하고 반대로 이것들이 현대문화를 새롭게 형성하기도 한다.[12] 둘째, 디지털 문화는 인식체계, 세계관 등과 관련해서 '알고리즘', '데이터베이스', '하드디스크', '지식'의 문화이다. 알고리즘 문화는 모든 기기장치를 미디어 처리장치로 변화시키며 데이터베이스 문화는 모든 정보를 인터넷을 통해 접속할 수 있게 함으로써 인간의 세계관을 변화시킨다.[13] 개인의 지성보다는 '집단 지성'이 중요하게 되었고, 전 지구적 인터넷망으로 인해 지식은 순식간에 전 세계로 퍼져나갈 수 있게 되었다.

셋째, 디지털 문화는 인간 사이의 상호작용 측면에서 '소셜', '모바일'

---

12 이재현, 『디지털문화』, 서울 커뮤니케이션북스 2013, 58. 인터페이스 영향의 예: '텍스트 혐오 인식.' 많은 디지털 기기에서 문자보다 시각적 표현 방식을 주로 사용하기 때문에, 텍스트를 혐오하고 이미지나 영상을 더 우월하게 보는 인식이 생겨난다. 스크린 문화: 영화관, 컴퓨터, 스마트폰, ATM, 식당의 메뉴 주문기 등 우리 생활세계의 대부분에서 발견할 수 있다. 이러한 스크린은 시각 주체를 둘로 나누는데, 주체는 가상공간에서 시선의 다양한 변화를 경험하며 VR(Virtual Reality) 등의 장치에서는 직접 움직이기도 하지만, 주체의 물리적 신체는 갇혀있다. 이러한 측면에서 스크린 문화는 분열된 주체를 만들어낸다.
13 알고리즘 문화(소프트웨어 문화)의 예: 스마트TV. TV는 더이상 전파를 수신하여 보기만 하는 장치가 아니라, 사용자가 원하는 영상을 마음대로 시청하고, 유료 프로그램에 대한 결제까지 가능한 미디어 소프트웨어, 미디어 처리장치이다. 데이터베이스 문화의 예: 구글링(googling). 우리는 데이터베이스를 검색하고 그 결과를 통해 세상과 인간, 인생을 배우고 그것들은 우리의 세계관을 형성한다.

의 문화이다. 소셜 문화를 잘 보여주는 것은 페이스북(Facebook)과 같은 SNS인데, 여기서는 고독과 친교가 동시에 나타난다. SNS를 통해 서로는 인간/비인간과의 친교를 갖지만, 정작 서로를 직접 바라보지는 않는 고독이 나타나는 것이다. 모바일 문화는 스마트폰의 발전/대중화와 그 궤를 같이하는데, 스마트폰은 무선인터넷이 지원되는 환경이라면 언제든지 어디서든지 인터페이스로 기능하며 인간의 감각을 확장하고 시공간에 대한 인식을 변화시킨다.[14] 넷째, 디지털 문화는 사회적 차원에서 '참여', '글로벌' 문화이다. 헨리 젠킨스(Henry Jenkins)는 참여 문화를 "일반 시민이 디지털 테크놀로지의 발전에 힘입어 미디어 콘텐츠의 저장, 해석, 전유, 변형, 재유통 과정에 참여하는 문화"로 정의한다. 일반 사용자가 미디어 콘텐츠를 생산하며 소비하는 "생산소비자"(prosumer)가 된 것이다. 글로벌 문화는 디지털 문화의 필연적인 특징으로서, 디지털 문화는 한 국가 차원에서 전개되지 않고 전 세계 차원에서 전개된다.[15]

이처럼 디지털 문화는 미디어와의 상호작용 방식, 인간의 인식체계

---

14 소셜 문화의 특징: 면대면(face-to-face)이 아닌 "매개 커뮤니케이션(mediated communication)." 매개 커뮤니케이션은 대인/매스 커뮤니케이션, 구두/문자/영상 커뮤니케이션 등이 혼합된 "혼종성(hybridity)"을 특징으로 한다. 모바일 문화가 가져온 결과: 인간 감각의 확장, 시공간 인식의 변화뿐 아니라, 지식/정보/문화 콘텐츠의 전파, 상호간 커뮤니케이션을 훨씬 쉽게 한다. 또한 수시로 일어나는 스마트폰과의 연결 때문에 우리의 시간 사용 리듬도 변화되며, 장시간의 몰입보다는 짧은 순간의 피상성이 나타난다.

15 헨리 젠킨스/김정희원, 김동신 옮김, *Convergence Culture: Where Old and New Media Collide.* 『컨버전스 컬처: 올드 미디어와 뉴 미디어의 충돌』 (서울: 비즈엔비즈 2008), 33-36. 참여 문화에 대해 상반된 평가가 있다. 하나는 참여 문화가 자본주의 미디어 기업이 만들어내는 지배적 문화의 대안이 된다는 평가이고, 다른 하나는 참여 문화 역시 결국에는 미디어 기업의 수익 창출에 활용된다는 평가이다. 디지털 문화의 글로벌화로 인해, 전 세계는 서로 교류하고 서로에게 영향을 주게 되었지만, 이에 따라 "문화 제국주의" 현상을 피할 수 없게 되었다. 이에 반하는 움직임들도 나타나는데, 예를 들어 중국은 여전히 인터넷 정보를 선별적으로 차단하고 있다.

와 세계관, 인간 사이의 상호작용, 사회적 차원 등의 급진적 변화를 가져왔다. 이러한 변화는 우리의 실제적인 삶과 문화에 깊이 영향을 미치고 있으며 디지털 기술이 문화에 영향을 주고 문화가 디지털 기술에 영향을 주는 서로 간의 상호작용은 여전히 진행 중이다. 이러한 변화로 윤리적 문제들도 많이 나타났는데, 네티즌들의 악성 댓글과 집단적 인신공격이 평범한 한 사람을 자살로 몰아가기도 하며,16 수많은 가짜뉴스가 생산되어 급속도로 퍼져나감으로써 많은 이들에게 왜곡된 정보를 전달되는 비윤리적 측면이 있다.

또한 디지털 기술의 발전으로 인해 산업 부문에서 제기된 이슈는 바로 "4차 산업혁명"17이다. '산업혁명'이라는 말은 새로운 기술이 산업의 생태계를 변화시키고, 그것이 우리의 삶을 획기적으로 변화시켰을 때 사용하는 말이다. 자율주행 자동차는 마치 '제4차 산업혁명'의 아이콘처럼 되어있지만 '제4차 산업혁명'이라는 말이 함축하는 것은 첫 번째는 융합이 더 심화하는 것, 두 번째는 연결이 더 광범위하게 되는 것, 세 번째는 지능과학, 이렇게 3가지 단어가 키워드다. 1차, 2차, 3차에 걸친 산업혁명은 모두 인간들의 삶의 도구적인 변화였지, 인간의 본질에 대해 변화를 미치는 단계는 아니었다. 그러나 합성생물학 같은 것이 나오고, DNA 조작도 자유자재로 가능한 단계가 되면, 그건 정말 다른 상황이 될 수 있다. 4차가 되면서 스마트해졌다는 것은 기계들에게 처음 일정한 정도의 정보들을 주고 나면, 기기들 나름대로 내적인, 혹은 어떤 독자적인 방식

---

16 독일 슈투트가르트에 소재한 '디지털윤리연구소'의 소장, 페트라 그림 인터뷰, '디지털윤리연구소'는 2014년에 유럽 최초로 디지털 윤리를 전문적으로 연구하기 위해 설립되었다. https://www.goethe.de/ins/kr/ko/kul/dos/net/20622319.html

17 김대호, 『4차 산업혁명』(서울: 커뮤니케이션북스, 2016) '제4차 산업혁명'이란 말은 2016년부터 갑작스레 유행을 탔다. 2016년 다보스포럼에서 클라우스 슈밥(Klaus Schwab)1이 제4차 산업혁명에 대한 주제 강의에서 언급하였다.

으로 우리가 원하거나 혹은 우리가 원하지 않는 것까지도 산출해 낼 수 있다는 것이다. 여기서 우리가 원하지 않는 것까지도 산출할 수 있다는 것이 굉장히 중요한 윤리적 부분이 되는 것이다.[18] 즉 '제4차 산업혁명이 혁명적이다'라고 이야기하는 것은 이 기기들에 몇 가지 기본적인 입력만 해 주고 나면 자기들끼리 자율적으로 연결이 되기도 하고, 자율적으로 떨어지기도 하면서 우리가 어떤 식으로도 쉽게 예측할 수 없는 방식으로 진행될 수 있기 때문이다. 우리가 전통적으로 물리학적 세계와 생물학적 세계는 분리된 것으로 여겨왔었는데, '제4차 산업혁명'의 이러한 과정들이 융합이라고 하는 것 속에서 이 두 개의 구분에 대한 전통적인 구분에 입각한 학문적 패러다임을 끊임없이 균열시키고 있으므로 거기서 우리는 '제4차 산업혁명'이라는 이름을 붙일 수 있다.[19]

따라서 기존 개념의 틀을 균열시키는 것은 우리가 어떻게 살아야 하는가에 대한 규범적인 문제를 제기하는 것이며, 결국 이것은 우리 사회가 어떻게 풀어나가야 하는가에 대해 진지하게 고민해야 한다. 따라서 단지 비즈니스를 하는 사람들만의 과제가 아니라, 우리 사회의 규범과 미래에 어떻게 살아야 하느냐에 관심을 가질 수밖에 없는 우리가 모두 지혜를 모아야 하는 시대인 것이다. 디지털 기술의 발전은 인간과 사물을 포함한 모든 것들이 연결되며 기존에는 구별되었던 현실과 사이버가 융합되고 인공지능이 발전하고 현실 세계는 가상현실, 증강현실과 다시 연결된다. 인공지능과 로봇의 등장으로 무엇보다도 인간의 일자리가 커다란 영향을 받는다. 이런 4차 산업혁명이 가져오는 사회는 고도기술사회 그리고 지능정보사회다.

---

18 클라우스 슈밥/송경진 옮김, *Fourth Industrial Revolution*. 『클라우스 슈밥의 제 4차 산업혁명』 (서울: 새로운 현재 2016), 30-31.
19 위의 책 2장을 참고하라.

따라서 4차 산업혁명의 현실과 결과들은 산업만이 아니라 제도, 우리의 삶, 미래에 미치는 영향 등을 통틀어 인류의 문제이기에 함축된 의미들을 성찰해야 한다. 특별히 인공지능(Artificial Intelligence, AI)이 인간을 추월하는 다양한 현실들을 목도하면서 새로운 윤리적 규범에 대한 논의가 계속되고 있다.[20] 이렇게 디지털 문화는 4차 산업혁명의 다양한 기술들과 융합하면서 명확한 개념과 뚜렷한 취향을 선호하는 젊은 세대들의 선호도에 맞추어 이미 '언컨택트'의 시대를 열었고 그 문화는 불편한 소통보다 '편리한 단절'을 꿈꾸는 현대인의 욕망을 숨김없이 드러내고 있다. '언택트의 라이프스타일'의 거대한 진화는 이미 시작되었으며 이러한 디지털문화기술의 시대에 코로나 타격은 인류 역사를 통해 아무도 경험하지 못했던 미증유의 팬데믹 상황으로 대단히 급진적 문명의 전환을 가능하게 하는 하나의 사건이 될 것이며 새로운 문명을 만들어내는 시작점이 될 것이다.

이러한 디지털 문화와 고도기술사회의 발전과정 속에서 코로나로 인해 한국교회 목회자들의 성찰 지점은 기술에 대한 교회의 무관심과 이해력의 부족이다. 실제로 혁신적인 신기술이 등장할 때마다 교회 내부에 퍼지는 불필요한 두려움이 시대적 사명을 수행하는데 장애가 되었다. 기술발전이 단순히 기술의 문제가 아니라 정치경제 성도의 생활영역까지 영향을 미치는 복합적인 문제이기 때문에 충분한 지식을 전제하지 않는 선택적 이원론으로 교회공동체를 지키려고 하는 생각을 극복해야 한다. 디지털 기술과 4차 산업혁명의 기술수용에 대한 부정적이거나 분리적 교회의 태도가 결과적으로 교회의 성장과 교회가 사회를 섬기는 길에도

---

20 백종현 외 5인, "제4차 산업혁명과 포스트휴먼 사회,"「철학과 현실」제112호 (2017. 3.), 109.

도움이 되지 않는다.21 즉 이러한 과정에서 포스트 코로나 시대의 한국 교회는 디지털 문화와 온라인 네트워크가 주는 장점과 혜택을 적극적으로 활용함으로써 성도들이 교회공동체의 소속감을 잃지 않도록 인도해야 할 책임과 사명이 있는 것이다. 안전하지 않은 방법들을 중지하고 질병의 위험으로부터 생명을 지키며 동시에 더욱 다양한 접속의 기기와 방법을 통해서 목회자는 더욱 활동적 관계적으로 접속할 수 있는 길을 모색해야 한다. 이러한 과정을 책임지고 응답할 때만이 안전한 상황에서 살가운 대면 만남과 더불어 인격적 접촉의 기쁨이 배가되지 않을까? 안전한 상황에서의 회복 탄력성은 그 어떤 상황에서도 성도들이 고립되지 않고 비대면의 만남 연결이 유지될 때 가능함을 깊이 인식해야 한다.

III. 비대면 관계적 목회의 문화적 맥락과 그 대안적 방향

포스트 코로나 시대에 비대면 관계적 목회를 위해 우리는 어떻게 소통하고 접촉하고 연결할까? 초연결 시대의 새로운 진화 코드인 '언컨택트'를 목회 현장에서 어떻게 적용될 수 있을까? 아이러니하게도 초연결 사회에서 단절이 중요해지는 이유는 현대인들은 불안과 편리함을 동시에 추구하고 사람과의 연결에서 오는 불필요한 긴장과 갈등 그리고 그로 인한 피로도와 스트레스를 거부하기 때문이다. 디지털 기술의 변화는 심지어 말 한마디 하지 않고 모든 일을 할 수 있으며 배달한 물건도 문 앞에 놓으니 배달원과 대면할 필요가 없는 것이다.22 이미 이니스프리 매장에

---

21 조용훈, "기독교의 4차 산업혁명 대응을 위한 세 차례 산업혁명에 대한 반성적 고찰," 「선교와 신학」, 여름호 51집(2020).

22 김용섭, 『언컨택트』, 83 "이미 식당에서 무인 주문시스템으로 주문한 지 오래 이고 은행도

는 2016년부터 '혼자 볼게요'와 '도움이 필요해요' 두 개의 장바구니를 마련하고 선택할 수 있게 했다. 기성세대로는 낯설고 불편한 문화이지만 젊은 세대에게는 불편한 소통보다는 편리한 비대면을 선호하는 문화가 도래했다.

낯선 사람들과의 관계가 불편한 세대, 친절한 서비스보다 말 걸지 않는 것이 더 좋은 서비스가 된 것이다. 우리는 이러한 언컨택트의 생활문화 속에서 디지털 네트워크 관계를 벗어나서는 복음 전도가 불가능하다. 사실 그동안 교회공동체의 기본 관계 방식은 대면 접촉을 통한 인간관계를 기본으로 하는 패러다임이 지배적이었다. 더욱 중요한 것은 공중보건의 문제를 무시하거나 이웃의 생명을 위협하는 대면을 더욱 선호하고 선택하는 것이 신앙의 자유가 아니고 현실적으로는 신앙공동체의 결속과 복음 전도에 더 해악을 끼치고 있는 현실을 목도하고 있다. 한국교회의 목회 현장에서 필연적으로 공존하는 비대면 언택트에 대한 신학적 성찰과 포스트 코로나 시대의 새로운 신앙방식에 대한 모색이 요구되는 이유이다.

최근 2차 코로나 발발이 기독교 단체들이 주도함으로 그리스도인이라는 이유만으로 위축되고 비난받는 세상에서 관계적 목회는 믿음을 지켜 내려 하는 평신도들을 현장 예배의 중지상황에 방치하지 않고 비대면을 통해서도 공동체와 인격적인 관계와 성도의 교제가 다양한 언택트 접촉을 통해 어려운 문제가 없도록 돕는 것이 필수적 교회의 사명이다. 어떤 성도도 지금과 같이 강제적이고 의무적인 사회적 거리두기와 언택트 관계를 통해서 기존의 긍정적이고 진정한 관계가 소원해지거나 해체되기를 원하지 않는다. 한국교회는 현장 예배의 회복을 기도하고 전통적

모바일 비대면 금융거래가 늘어나고 사람 대신 쇼핑 도우미 로봇이 등장하고 호텔 프론트에 로봇이 손님을 대응하는 곳도 있다."

신앙생활만이 살길이라고 말하고 있지만, 언택트 사회는 이제 선택이 아니다. 우리가 살펴본 4차 산업혁명과 디지털 문화의 방향은 교회 역시 지향해야 할 필수적 방향이 되고 있음을 직시해야 한다.

디지털 네트워크를 통한 비대면 만남과 언택트 활동은 조건 없는 단절이나 예배의 중지가 아니다. 현장 예배를 피하고 대면 모임을 줄여도 아무런 지장이 없게 하는 것이 언컨택트 기술이자 비대면의 활동이다. 기술이 위험으로부터 우리를 보호해주고, 이를 통해 우리의 자유를 더 확대해 준다는 생각의 전환이 요구된다. 결국, 언컨택트는 우리가 가진 활동성을 다양하게 확장해주고 우리의 자유를 더 보장하기 위한 진화의 화두이다. 김용섭의 분석에 따르면 그동안의 역사가 오프라인에서의 연결과 교류를 극대화시키는 방향으로 인류를 진화시켜왔다면, 이젠 온라인에서의 연결과 교류를 오프라인과 병행시키는 방향으로 진화되고 있다.[23] 언컨택트는 단절이 아니라 컨택트 시대의 진화이고 초연결 사회로의 발전이라는 것이다. 더 안전하고, 더 편리하고, 더 효율적으로 연결되기 위해서 사람이 직접 대면하지 않아도 연결과 교류가 되는 언컨택트 기술 시대에 한국교회는 관계적 목회의 방식을 다양하게 구축하고 준비해야 한다는 의미이다.

결국, 교회는 이제 언컨택트 사회가 되어도 믿음의 공동체로서 접촉의 의미와 진정성이 여전히 살아 있음을 경험하도록 교회의 플랫폼을 전환해야 한다. 왜냐하면, 인간은 사회적 동물이고 교회는 본질로 공동체적이다. 다만 사회적 공동체적 관계를 맺고 교류하고 연결되는 방식에서 비대면·비접촉이 늘어나는 사회가 온 것이다.[24] 언컨택트 사회는 예고된

---

23 김용섭, 『언컨택트』, 86-87.
24 위의 책, 263

미래였지만, 코로나19의 갑작스러운 등장으로 전환 속도가 엄청나게 빨라졌다. 따라서, 한국교회는 준비도 안 된 상황에서 언컨택트 환경을 이해하고 관계적 목회를 수행하기가 어렵겠지만 이제 겸손하게 낮은 자세로 '느슨한 연대'와 '느린 일상'과 '타자에 대한 배려'가 그리스도인들의 기본적인 자세가 되어야 한다.

코로나는 어쩌면 숨 가쁘게 성장의 길을 달려온 한국교회에게 실체를 보게 만드는 은총의 시간이다. 코로나를 겪으며 인간은 코로나는 무고한 죽음의 행렬 앞에서 어떤 상황에서도 피조 세계와 과학기술 그리고 물리적 환경에서 분리될 수 없는 관계적 존재임을 깨달았다. 생물학적 접촉도 기술적 접속도 모두 네트워크를 통해 우리를 긴밀하게 연결한다. 포스트 코로나 시대를 적극적으로 대처하고자 하는 목회자들은 디지털 네트워크의 시대를 이해하고 언텍트는 접촉을 거부하는 것이 아니며 디지털 컨택을 통한 또 하나의 연결 방식(network)으로 인식하는 것이 중요하다. 모든 언택트 활동은 네트워크를 통해서 복잡하게 얽혀있기 때문에 기술적으로도 신체적으로도 완전한 언택트는 불가능하다. 온라인 예배를 보더라도 눈과 귀와 신체적 접촉이 필수이고 온라인의 네트워크는 궁극적으로 인간 삶의 증진과 하나님 만드신 피조세계 생명의 충만함을 위해 존재한다.

"할머니 일어나세요. 오늘은 8월 13일 화요일입니다." 춘천 별빛마을에서 10년 넘게 혼자 사는 주옥순(74) 할머니의 아침은 '아가'의 활기찬 목소리를 들으며 시작했다. 잠시 후 "콜록콜록 공기가 탁해요. 창문 열어주세요", "식사하셔야죠." 아가의 요청이 이어지고 할머니는 바삐 움직였다. 특히 주옥순 할머니처럼 혼자 사는 어르신들을 위해 만들어졌다. 할머니는 아가를 한 번도 로봇이라고 생각을 해 본 적 없다. 로봇과 AI 스피커와 함께 지내는 것이 우울감

을 줄이는 등 어르신들에게 정서적으로 적지 않은 도움이 되고 있다는 조사 결과도 있다.[25]

"알렉사는 블루투스 스피커로 알려진 아마존 '에코'의 이름이다. 하루가 시작되면 사람과 연결되는 것이 아니라 기계와 연결된다. "알렉사, 지금 날씨 어때?", "알람 좀 맞춰", "TV 켜줘", 하루에 알렉사를 가족 이름만큼 자주 부른다. 글을 모르는 취학 전 어린아이들의 친구도 되고 육아에 고달픈 엄마의 친구도 된다. 알렉사와의 동거를 증언하는 사례들은 넘쳐난다.

1.5 초안에 답하기 위해 알렉사는 데이터를 뒤지고 알고리즘을 통해 연결하고 인간에게 답을 준다. 상호작용하고 있는 상대방은 결코 기능적 대상이나 보조장치에 불과한 것이 아니다. 이렇게 인간과 AI의 상호작용(inter-action)은 관계를 만드는 능동적 연결 과정이 된다. 우리의 몸이 '연장되면서'(extended), 다시 말해서 인터페이스가 되면서, 세계는 '연결된 세상' 혹은 '연결 그 자체'가 되었다. 우리의 마음(mind), 몸짓(gesture) 하나까지 인터페이스가 되는 세상이 이미 왔다. 이러한 시대는 서로가 서로에게 미디어 인터페이스가 되어, 나와 연결된 로봇과 AI를 통해 또다시 수많은 사물, 사람, 정보, 세상과 연결된다. 인간은 이런 의미에서 미디어이다. 우리 자신이 하나님 말씀의 미디어가 될 때 가장 영향력 있는 복음 전파가 되는 것이고 우리의 몸으로 산 제사를 드리는 것이다. 개신교는 '말씀(words)의 종교'이고 특별히 '말씀의 선포'에 대한 중요한 개혁교회의 전통 위에 세워졌다. 따라서 개신교회의 신학적 전통은 다양한

---

25 강원대 의학전문대학원 조희숙 교수 연구팀이 6개월(2017년 12월-2018년 6월) 동안 효돌을 사용한 67-98세 춘천 지역 어르신 42명을 대상으로 우울증 변화와 생활 관리 활동 변화를 조사한 결과 우울 척도를 나타내는 지수가 사용 전 평균 5.76점(15점 만점)에서 4.69점으로 낮아진 것으로 나타났다. 특히 11점 이상의 고위험군 비중도 19.0%에서 14.3%로 4.7%포인트 감소했다.

소통을 위한 미디어 발전을 통해서 교회의 본질적 사명을 감당해 왔다.

이렇게 포스트 코로나 시대에 우리는 만물을 만드신 하나님이 우리를 미디어와 인터페이스로 창조하셨음을 기억할 필요가 있다. 시대의 격변기에는 늘 새로운 기술에 대한 두려움과 불안이 기존 기술과 환경에 익숙해 왔던 세대에게 일어난다. 하지만 우리는 종교개혁이 미디어 혁명이었다는 사실을 상기할 필요가 있다. 16세기 루터의 비텐베르크 성당 선언문이 남달랐던 것은 루터의 개혁 열망도 있었지만, 그의 '말'과 의지를 전달할 인쇄 미디어가 16세기에는 준비되어 있었고, 그 미디어가 그의 말을 더욱더 영향력 있게, 더 넓게, 더 효과적으로 '연장'해 준 것이다. 포스트 코로나 시대에도 아우구스티누스의 고백처럼 "우리 없이 우리를 만드신 하나님은 우리 없이 우리를 구원하시지 않으신다." 포스트 코로나 시대의 목회는 기술과 인간의 친밀함과 관계성을 창조적으로 사유하고 네트워크를 하나님 은총의 공간으로 상상함으로 다양한 온라인 관계를 목양의 현장으로 전환해야 한다.

생물과 무생물의 경계에 있는 바이러스가 생명계 최상위 포식자인 인류의 생명뿐만 아니라 문명 자체를 위협하고 있다는 사실은 역설적으로 모든 존재는 하나님의 본디 은혜 안에서 연결되어 있음을 나타낸다. 따라서 우리는 팬데믹 상황에서 코로나바이러스와 재난에 주의를 기울이고 조심해야 하지만, 바이러스와 방역에만 초점을 두지 말고 이 위기 속에서 우리를 지탱하고 이후에 가속화될 기술적 적용의 현장을 주목해야 한다. 왜냐하면, 팬데믹을 가져온 온 생명의 연결성과 이 위기 극복을 가능케 해준 디지털 네트워크의 연결성은 모두 하나님의 은혜 가운데 있기 때문이다. 포스트 코로나 시대의 목회는 오히려 디지털 네트워크의 확장된 관계성 속에서 자유로운 시간과 공간의 제한을 넘어서는 복음 전파와 교회 활동을 위한 새로운 관계적 목회 비전을 수립해야 한다.

더욱이 관계적 목회방식의 새로운 정립을 위해 목회자의 자세가 중요하다. 디지털 문화와 정보기술의 발전은 직접적 접촉이 어려워지는 시대에 다양한 방식의 언택트 접속을 통하여 더욱 효율적이고 빠르게 사람들 사이를 연결(network)하고 시공간의 제한과 경계를 자유로이 넘나들면서 국가와 언어, 지리적 한계를 넘는다. 반면 증가하는 접속의 형태와 줄어드는 신체적 접촉은 진정한 대면 관계에 대한 갈망도 증가하게 만든다. 따라서 코로나 블루라고 하는 신조어가 생겨날 만큼 과대한 디지털 접속이 주는 문제도 간과할 수 없다. 그러나 목회적으로 중대한 현실은 그 어떠한 순간이라도 하나님의 은총이 공간과 시간의 제약을 받지 않는 세계 속의 현재임을 고백하며 다양한 영적 접촉을 창조하고 확대하는 것이다.

2천 년 전 유대 시대에 예수님께서 하나님 나라를 전하실 때를 상상해보자. 들에 핀 백합화와 공중에 새가 없었다면, 바다와 풍랑과 같이 변화무쌍한 자연현상이 없었다면 예수의 복음 전파와 기적이 가능했을까? 물을 담을 수 있는 양동이와 허리에 두르신 수건 없이 제자의 발을 씻어줄 수 있었을까? 마지막 만찬의 식탁과 의자 그리고 빵과 포도주, 그 물질을 담는 그릇들은 예수님의 복음 선포에 필수적인 것이다. 성육신하신 예수님의 신체와 자연환경과 수많은 물건과 도구들을 제외한 채 하나님과 인간의 사랑 접촉은 불가능하다. 인간 홀로 할 수 있는 것은 아무것도 없다. 구원의 역사는 말씀으로만 이루어진 것이 아니다. 그 말씀은 그 언어가 지시하는 창조된 세계와 물리적 환경과의 관계 안에서 하나님 나라가 선포되었음을 인식해야 한다. 포스트 코로나 시대에 관계와 소통의 방식과 영적 접촉의 매체가 변화되고 있다. 이 변화를 부지런히 읽어내고 목회적 대안을 만들고 다양한 현장에 실행해야 한다.

16세기 종교개혁 운동에 광범위한 영향력을 미친 칼뱅의 신학은 철저하게 신본주의적 교의학과 경건에 터하고 있지만, 그의 신앙의 역동성과 실천성은 그 당시 시대정신인 인문주의의 관계적 맥락 속에서 해명된다. 즉 칼뱅의 설교가 그의 시대 대중들에게 강력한 호소력을 가질 수 있었던 것은 대중에 대한 이해와 삶의 실제적인 문제들에 대해 성서적 답변을 추구하는 사회문화 현상에 민감했기 때문이다.26 포스트로나 시대 역시 목회자는 복음의 가치를 실제적 세계에 적용할 수 있는 관계 구조를 만들고 신앙을 생활세계에서 해명함으로써 신앙이 추상적 세계가 아닌 시대변화와 소통하는 문화적 성육신적 과정임을 철저히 이해해야 한다.

이러한 의미에서 우리가 개념적으로 나누는 언택과 컨택 그리고 성전예배와 온라인 예배, 모이는 예배와 흩어지는 예배를 우열의 관계로 바라보는 자세를 시급하게 수정해야 한다. 우열의 관점으로 사유하는 한 우리는 지금 행하는 많은 언택의 신앙 활동을 부차적이고 임시적인 것으로 규정하게 되는 결과를 가져온다. 하나님의 통치에 대한 신뢰는 그 어떠한 순간에도 하나님의 은혜가 미치지 않는 생명이 없고 그 은총이 주어지지 않는 부차적인 공간도 없을 뿐 아니라 그 어떠한 역사의 기간도 임시적인 순간이 없다는 믿음이다. 코로나 상황을 긴급 상황으로만 규정하고 예배와 성도의 교제, 교육과 선교를 임시방편으로 진행한다면 그것이야말로 목회적 사명을 유보하는 것이다. 그저 예전으로 돌아가기를 기다리며 예배와 성도의 교제를 최소화시킨다면 결과는 코로나보다 더 심각한 영적인 재난이 될 수 있다. 목회자의 신학적 관점은 온라인 예배를 드리는 수많은 평신도의 태도에 가장 큰 영향을 주고 있기 때문이다.

보다 적극적 목회 지도력으로 온라인 예배와 다양한 미디어를 통한 사역 그리고 정보기술을 통한 교회 만남의 방식에 대한 적극적 해석과

---

26 김은혜, "신학적 인문주의자, 칼뱅연구: 새로운 기독교 인간주의의 복원을 위하여," 「신학과 사회」 30-34 (2016), 223-258.

신학적 토대를 교육할 때 성도들이 온라인 예배를 대하는 태도가 달라질 것이고 예배가 온전하게 드려질 때 상황이 되면 예배당 예배로 연결될 것이다. 이와 반대로 목회자들이 온라인 예배와 다양한 온라인상의 접촉들이 어쩔 수 없이 행하는 부차적인 사역이고 목양이라고 생각하는 한 다양한 미디어를 통한 예배와 활동에 대한 평신도들의 진정한 자세를 기대하기 어렵다. 그러므로 목회자들은 코로나로 인해 반강제적으로 영상 예배를 송출하고 의도하지 않게 현장 예배와 디지털 네트워크를 혼종화하는 현실을 임시방편적으로 수용하기보다는 더욱 선도적으로 4차 산업혁명의 시대와 포스트휴먼 시대에 응답하는 변화의 기회로 삼아 미래를 준비해야 한다.

한편 교회 현장 예배만을 강조하는 목회자들은 하루빨리 코로나가 종식되고 대면 예배 회복을 촉구하고 있다. 이러한 태도는 여전히 얼마나 길어질지 모르는 팬데믹 상황에서 교회 현장에 기반을 둔 예배만을 온전한 예배로 생각한다면 공중과 교인들의 안전과 건강을 최우선으로 삼아야 할 목자가 하나님의 이름으로 생명을 위협한다고 비난을 받을 것이요, 다른 한편으로는 포스트-코로나 상황에서 이미 많은 교인과 일반 대중이 언택 디지털 테크놀로지에 익숙하게 적응해 있을 상황에서, 디지털 네트워크 미디어를 전혀 이해하지도 활용할 줄도 모르는 목회자들이 선교방식을 퇴행시키고 있다고 비판받을 가능성이 크다.

그러므로 목회자들은 선제적으로 4차 산업혁명 시대의 새로운 목회 플랫폼을 만들어 온-오프라인 목회전략을 재배치하는 체제로 전환하고 온라인 구역, 온라인 성경 공부, 온라인 교육, 등을 담당할 전담부서와 기술과 재정을 준비하고 빠르게 흩어지는 양들을 하나님의 네트워크 속으로 과감하고 친절하게 안내해야 한다. 연약한 믿음의 끈을 놓지 않으려고 반교회적 정서가 만연한 코로나 이후의 세상에서 애쓰는 성도들을 생각해보라! 이제 포스트 코로나 시대 무소 부재하신 하나님에 대한 고백은 교회와 함께 온라인 은총의 바다를 통하여서도 모든 관계를 연결하는 하나님 나라의 네트워크가 되고 온라인 풍랑도 하나님 선교의 매체가 된다는 믿음으로 나타나야 한다. 즉 목회적 차원에서의 책임적 자세는 이러한 코로나의 변화 속에 혼란한 일상뿐 아니라 당황하는 많은 평신도와 차세대 젊은 그리스도인들을 목양적 차원에서 관계적 목회에 대한 비전을 공유하고 교회에 대한 소속감을 잃지 않도록 다양한 방법으로 부지런히 접속/접촉하고 연결해야 한다.

최첨단 기술사회의 도전을 거부할 수도 없고 그저 두려워 손을 놓고 있을 수도 없기에 지금도 이 기술사회 속에서 활동하시는 하나님의 사역에 부지런히, 거침없이 신앙 가치를 가지고 뛰어들어야 한다. 이러한 의미에서 포스트 코로나 언택 문화 시대의 관계적 목회는 어려워지는 것이라기보다 더욱 다양해지는 것이며 동시에 포기할 수 없는 인간의 신체적 생명력과 초월적 영성과의 관계 속에서 목회적 관계를 새롭게 적극적으로 재정립하는 것이다. 그럼에도 불구하고 온라인 매체와 기술적 접속은 궁극적으로 생명의 충만함과 육체의 살아 있는 관계 속에 존재함을 잊지 않아야 한다. 하나님께서 육신으로 오셔서 직접 몸으로 사랑을 표현하고 신체적 만남을 통해 하나님 나라 공동체를 만들어 가셨기 때문이다. 기술이 아무리 인간의 삶을 급진적으로 전환한다 할지라도 그것은 여전히 인간 몸의 활동력을 북돋우며 생명의 가치를 향상하는 몸으로 살아가는 인간과의 관계 속에서 발전되어야 한다.

IV. 포스트 코로나 시대 관계적 목회를 위한 신학적 성찰과 그 방안

신앙과 과학기술의 관계는 역사적으로 하나가 일방적으로 다른 하나를 중지시킨 적은 없다. 포스트 코로나로 인한 어려움은 선택의 문제가 아니라 삶의 실재적 현실과 물질적 조건을 형성하고 있으므로 어떻게 신학이 포스트 코로나의 조건을 바르게 인식하고, 새로운 시대에 교회의 대안적 가치를 공적으로 도출해냄으로써 사회적으로 생산적 담론에 참여하고 긍정적 세계변화에 기여하느냐가 중요하다. 빠르게 변화되는 환경에서 목회자의 성찰 역량과 신학적 분석 능력이 초유의 포스트 코로나 시대의 적극적 목양을 가능하게 한다. 포스트 코로나 시대의 변화하는 목회 현장을 적극적으로 대처하기 위해 새로운 인간 이해, 확장된 구원론에 대한 신학적 통찰과 성속 이원론에 대한 반성이 필수적이다.

현대교회의 신학적 기초는 여러 교단의 전통을 고려하더라도 광범위한 근대신학의 영향을 받았다. 근대신학적 인간은 이성과 신앙 그리고 영과 육을 분리하는 이원론적 신학의 틀을 공고히 지켜왔고 개인 회심과 영혼 구원의 교리와 맞물리면서 탈 육체적 영혼 중심의 인간을 강조했다. 그러나 최근 신학의 인간 이해는 생태신학과 포스트모던 신학의 도전을 받으며 영과 육, 자연과 인간의 분리를 비판적으로 극복하는 관계적 인간(relational self)을 제시하였다. 현대 기독교 인간 이해는 다양한 신학적 반성을 거치면서 관계적 인간개념을 중심으로 육체와 자연과의 관계성을 강조해왔다. 즉 인간을 지나치게 죄 된 존재로 격하시키며 탈 육체적, 탈세계적 영성을 강조하는 근본주의도 인간을 영과 육으로 분리하는 복음주의 계층적 인간이해도 현대목회의 현장에서 성도의 삶을 반영하지 못하는 문제점들을 드러나게 하였다. 이렇게 인간중심주의를 극복하려는 현대신학은 하나님과 인간, 생명과 자연 그리고 개인과 물질적 환경과의 관계 속에 인간을 이해하는 관점으로 인간을 영적이며 육체적이고 자연적이며 물질적인 복잡한 관계 속에서 얽히어, 되어가는(becoming) 존재로 본다.

포스트 코로나 시대 인간에 대한 신학적 담론의 중요성을 강조하기 위해 첫째, 기독교 인간론은 플라톤적 혹은 데카르트적인 영향으로 이원론을 비판하며, 이원론이 아니라는 입장이다. 둘째는 기독교 인간론은 과학적이고 이성적 인간에 대한 이론들을 존중하지만, 도킨스적인 환원주의를 거부한다. 마지막으로 최근의 다양한 과학적, 인지적, 기술적 학문의 발전과 적극적으로 대화하면서 인간 이해의 복잡성과 다중성을 인식하고 대안적 신학 담론을 건설적으로 모색하고 있다.[27] 이러한 전제들을 가지고 포스트 코로나 시대의 기독교 인간 이해는 후기 세속주의 사회의 논쟁들 사이에서 기술과 이성의 극대화, 인간 증강의 무제한성, 신적인 인간의 출현[28] 등을 목도하면서 그 어느 때보다 종교적 혹은 신학적 담론의 책임이 더욱 중대한 시대라는 것을 깊이 인식해야 한다.

즉, 근대신학적 인간이 자연과 물질, 기술 환경으로부터 분리된 영적 인간으로 종종 극단적 이원론적 체계 안에서 성도의 영적인 삶을 탈육체화의 과정으로 이해하게 되고 결과적으로 공간과 장소에서 분리하는 반역사적 반자연적 경향을 양산하였다. 근대신학이 추구하고 있는 영적인 인간은 엄밀한 의미에서 근대가 추구하여온 자율적 이성과 자아 개념에

---

27 Christopher L. Fisher, *Human Significance in Theology and the Natural Sciences* (Pickwick Pubns, 2010), 16-17.

28 『호모 사피엔스』로 한국에 돌풍을 일으킨 이스라엘대학 역사학자 유발 하라리는 사피엔스를 통하여 인류가 어디에서 왔는지를 추적하였다면 『호모 데오스』에서는 인류를 신으로 업그레이드 하는 미래를 예측하고 있다. 유발 하라리/김영주 옮김, 『호모 데우스: 미래의 역사』(*Homo Deus: A Brief History of Tomorrow*) (경기 파주: 김영사, 2017).

기초한 인간 중심의 진보에 대한 신념과 성장에 대한 오만으로 가진 과학과 기술, 경제 성장을 토대로 한 근대적 '바벨탑'을 건설하고자 했다. 지난 세기 한국교회가 쉼 없이 추구해온 성장 패러다임은 사실 하나님 통치에서 벗어나 인간 중심의 세속주의에 굴복하는 과정이었다. 이렇게 근대성의 '성장 패러다임'과 '자본의 논리' 같은 단일 담론을 좇아서 한국교회역시 숨 가쁘게 달려왔고 이제 코로나19가 보여주는 민낯을 목도 하고있다. 이러한 포스트모던 시대를 지나 포스트휴먼 시대를 열며 이제 포스트 코로나 시대를 살아가야 하는 목회자들이 근대신학의 인간론을 반성하고 기독교 인간 이해의 신학적 패러다임의 전환과 관계적이고 형성되어가는 새로운 인간 이해에 대한 신학적 사유를 공유함으로 성서를 새로운 눈으로 해석할 수 있어야 교회를 바르게 이끌고 사회에 선한 영향력을 미치게 된다.

둘째로 포스트 코로나 시대의 목회 현장을 적극적으로 응답하기 위한 신학적 토대로 확장된 구원론의 이해가 필수적이다. 포스트 코로나 시대의 위기 속에 자칫 목회자가 교회 보존과 생존 논리에 갇혀서 세계 속에서 하나님의 일하심과 소명의 긴급함을 간과할 수 있기 때문이다. 즉, 목회자는 세계 책임적 교회로 거듭나기 위해 여전히 창조, 타락, 구속의 교리적 틀로만 목회의 길을 가려는 자세를 전환하는 것이 중요하다. 한국교회는 개인의 회심과 영혼 구원을 중요하게 생각하는 구원론을 전제로 세상과 우주를 구원하고 샬롬의 세계를 지향하는 예수 그리스도 구원의 폭과 넓이 잘 전달하지 못했다. 결과적으로 한국 개신교회의 인간 중심적이고 내세 지향적이며 개인 회심만을 강조하는 구원관이 피조 세계와 물질적 환경에 대한 교회의 사명을 적극적으로 숙고하지 못하도록 하는 신학적 한계를 보여 왔음을 부정하기 어렵다.

많은 현대 신학자들은 예수께서 구원자시라면 사도 바울(고전 8:6)과

에베소 서신과 골로새 서신에서 나타난 것처럼 우주적 그리스도에 대한 신앙으로 하늘과 땅 위에 있는 모든 만물의 화해(골 1:20)를 발견하고 모든 피조물을 그리스도께서 죽음을 통해 대가를 치르신 귀중한 존재로 받아들여야 함을 강조하였다. 이러한 현대신학의 도전은 근대신학이 구원을 인간구원과 영혼 구원으로 축소함으로 이 세계의 다른 모든 피조물을 구원이 없는 상태로 배제했으며 이러한 신학적 전통은 우주적 그리스도가 실존적으로 해석될 수 없는 하나의 신화로 여겨질 수밖에 없음을 날카롭게 비판하였다.[29] 성육신 신학을 통하여 하나님은 물질과 육체를 영속화하시는 분으로 이는 말씀이 육이 되신 육화의 의미에서 예수 안에서와 십자가의 사역으로 정점을 이루는 것이다. 이렇게 예수의 십자가는 영속하는 육과 물질의 약속이자 영원히 모든 피조물과 우주의 상징이다. 즉 이러한 의미에서 성화는 성육신하신 구속자의 십자가와 부활을 통하여 창조의 존재적인 깊이에 침투하는 것이며 성경이 말한 새 하늘과 새 땅 안에 하나님의 거룩한 사랑의 승리를 가져오는 하나님의 은혜에 새로운 기초를 두는 것이다.

이러한 구원에 대한 확장된 이해는 하나님과 세계 사이에 어떤 간격도 극복될 수 있는 하나의 관점을 제공하고 우리는 하나님을 사랑하기 위하여 더는 세상으로부터 도망칠 이유가 없게 된다. 왜냐하면, 예수 그리스도의 부활을 통하여 하나님은 이 세상을 영원히 용납하셨기 때문이다. 즉, 성육신 신학적 관점은 복음의 진리와 가치를 실천하지 않고 피안의 세계로 도피하는 이유를 제공하는 것 그리고 신앙이 세상에 공적 책임을 다하지 못하고 구원을 위한 도구로 사사화 되어가는 것을 거부하고

---

29 위르겐 몰트만/곽혜원 옮김, 『희망의 윤리』(*Ethik der Hoffnung*) (서울: 대한기독교서회. 2012), 253.

코로나 이후 고도기술시대를 목회적으로 응답할 수 있도록 이끈다.

포스트 코로나 시대 세계와 소통하고 이웃과 공감하며 자연과 공존하는 교회 됨과 관계적 목회를 구현하기 위해서 인간과 환경, 자연과 물질, 생물체와 물건 사이의 복잡한 네트워크를 신학적으로 해석하고 오히려 적극적으로 하나님 나라를 향한 "네트워크의 바다"를 항해하는 새로운 신앙공동체를 실현해야 한다. 이러한 새로운 확장된 구원의 이해와 창조신학의 조화로 말씀이 살아 움직이는 유기체적 교회로 다양한 접속과 접촉의 매체를 신학적으로 성찰하면서 하나님 말씀의 유비쿼터스를 재창출해 나가는 방식을 고민해야 한다. 이 네트워크야말로 선교의 유일한 방법이기 때문이다.

세 번째, 포스트 코로나 시대의 목회적 사명을 감당하기 위해 무엇보다도 영혼 구원과 타락한 세상이라는 교리도 재해석해야 한다. 타락한 세상이 존재하는 것이 아니라 타락한 인간이 보는 하나님의 세상이 존재하는 것이다. 세속적인 그러나 거룩한 몸과 세계는 동일하게 하나님의 도구이고 성령의 매체이다. 우리는 다시 아우구스티누스의 '모든 존재하는 곳은 선하다'라고 하는 하나님 창조의 선함을 되새기며 타락한 세상과 영혼 구원교리의 단순성이 우리를 둘러쌓고 있는 환경과 자연, 역사와 사회에 무책임하고 무기력한 교회와 성도를 양육하게 된 교리적 배경이 되었음을 반성해야 한다. 하나님의 창조 세계는 여전히 하나님의 영이 머무시고 중단 없이 사회문화와 자연 세계를 통해 현존하시고 일하신다는 확고한 믿음 위에 우리는 더욱 적극적으로 기술사회와 비대면의 현실을 해석해 나아가야 한다.

우리는 하나님의 말씀으로 창조된 세계가 지속해서 성령이 활동하시는 공간이고 몸으로 성육신하신 하나님의 임재의 장소이고 하나님이 이처럼 사랑하시는 세상이라면 언택트의 세계와 컨택트의 세계는 동일한 하나님 통치의 세계임을 고백할 수 있다. 사도 바울은 "하나님께서 지으신 모든 것이 선하매 감사함으로 받으면 버릴 것이 없나니 하나님의 말씀과 기도로 거룩하여 짐이라."라고 말씀하였다(딤전 4:4-5). 무엇보다도 성육신 신학적 관점에서 기독교와 세속세계는 분리될 수 없다. 예수의 거룩한 삶은 세상의 옷을 입고 인류에게로 왔으며 소년 예수가 성전에서 랍비들과 대화하고 만나는(눅 2:46) 장면만이 거룩하고 세리와 죄인과 함께 먹고 마시는 예수와 제자들의 행위(눅 5:30)는 저급하고 통속적이라고 말할 수 없다. 예수가 하나님 나라를 전하기 위해 사용하신 자연뿐 아니라 물고기 두 마리와 보리떡 다섯 개가 사랑의 매체가 되어 주님은 사랑의 메시지를 전할 수 있었다. 이렇게 생물뿐 아니라 물질(material)과 사물(thing)까지도 연결되어 주의 나라를 이루어가고 있다. 그리스도 안에서 물질적 실재로서 세계, 즉 지구와 인간 육체와 물질과 환경 등 모든 것은 인류를 축복하기 위한 성령의 매체가 된다. 예배를 통해 초월을 경험을 표현하는 그 순간에 포도주와 물과 빵을 사용한다. 세속적이나 세상의 모든 물질은 동일하게 하나님의 도구이고 성령의 매체이다. 우리는 세속적인 것을 통해서만 거룩함을 만나고 경험하게 됨을 기억해야 한다.

다시 말하면 기독교적 가치는 세속과 대립하지 않는다. 오히려 성육신적 신앙은 진정한 의미에서 교회가 세속사회로 나아갈 때만이 비로소 진정한 거룩성과 신앙의 옷을 입게 되는 것이다. 예수 그리스도를 통한 하나님의 육화는 그것을 말하는 신적인 사랑의 행위였기에 오히려 세속화는 자신을 포기하는 방식의 사랑이라는 가장 성서적 개념에 토대를 둔다. 형식적 신앙과 화석화된 교리에 생기를 불어넣을 수 있는 신앙공동체로 거듭나기 위해서 성령은 인간에게 하나님의 현존을 느낄 수 있는 '온전한 감각'을 주셨으며 그리스도인은 '영적인' 것이 저세상의 현상이 아니라 이 땅의 '온전한 현실'임을 믿음으로 고백한다면 포스트 코로나 시대에도 기술과 기계를 통한 인간의 감각과 몸이 연장되고 연결되는 모든 세계는 하나님의 현존 세계가 되는 것이다. 이러한 의미에서 진정한 예배의 중심은 우리를 새로운 창조로 나아가게 하는 데 있다. 하나님이 성육신 되어 십자가에 달린 그리스도의 영광을 위하여 성령은 모든 살아 있는 것들을 창조하고 회복시키신다. 이것은 세상성과 물질성을 제거하는 것이 아니라 새 창조로의 변화와 새로운 인간으로 변화를 향하기 때문이다.

성도들은 재택근무가 지속하면서 화상 데이트, 화상 생일파티, 화상 회식까지 부지런히 접속을 통한 접촉을 시도한다. 만나지 못했지만, 함께 할 수 있어서 좋았다는 평가이다. 중요한 것은 함께 했다는 경험이다. 서로를 연결해주는 다양한 매체는 우리의 신체를 배제하고 불가능하니 온라인 만남도 비대면 접속을 통한 접촉 방식인 것이다. 우리는 예배 때 성만찬을 하며 아우구스티누스의 "주님의 몸과 피를 먹고 살라"는 말이 허상이 아니라 "성령 안에 주님의 몸에 참여하고, 나아가 공동체의 일원이 되며, 성령의 능력을 덧 입으라"는 말이 된다. 성령의 능력을 입은 몸이야말로 온라인 접속을 통한 영적 네트워크를 형성해 나아가는 기장 기본적인 전제가 된다.

V. 결론: 하나님은 사랑으로 일하신다

포스트 코로나 시대의 관계적 목회의 해석학적 기초는 모든 것이 하나님 사랑의 신비 속에서 얽히어 생명 구원의 사명을 실행하는 교회로 부르시고 이 모든 관계를 움직이는 근원적인 힘은 사랑임을 깨닫는 것이다. 이제 포스트 코로나 시대에 무엇보다도 교회가 그저 예전으로 돌아가기를 기다리며 예배와 선교, 성도의 교제를 최소화시킨다면 결과는 코로나보다 더 심각한 영적인 재난이 될 수 있다. 오히려 코로나 상황을 하나님이 주신 은총의 시간, 본질 회복의 시간, 다시 하나님께로 돌이키는 시간이 된다면 선도적 목회방식의 개혁과 전환을 통해 포스트 코로나 시대적 사명을 감당함으로 바람직한 미래교회를 열어갈 것이다.

기독교의 진리는 논리적 설명이 가능한 명제적 진리가 아니라 진리를 행하며 하나님을 경험하고 느끼는 깊이의 차원에 이르는 신비 그 자체이다. 그 신비에 이르게 하는 힘이 곧 사랑이다. 하나님께서 세상을 창조하시고 그 창조하신 세계에 몸을 입고 오셨다. 영원한 생명이신 주님이 우리 모두를 이끌고 계신다는 구원의 아름다움과 신비는 오직 '사랑'으로서만 깨닫고 이해할 수 있다. 성경의 말씀은 세상을 살아가고 있는 사람들의 맥락과 분리되어 진공상태에서 쓰인 것이 아니며, 신학은 하나의 본질적인 틀을 가지고 형성되는 것도 아니며, 하나님의 계시가 시대마다 다르게 표현되고 해석되어 진다는 해석학적 관점을 목회자들이 인식해야 말씀의 성육신을 통한 지금도 살아계신 하나님의 말씀을 전하는 역량을 갖추는 것이다. 말씀은 인간 역사 속에서 하나님의 일방적인 발화가 아니라 인간과 신의 상호사랑의 이야기라면 성과 속은 긴밀한 네트워크를 통해서 함께 번창하기 위한 하나님과 세계 관계의 건설적인 힘을 허락하게 되고 세계는 하나님과 인간이 접속/접촉할 수 있는 사랑의 공간임을 인식하게 된다.

포스트 코로나 시대 교회의 사명은 대면과 비대면 그리고 온라인과 오프라인의 차이와 경계를 넘나들며 교회 안의 정체성을 건설하는 초월자로서 하나님만을 상상하기보다는 하나님을 사랑하는 사람들과의 접속/접촉을 통해 육체로부터 소외되지 않고 물질적 환경을 덮고 둘러싸며 느낄 수 있는 영으로 인간과 함께 일하시는 하나님을 상상하는 것이 요구된다. 인간을 존재할 수 있게 하는 하나님이 곧 사랑이라는 사실은 세상의 다양한 현상들을 이해하는 열쇠를 제공한다. 결론적으로 포스트 코로나 시대에 교회는 탈 육체적 반물질적 영성으로는 교회됨과 관계적 목회가 상실될 수밖에 없는 시대에 살고 있다.

코로나는 숨 가쁘게 성장의 길을 달려온 한국의 실체를 보게 만드는 은총의 시간이다. 충격과 방황을 이겨내고 세계의 주목을 받는 한국은 K 방역뿐 아니라 시민의식이 세계적 수준이고 정부의 리더십도 긍정적 평가를 받았다. 코로나의 위기와 도전이 한국교회가 다시 교회됨의 본질로 돌아가는 혁신의 기회가 된다면 K-Christianity 그리고 K-Church로 한국교회 성도의 의식과 교계 지도력의 변화를 가져오는 중대한 시간이 될 것이다. 코로나19는 위기지만 오히려 4차 산업혁명의 시대에 목회방식을 탈바꿈하는 사명을 감당하는 기회이다. 한국교회는 이 기회를 공동체와 예배의 본질 회복을 위해 하나님의 뜻을 묻는 시간으로 적극적으로 대처하고 철저하게 변화되어야 한다. 교회사적으로도 평온한 시기에는 변화가 일어나기 힘들다. 더군다나 누구도 예측이 어려운 포스트 코로나 시대 한 가지 미래만을 계획하는 것은 지혜롭지 못하다. 목회자들은 어떤 미래가 펼쳐지든지 하나님의 통치에 대한 깊은 신뢰로 대응할 수 있는 다양한 목회방식을 마련하고 내 양을 먹이라는 주님의 부탁을 충성스럽게 수행하며 잃은 양 한 마리를 애타게 찾으시는 주님의 마음으로 이 영적인 위기를 변화로 이끌어야 한다.

3부

코로나19 시대,
한국교회 선교의 과제

코로나19, 4차 산업혁명 시대의 목회와 선교

정기묵*

I. 들어가는 말

지금 한국 사회와 세계는 코로나19로 인해 큰 어려움을 겪고 있다. 코로나19의 근본적인 원인은 인간의 탐욕과 이기심이다. 코로나19가 중국에서 시작되었다고 해서 우리의 책임이 없다고 할 수 없다. 인간들이 욕심을 버리지 못하고 자연의 영역을 침범하여 생태계를 훼손하는 일을 멈추지 않는 이상 은둔하여 자연계에만 있던 새로운 바이러스들이 고개를 들고 사람들 사이에 퍼지는 것은 반복될 것이다. 즉, 잠자고 있던 독소와 바이러스 상자의 자물쇠를 부순 것은 바로 우리 자신, 인류이다. 자원의 낭비와 에너지 과용을 멈추지 않는다면 이보다 더한 괴물 바이러스의 출현도 이어질 것이다. 하나님이 만드신 세상 속에서 모든 피조물과 조화롭게 살아가지 못하고 우리의 욕심만 부렸던 대가를 치르는 것이다.

---

* 장로회신학대학교, 선교신학.

코로나19로 잠시 가려져 있지만 사실 근본적인 문제는 이상 기후와 지구 온난화이다. 앞에서 언급한 자원 낭비와 에너지 과용으로 인한 이상 기후와 지구 온난화는 더 크고 전 지구적인 자연의 반격으로 인류 사회에 다가올 것이다. 환경전문가의 말에 의하면 18세기 산업혁명 이후에 인간은 필요 이상으로 에너지를 사용하기 시작했고, 지금까지는 이와 같은 열에너지를 바다가 받아주었다고 한다. 아시다시피 지구상에서 바다의 면적은 지구 전체 면적의 70% 정도가 된다. 인간이 필요 이상으로 사용한 열에너지를 지금까지 바다가 받아주었는데 더는 감당할 수가 없어서 그 에너지를 토해내고 있다는 것이다. 따라서 특별한 계기가 없는 한, 지구 온난화와 이상 기후 현상은 더 심해질 것이고 막을 방법이 없다는 것이다. 이미 최근 뉴스를 보면, 중국과 일본에서 살인적인 폭우로 엄청난 재해가 발생하여, 코로나19와 맞물려 엎친 데 덮친 상황으로 다가오고 있다. 한국도 이러한 상황에서 예외가 아니다. 따라서 다행히 이번 코로나19를 우리가 극복해낸다고 해도 인간의 탐욕이 멈추지 않는 이상 또 다른 자연의 공격이나 코로나바이러스의 침공이 오는 것을 보게 될 것이다. 단기적으로는 지금의 위기를 잘 이겨내야 하겠지만, 근본적으로는 우리가 만물과 조화롭게 살아가기 위한 모든 노력을 시작해야 한다.

II. 문화적 관점에서 보는 코로나19와 산업혁명

우리는 살아가면서 한 사람의 생애 동안 여러 가지 상황과 시대를 경험한다. 지금 인류는 코로나19라는 펜데믹 상황 속에서 살아가고 있다. 동시에 몇 년 전부터 많이 언급되고 있는 4차 산업혁명의 시대에 들어서 있다. 이러한 모든 상황은 자연적이 아니라, 인간이 자신들의 삶을 위해서 끊임없이 무엇인가를 개발하고 조작한 결과이다. 문화적 관점에서 이것을 나쁘게만 볼 수 없다. 다만, 나쁜 결과를 의도한 것은 아니지만 숨겨진 본래의 목적이 탐욕일 때는 결과적으로는 그렇게 나타날 수밖에 없다. 사람이 무엇으로 심든지 그대로 거두리라는 말씀처럼 육체를 위해 심었으므로 썩어질 것을 거두는 것이다(갈 6:7-8). 이처럼 인간은 좀 더 나은 삶을 위해서 문명을 발전시키고 변형해 나가지만 그 결과가 어떻게 나타날 것인가에 대해서는 충분히 예측할 수 있음에도 불구하고(예측과 다른 결과가 나오기도 하지만), 공동체적 감시나 높은 윤리적 공감대 혹은 법적인 제재가 없으면 눈앞에 욕심에 사로잡혀서 애써 그것을 덮어두려고 한다. 이러한 오늘의 문제는 앞으로 종교가 사회 속에서 감당해야 할 역할을 반증하는 것이기도 하다.

코로나19라는 펜데믹은 지금 우리가 겪는 상황이지만 역사적으로 본다면 이와 같은 펜데믹은 시대를 반복하면서 있었고 인류 사회에 큰 상처를 주었다. 그리고 이와 같은 전염병을 치료하고 극복하는 과정에서 공동체의 새로운 문화적 현상이 생겨나기도 했다. 문화적 상황에서 복음을 잘 전하기 위해서는 이러한 사건이 공동체성을 어떻게 변화시키는지를 잘 살펴볼 수 있어야 한다.[1]

여기에서는 지금 우리가 겪고 있는 모든 공동체적 문제와 시대적 상황 등을 인간들이 자신의 사회적 환경을 만들어가는 우리 삶의 자리라는 의미에서 '문화'라는 단어로 통칭하고, 이러한 문화적 상황에서 기독교적

---

1 인류 역사상 팬데믹에 속한 질병은 14세기 중세 유럽을 거의 전멸시킨 '흑사병'(페스트), 1918년 세계적으로 5,000만 명 이상의 사망자를 발생시킨 '스페인 독감', 1968년 100만 명이 사망한 '홍콩 독감' 등이 있고, WHO(세계보건기구)가 1948년 설립된 이래 지금까지 팬데믹을 선언한 예도 1968년 홍콩 독감과 2009년 신종플루가 있다. 한국 역사에서도 홍역, 콜레라 그리고 천연두와 같은 전염병으로 나라 전체가 어려움에 부닥친 경우가 있었다.

사명이 무엇인가를 생각해보고자 한다. 문화는 어원적으로 라틴어 cul-tur에서 나왔으며, 이것이 영어의 Culture가 되었다. 이 말은 원래 '경작하다' 또는 '개간하다'라는 의미이다. 어원에서도 알 수 있듯이 문화는 사람이 살아가기 위해 목적을 갖고 환경과 상황을 자신과 공동체에 맞게 변형시키는 것을 의미한다. 따라서 우리는 코로나19라는 펜데믹을 겪으면서 앞으로 이런 상황 속에서 어떻게 삶을 영위할 것인가를 우리와 세계 공동체가 문화적으로 변혁해나가게 될 것을 짐작할 수 있다. 문화는 인간의 정신과 손을 통해 이루어지는 인위적인 활동의 결과이고, 사람이 의식적으로 하는 일은 무엇이나 문화와 관련되어 있기 때문이다.

1. 문화와 복음의 관계

인간은 공동체 속에서 살아간다. 하나님은 세상을 창조하시면서 자신이 창조한 것을 보시기에 좋았다고 하셨다. 그런데 인간의 창조를 좀 더 언급한 2장을 보면, 하나님께서 아담을 만드신 후에 그가 혼자 있는 것을 보시고 좋지 않다고 하셨다(창 2:18). 사람이 혼자 사는 것이 좋지 않다고 하시고 하와를 주셔서 가족이라는 공동체를 이루게 하셨다. 인간은 가족과 이웃 그리고 사회라는 공동체 속에서 살아가도록 창조되었다는 것을 알게 한다.[2] 그리스 철학자 아리스토텔레스도 일찍이 '인간은 사회적 동물'임을 간파하였다. 사회성은 인간 본질에 부수적으로 첨가된 그 무엇이 아니라 인간 존재의 본질을 구성하는 요소라는 것이다. 그리고 사회적 공동체는 반드시 그 공동체 나름의 문화가 형성된다.

그러므로 인간은 그 공동체의 문화 속에서 살아간다. 그리스도인이 된

---

[2] 정기묵, "소셜 네트워크 공동체와 선교적 과제," 「선교와 신학」 제26집 (2010): 327.

다는 것은 자신이 속한 문화적 공동체를 떠나서 유대인이 된다거나 복음을 전해준 사람의 문화 속으로 들어가는 것을 의미하지 않는다. 자신의 문화 속에서 자신의 문화를 떠나지 않고 그리스도인이 되어야 한다. 다만 인간이 살아가는 문화와 사회 환경은 끊임없이 변화하고 있으므로 변화하는 문화 속에서 어떻게 변하지 않는 복음의 본질을 잘 전달하여 시대와 문화적 상황에 적절한 구원 사역을 이루어 갈 것인가를 고민해야 한다.

동시에 리처드 니부어의『그리스도와 문화』에서 나타나는 문화 유형의 관점으로 본다면, 오늘의 문화가 성경적으로나 윤리적 관점에서 옳은 것만은 아니므로 그리스도에 의해서 변혁될 필요가 있다(Christ trans-forming Culture, 문화를 변혁하는 그리스도). 다시 말해, 그리스도의 가치관을 가지고 이 세상의 문화를 변혁시켜 나가는 태도다. 이러한 관점은 역사가 근본적으로 인간이 만들어내는 사건들만의 과정이 아니라, 언제나 하나님과 인간의 극적인 상호 행동에서 생기는 것이므로 역사 안에서 하나님은 어떤 일이든지 하실 수 있다는 것을 주장하는 역사관을 가진다. 이것은 복음, 교회, 기독교가 세상, 사회, 문화에 대하여 적대적인 태도를 보여 이를 거부하거나 도피하는 것이 아니다. 그렇다고 동조하거나 동화되는 것도 아니다. 변혁자로서 그리스도 모델은 교회가 사회를 거부하거나 지배하기보다는 오히려 사회를 새롭게 변화시키려는 입장이다. 이 유형은 인간의 죄악성과 부패성을 깊이 인식하며, 이런 인간이 참여하고 있는 모든 문화 활동은 하나님의 심판 아래 놓여 있다고 본다. 따라서 그리스도인은 하나님께 순종하는 가운데 문화 활동을 수행해야 한다. 이러한 관점은 바울, 아우구스티누스과 칼뱅에게서도 볼 수 있으며 필자는 이것이 복음 전도와 사회적 책임을 동시에 강조하는 통전적 선교 관점과도 맞닿아있다고 본다.

2. 문화의 관점으로 보는 산업혁명

4차 산업혁명이란 인공지능(AI)과 사물인터넷(IoT), 클라우드 컴퓨팅, 빅데이터 그리고 모바일 등 지능정보통신기술이 기존의 경제와 산업, 사회 전반에 융합되어 혁신적인 변화를 일으키는 차세대 산업혁명을 말한다. 최근 4차 산업혁명이 가져올 혁신과 인간사회에 가져올 영향에 대해 많은 관심과 연구가 이루어지고 있다.

산업혁명이라는 단어 자체가 산업이라는 단어에 혁명이라는 말이 덧붙여진 것에서도 알 수 있듯이 산업혁명은 기술혁신과 이에 수반하여 일어난 산업상의 변화가 사회, 경제구조를 혁명적으로 변화시킨 결과를 두고 만들어진 말이다. 그런 점에서 산업혁명은 인간의 전반적인 삶의 형태와 문화를 바꾸었고, 이는 그 시대와 문화 속에서 이루어지는 복음 전파와 선교의 방법뿐만 아니라 패러다임의 변화를 가져왔다. 따라서 우리는 4차 산업혁명이라는 오늘의 상황도 넓게는 문화라는 관점에서 볼 수 있고, 변화하는 문화적 상황을 잘 이해할 때 복음의 본질을 잘 전달할 수 있을 것이다. 다만 여기에 코로나19라는 변수가 발생하게 되었는데, 이것이 앞으로 문화에 어떻게 작용하게 될 것인지를 깊이 생각해볼 필요가 있다.

1) 산업혁명과 선교

18세기 증기기관 기반의 기계화 혁명인 제1차 산업혁명3은 농경사회에서 공업사회로 변화를 가져왔으며 이로 인하여 도시화 현상과 농부에

---

3 롤랜드 버거/김정희, 조원영 옮김, 『4차 산업혁명』 (서울: 다산, 2017), 21.

서 근로자로 삶의 형태가 바뀌게 되었다. 공장에서 노동에 시달리는 아이들을 위해 주일학교 사역4을 통한 어린이 전도가 시작되었고, 증기기관으로 만들어진 배가 사람과 물자를 대량으로 이동시킬 수 있게 되면서 윌리엄 캐리의 인도 선교를 시작으로 해안선 선교의 시대가 열리게 되었다.

제2차 산업혁명은 19세기 말에서 20세기 초까지를 말하는데, 증기기관에서 전기 에너지로의 생산 방식 변화를5 통해 대량생산이 이루어지고 원거리 송신과 무선 통신이 발명되면서 통신에 대한 비약적인 발전이 이루어졌다. 이 시기의 선교는 해안선을 넘어 내륙 선교가 이루어지면서 수많은 선교회가 만들어졌다. 발전된 이동 수단과 통신은 확장되는 선교지부를 연결하고 소통하는 데 큰 역할을 하였다. 3차 산업혁명은 20세기 후반, 컴퓨터와 인터넷 기반의 지식정보 혁명을 말한다. 1차와 2차 산업혁명이 산업사회의 형태였다면, 3차 산업혁명은 정보사회로 진입을 알리는 것이었으며 물질보다는 정보가 가치의 우위에 서는 패러다임의 변화가 시작되었다. 정보기술의 대중화와 비행기 등 운송기술의 발달은 미전도종족 선교, 성경 번역 선교, 단기선교 등, 선교에서도 방법과 전략의 다양성과 발전을 가져왔다.

2) 산업혁명과 목회

한국 사회의 산업혁명이라 할 수 있는 농업 사회에서 산업사회로 변화는 1960년대 중반 이후이다. 한국의 산업혁명은 정부가 주도하는 급격한 산업화로 시작되었으며, 단기간에 급속한 경제 성장과 함께 한국

---

4 고건, "과학혁명과 기독교", 『급변하는 과학기술 사회와 교회』 (서울: 한지터, 2017), 87.
5 롤랜드 버거, 『4차 산업혁명』, 21.

사회의 사회적 변화를 가져왔다. 공업화와 도시화가 진행되면서 도시와 공단 지역으로 인구 이동이 시작되었다. 대가족 문화가 해체되면서 남성 중심, 가부장의 권위가 무너지고 기존 공동체 형태의 변화가 일어났다. 도시와 공단 지역을 중심으로 교회 개척이 활발하게 일어났고, 1970년대 경제 성장과 축을 같이하여 한국교회의 전도와 선교에 부흥기를 맞이하였다. 대형 교회들의 탄생도 이 시점에서 시작되었다.

이처럼 지금까지의 산업혁명은 인류가 오랫동안 유지해왔던 농경사회에서 산업사회로, 다시 정보사회로 사회와 문화를 변혁시켰으며 선교도 이러한 변화의 상황 속에서 새로운 방법을 개발하고 선교 영역을 확장했다. 그러므로 우리는 도래한 4차 산업혁명 시대에도 선교의 본질을 잘 유지하면서 이 시대와 소통하는 선교의 방법을 고민하고 전략을 개발해야 할 필요가 있다.

3) 4차 산업혁명의 다른 점과 코로나19라는 변수

그렇다면 4차 산업혁명은 지나온 산업혁명과 무엇이 다른가. 4차 산업혁명은 정보통신기술(ICT, Information and Communications Technology)을 바탕으로 하는 3차 산업혁명의 발전이므로 군이 4차 산업혁명이라고 할 필요가 없다는 주장과 3차 산업혁명의 연장선에 있지만, 기존의 산업혁명과는 큰 차이가 있으므로 4차 산업혁명이라고 불러야 한다는 주장이 있다.[6] 필자의 견해로는 분명히 3차 산업혁명과 4차 산업혁명은 연속

---

6 3차와 4차 산업혁명을 나누는 기준은 전문가 사이에도 차이가 있다. 4차 산업혁명 시대가 도래했다고 보는 견해는 위에 언급한 다보스 포럼의 클라우스 슈밥 회장이다. 이에 반해 미국의 세계적인 경제학자이자 문명비평가인 제레미 리프킨은 3차 산업혁명이 아직도 진행 중이라고 한다. 최윤식, 최현식, 『제4의 물결이 온다』 (서울: 지식노마드, 2017), 278-282.

성이 있다. 왜냐하면, 인간의 삶이 점진적인 변화이지 명확한 경계선이 존재하지는 않기 때문이다. 동시에 최근에는 후자의 주장이 설득력을 얻고 있다. 그 이유로 정보통신기술을 구성하는 두 가지, 즉 정보기술(IT)과 통신기술(CT)의 비약적 발전과 융합을 통해 새로운 기술혁명의 사회를 만들어가고 있다는 것과 이전의 산업혁명과는 그 속도와 범위가 기존의 관념을 뛰어넘는다는 것이다.[7]

간단히 몇 가지를 살펴보면, 첫째로 지금까지 산업혁명이 주로 인간의 육체노동을 기계로 대체하면서 자동화를 통해 연결과 생산성을 강화해온 과정이라면, 4차 산업혁명은 인공지능의 발전으로 인해 사람의 두뇌 역할을 로봇으로 대체하는 시대이다. 둘째, 정보통신기술(ICT)과 사물인터넷(IoT)의 발전과 융합으로 모든 것이 연결되는 초연결 사회(hyper-connected society)[8]로 진입이다. 셋째로 스스로 학습하면서 진화하는 딥 러닝이라는 알고리즘을 가진 인공지능 시스템의 진보이다.[9]

이러한 인공지능의 발전은 새로운 직업군을 만들어내기도 하겠지만, 그보다 더 많은 일자리가 사라질 것으로 전망한다. 인간은 직업을 통해서 생계유지를 위한 기본수단을 확보하고, 자신의 삶과 가정을 유지한다. 직업은 자신의 능력을 발휘하는 자기실현의 장이기도 하다. 여기에 교육의 중요한 목적은 건강한 자아의 형성과 미래에 자신이 원하는 일(직

---

7 김성훈, "4차 산업혁명이 불러올 '다섯 개의 변화'", http://magazine.hankyung.com/ business/ 한경BUSINESS 인터넷판, 2017. 07. 25 검색.

8 주대영 외, 『초연결시대 사물인터넷(IoT)의 창조적 융합 활성화 방안』 (서울: 산업연구원, 2014), 20. 한 가지 예를 든다면 기존의 제품들은 생산자가 판매하고 나면 그 사용과 관리가 기본적으로는 구매자에게 있었으나, 이러한 제품이 모두 인터넷으로 연결되면 생산자와 제품 그리고 소비자 사이에 정보의 교류 등, 새로운 생태계가 형성될 것이다.

9 최근 인공지능 바둑 시스템인 알파고가 이러한 예이다. 처음의 알파고는 인간의 기보를 가지고 학습하였지만, 그다음 버전은 두 개의 알파고가 스스로 대국하면서 인간 기보에는 없는 새로운 바둑을 만들어냈다.

업)을 준비하는 것이다. 따라서 산업의 형태가 혁명적으로 변한다는 것은 교육의 형태와 문화도 이에 대응하기 위해 변화될 것임을 짐작하게 한다. 따라서 직업의 형태에서 근본적인 변화가 일어날 것이며, 이에 따라 교육의 체계도 바뀌게 될 것이고 이는 기술과 산업의 관점을 넘어 철학과 예술 등 다양한 영역에까지 영향을 미치게 될 것이다. 사람이 살아가는 사회 구조와 삶의 형태가 변하고 있다는 것은 4차 산업혁명 시대의 목회와 선교가 지금까지 방법의 답습이 아닌 새로운 시대를 대비하는 전략이 필요함을 짐작할 수 있다.

그렇다면 코로나19는 4차 산업혁명과 맞물려 사회적 환경과 문화에 어떠한 영향을 만들어낼 것인가? 코로나19로 나타나는 현상 중에 가장 큰 현실적인 문제는 대면 접촉을 금지하는 것이라고 할 수 있겠다. 지금까지 사람들은 몸과 몸이 만나서 물건을 교환하고 소통하고 공동체성을 유지하였다. 코로나19는 사람이 질병의 매개체가 되기 때문에 어떠한 만남도 제한받을 수밖에 없다. 그렇다고 하지만 사람이 삶을 유지하기 위해서는 사람끼리의 교류와 소통이 어떤 식으로든지 일어나야 하므로 대면 활동이 제한을 받는 역작용으로 비대면 활동의 증가는 당연한 현상이라고 할 수 있다. 필자는 이와 같은 코로나19의 비대면 상황이 4차 산업혁명과 맞물려 네트워크 사회를 앞당기는 요인이 되리라 예측한다.

III. 4차 산업혁명 시대의 문화와 사회

과학과 기술이 발달한 이 시대에도 인간 자체의 본질이 바뀐 것은 아니다. 우리가 오늘의 이 시대를 진단하고 관심을 가지는 것도 그 중심에 인간이 있기 때문이다. 기술의 발전은 인류에게 엄청난 영향력을 미쳤다. 전통적 가치관의 변화와 인간 정체성에 대한 새로운 관점이 논의되고 있다. 하지만 그것은 인간 자체가 변화되었다고 하는 것이 아니라 인간에 대한 관점의 확장이라고 보아야 할 것이다. 하나님의 관심은 지금도 인간에 있다.

1. 변하지 않는 실재와 변하는 실재

2010년 10월 남아공 케이프타운에서 열린 제3차 로잔대회에서 발표된 케이프타운 서약에는 이 시대의 선교가 어떤 것을, 어떻게 우선순위로 정하고 추진해 나갈 것인가를 담고 있다. 이 서약의 서문은 그와 같은 내용을 '변하는 실재들'(The realities of change)과 '변하지 않는 실재들'(Unchanged realities)로 표현하고 있다.[10] 먼저 우리가 주목해야 할 것은 '변하지 않는 실재들'이다. 성경이 묘사하는 비참한 인간의 근본적인 상태는 현재는 물론 앞으로도 변하지 않는다. "우리는 모두 죄와 반역에 대한 하나님의 공의로운 심판 아래 있으며 그리스도 없이는 아무런 희망이 없는 존재들이다"라고 선언한다.[11] 기술혁명이 이 땅에서 유토피아를 만들어 내는 것이 아니라 여전히 복음이 기쁜 소식이며 오직 그리스도 안에 소망이 있고 이를 위해 교회의 선교는 계속되어야 함을 확인하고 있다.[12] 하지만 인간을 둘러싼 문화와 삶의 형태는 변화하고 있다. '변하는 실재'가 그것이다. 서약문은 우리의 삶과 사고, 대부분 삶의 방식들이 급속히 변하고 있다고 지적한다. 좋든 싫든 우리는 세계화와 디지털 혁명, 정치·

---

10 https://www.lausanne.org 케이프타운 서약 서문 참조.
11 위의 서문에서 인용.
12 정기묵, "제3차 로잔대회의 케이프타운 서약에 나타난 미디어 선교와 한국교회의 전략", 『복음과 선교』 제22집 (서울: 올리브나무, 2013. No. 2), 89.

경제적 힘의 균형 변화에 영향을 받는다는 것이다.[13]

인간을 구원하시고자 하는 하나님의 메시지가 담긴 성경과 그 복음의 본질은 이 시대에도 앞으로도 변하지 않는다. 하지만 기술의 발전과 함께 삶의 형태(문화)는 변화하고 있다. 변화하는 문화에 맞추어 이 시대의 사람들이 이해할 방법과 그들의 마음을 변화시킬 수 있도록 복음을 담는 그릇(콘텐츠)을 만들어가는 노력이 필요하다.

2. 하나님의 문화적 명령과 이 시대의 목회와 선교

하나님께서는 세상과 인간을 창조하셨고, 인간이 세상을 다스리도록 하셨다(창 1:27-28). 인간의 다스림은 하나님으로부터 비롯된 것이기에, 인간의 방식이 아닌 하나님의 방법으로 다스림, 청지기적 다스림이어야 한다. 그리고 하나님께서는 인간들이 하나님의 방법으로 땅을 다스릴 수 있도록 창조적 지혜를 허락하셨다. 그러므로 인간(기독교인이 아니더라도)이 만들어 낸 모든 지적 산물은 여전히 하나님의 창조물 일부며, 동시에 하나님의 거룩한 목적에 맞게 사용되어야 한다. 4차 산업혁명의 시대에도 하나님은 여전히 온 우주의 주인이시며 세상을 주관하시는 분이다.

예수님께서는 마태복음 24장 14절에서 말씀하시기를 '이 천국 복음이 모든 민족에게 증언되기 위하여 온 세상에 전파되리니 그제야 끝이 오리라'고 하셨다. 4차 산업혁명이 아니라 5차 산업혁명이 온다고 하더라도 주님 다시 오시는 그때까지 교회의 역할과 선교의 사역은 계속되어야 한다. 부활하신 후, 예수님은 대위임령의 말씀을 통해 복음 전도의 사명을 제자인 우리에게 부탁하셨다.[14] 그런데 주님께서는 우리에게 모든

---

13 위의 논문, 88.

민족을 제자 삼으라고 말씀하시면서 한 가지 중요한 약속을 하셨다. 세상 끝날까지 우리와 '항상' 함께 하시겠다는 약속이다. 하나님의 선교(Missio Dei)에 의하면 선교를 주도하시는 분은 하나님이시며, 하나님은 우리를 하나님 선교의 동역자로 삼으셨다는 것이다. 그렇다면 4차 산업혁명 시대에도 우리는 이것을 확신할 수 있다. 오늘의 상황을 주관하시는 분은 여전히 하나님이시며[15], 하나님께서는 이 시대 인간들의 창조적 활동으로 만들어지는 지식과 정보의 주인이시고, 이를 통해 우리가 땅끝까지 증인의 삶을 살기를 원하신다.

종교개혁자인 마르틴 루터는 인쇄술의 발명을 가리켜 '하나님이 주신 최고의 선물'이라 하였다.[16] 그의 말과 같이 인쇄 매체는 적어도 양피지에 필사하는 성경보다 훨씬 적은 비용으로 성경을 보급하고 복음을 전파하는데 지대한 공헌을 했다. 세상을 다스리시는 하나님은 정보통신기술과 인공지능의 융합으로 만들어지는 새로운 시대를 열고 계신다. 우리는 4차 산업혁명이 복음 전파를 위해 하나님께서 오늘의 시대를 사는 우리에게 허락하신 하나님의 뜻임을 이해해야 한다. 우리는 이 시대 속에서 하나님의 거룩한 뜻인 복음 전도와 선교의 사명, 즉 모든 민족의 구원 사역을 위해 인간 지혜의 산물을 사용하고 다스리며 관리해야 할 책임이 있다.

---

14 예수님의 대위임령은 마태복음 28장 18~20절 "예수께서 나아와 말씀하여 이르시되 하늘과 땅의 모든 권세를 내게 주셨으니 그러므로 너희는 가서 모든 민족을 제자로 삼아 아버지와 아들과 성령의 이름으로 세례를 베풀고 내가 너희에게 분부한 모든 것을 가르쳐 지키게 하라 볼지어다 내가 세상 끝날까지 너희와 항상 함께 있으리라 하시니라"다.

15 전생명, "4차 산업혁명과 선교", 『선교타임즈』 (2017.04), 86.

16 우리가 익히 아는 구텐베르크의 인쇄술은 마르틴 루터가 종교개혁일 시작하기 훨씬 전에 발명되어 유럽 사회에 보급되어 있었다.

3. 인간 감각의 확장과 4차 산업혁명

'미디어는 메시지이다'라는 말로 잘 알려진 맥루한(M. McLuhan)은 미디어를 단지 매체로만 보는 좁은 의미를 넘어서 선구적 의미로 해석하였다.[17] 맥루한은 미디어를 단순히 커뮤니케이션 도구가 아니라 인간의 감각을 외부로 끌어낸 인간 능력의 확장이라고 정의한다.[18] 맥루한에게 매체(미디어)란 좁은 의미의 매체가 아니라 인간이 만든 모든 발명품을 말한다. 그리고 이 매체에 적용된 기술(technology)과 기법(technique)들은 본질로 우리 자신과 인간 몸의 확장이라고 보았다.[19] 예를 들어 자동차는 발의 확장이며, 컴퓨터는 우리 뇌 능력의 확장이다. 인간이 만든 모든 기술이 인간의 의식과 신체에 결부된 기본적인 기능들을 확대하고 가속하고 아웃소싱(Outsourcing)하는 매개체이다.[20]

신약 성경에서 예수님과 사도들이 모인 이들에게 설교할 때는 오직 자신의 언어와 목소리가 자신과 청중을 연결해주는 매개체(미디어)였다. 따라서 그 범위는 목소리가 도달할 수 있는 공간에 한정되었으며, 그 소리는 공간에 퍼짐과 동시에 사라졌다. 제자들은 양피지나 파피루스라는 미디어에 예수님의 소리를 저장했다. 그 소리는 이제 사라지지 않고 필사(복사)와 전달을 통해 더 먼 곳에 그리고 다른 시대의 많은 이들에게 들려졌다. 마이크와 스피커는 인간의 목소리를 확장하여 동시에 보다 많

---

17 Marshall McLuhan, *Understanding Media: The extension of Man* (New York: McGraw-Hill, 1964). 캐나다 토론토 대학의 교수였던 마샬 맥루한(Marshall McLuhan)이 저술한 미디어에 관한 선구적인 책이다.

18 김정탁, 『미디어와 인간』 (서울: 커뮤니케이션북스, 2007), 167.

19 마이클 프로스트, 앨런 허시/지성근 옮김, 『새로운 교회가 온다』 (서울: IVP, 2011), 273-274.

20 위의 책, 274.

은 이들에게 메시지를 전달한다. 카메라와 영상 매체는 소리뿐만 아니라 현장의 이미지를 네트워크를 통해 다른 공간으로 전달한다. 현시대의 다양한 스마트기기[21]들은 인간이 어떤 장소와 시간에 있든지 거의 실시간으로 소통하고 정보를 소비할 수 있도록 해준다. 그렇다면 정보통신기술에 기반을 둔 이 시대의 변화를 선교적으로 어떻게 이해해야 할까? 윌슨 (W. Wilson)의 말이 그 대답이 될 수 있겠다.

인터넷은 전 세계에 퍼진 강력한 변화의 시작이다. 이러한 변화를 묘사할 수 있는 단어는 급진적 단절-어떻게도 설명할 수 없는 너무 빠른 변화-이다. 만약 당신이 이 모든 것이 실리콘 밸리에서 나온 것으로 생각한다면 당신은 잘못된 길에 들어섰다. 이것은 인간의 발명이나 독창적인 의도에 의한 것이 아니다. 이러한 발전들은 훨씬 더 거대하고 극적인 어떤 것이다. 사실 이러한 사건들은 전혀 기술에 대한 것이 아니다-그것들은 대위임령에 관한 것이다. 이 거대한 변화는 인간에 의한 것이 아니라 하나님에 의해 주관된 것이다.[22]

오늘의 시대는 맥루한이 보았던 것보다 훨씬 더 넓게 그리고 빠르게 감각의 확장이 이루어지고 있으며 인간과 인간과의 소통을 극대화한다. 동시에 그것은 감각의 확장이지, 몸을 가진 구원 받아야 할 존재로서 인간 자체의 변화는 아니다. 그러므로 4차 산업혁명의 시대에도 복음 전파와 선교는 여전히 제자들에게 주어진 사명이다.

---

21 2007년 아이폰이 등장한 이후 이동전화와 멀티미디어 기능이 결합한 기기를 스마트폰이라고 하는데 이와 같은 지능형 기기가 태블릿PC, TV 등으로도 확산하고 있다. 기능이 제한되어 있지 않고 응용 프로그램을 통해 상당 부분 기능을 변경하거나 확장할 수 있는 제품을 통칭하여 스마트기기 혹은 스마트장치라고 한다. https://ko.wikipedia.org/

22 Wilter P. Wilson, *The Internet church* (Nashville: Word Publishing, 2000), 8. 굵은 글자로 표기한 것은 필자가 내용을 강조하기 위해 표기한 것임.

4. 원자(Atom)와 비트(Bit)의 융합이 만들어내는 사회

MIT 미디어랩의 창립자이자 소장을 역임했으며 *Being Digital*의 저자인 네그로폰테(Nicholas Negroponte) 교수는 1950년대 이전의 시대가 원자(Atom, 아날로그) 시대였다면 오늘의 시대는 비트(Bit, 디지털)의 시대라고 하였다.[23] 원자에서 비트로의 변화는 단순한 향상이나 개선이 아니다. 패러다임의 새로운 변화였다. 3차 산업혁명이 이처럼 아날로그에서 디지털로 정보와 삶의 비중이 전환되는 것이었다면, 4차 산업혁명은 구리와 주석이 용광로에서 녹여져 놋쇠라는 새로운 금속이 탄생하듯이, 비트와 원자가 융합하면서 기존에 없던 컨버전스(Convergence)가 탄생한다.[24] 4차 산업혁명의 컨버전스는 비트와 원자들이 서로 대립하는 것이 아니라 함께 모여 새로운 것을 창출해 낸다.

우리는 비트 시대가 원자 시대와는 차원이 다른 새로운 속성을 가지고 있음을 알게 되었다. 원자 시대의 아날로그 콘텐츠는 복제와 이동 그리고 확산에 물리적인 제한이 있었다. 서적 필사의 경우 필사자의 실수가 개입할 여지가 있었고, 인쇄된 출판물이 필사의 한계를 넘어섰다고 할지라도 전달과 확산에 시공간의 한계가 존재했다. 음성과 영상도 복제를 거듭하면 화면은 흐려지고 음질은 나빠지는 열화 현상이 있었다. 하지만 비트 상태의 디지털 콘텐츠는 수백만 번 복제해도 품질이 저하되지 않는다. 더욱 빨라지고 확산하는 네트워크를 통해 거의 실시간 무제한으

---

23 니콜라스 네그로폰테, "디지털 컨버전스의 최전선과 미래 전략", 2004년 서울디지털포럼 (SDF) 기조연설에서 인용.

24 컨버전스라는 단어 자체에 융합이라는 의미가 있지만, 여러 기술과 성능이 하나로 합쳐져서 새로운 형태가 나오는 것을 컨버전스라고 한다. 전화기와 컴퓨터와 네트워크의 기능이 합쳐져서 스마트폰이라는 새로운 기기가 만들어지는 것이 그 예다.

로 전달된다.[25]

그래도 3차 산업혁명 시대까지는 이러한 모든 것이 인간의 판단과 통제 속에 있었다. 4차 산업혁명은 인공지능의 발달로 인해 특정 분야에서는 기계가 인간을 앞서는 시대이며 이러한 특이점[26]은 점차 확대될 것이다. 인공지능의 발전은 지금까지 결합할 수 없었던 다양한 분야를 융합하여 새로운 양상(문화)으로 나타나게 될 것이다. 인간은 도구와 기술을 만들어내지만 동시에 기술과 도구는 인간의 삶에 영향을 미친다. 정보통신기술과 인공지능의 융합은 인간의 삶을 편리하게도 하겠지만, 영향력은 증대될 것이다.

우리에게 4차 산업혁명 상황은 단순한 선택의 문제가 아니다. 1차 산업혁명 시대에도 러다이트 운동과 같은 기계파괴운동이 있었지만, 발전의 시계를 되돌릴 수는 없었다. 그러므로 우리는 이 변화된 상황에서 변하지 않은 복음을 어떻게 전할 것에 대한 대안적인 방법들을 모색해야 한다. 월터 윌슨은 사도 바울이 교회들에 보냈던 편지가 그 당시의 최첨단 기술이었다고 한다.[27] 바울은 하나님의 말씀을 그와 만난 사람에게 전하기 위해 최고의 기술을 사용했다는 것이다. 그는 또 다음과 같이 말한다.

주님은 우리를 위한 그의 비전과 계획에 일치하는 최종 목적지로 인도하신다.

---

25 여기에서는 이러한 디지털 콘텐츠의 특징으로 인한 문제점은 논외로 한다.

26 singularity, 인공지능이 비약적으로 발전해 인간의 지능을 뛰어넘는 기점을 말한다. 커즈와일은 『특이점이 온다』(2005)에서 2045년이 되면 인공지능이 만들어낸 연구 결과를 인간이 이해하지 못하게 되며 이는 인간이 인공지능을 통제할 수 없는 지점이 올 수도 있는데 그 지점이 바로 특이점이라고 했다. 최근 알파고와 인간의 바둑 대결 후, 알파고 끼리 대국 기보를 공개하였는데 프로기사들조차도 이해하지 못하고 앞으로 연구해야 할 필요가 있다고 한 것이 그 예를 보여준다.

27 Wilter P. Wilson, *The Internet church*, 10.

하나님은 이 대단한 의사소통 기술을 교회가 무시하거나 그것의 사용에 무관심하도록 만들지 않으셨다. 하나님께서는 수십억의 사람들이 연결될 네트워크의 확산을 허락하셨다. 하나님께서는 교회에 전 지구적인 의사소통 장치를 만들어주기 위해 일하신다. 바울같이, 우리는 기꺼이 그것을 이용할 뿐만 아니라 정착시켜야 한다.[28]

관계의 측면에서 하나님은 사람에게 영향을 주시지만 동시에 하나님도 사람으로 인해 영향을 받으신다. 하지만 하나님은 창조주요, 인간은 피조물이라는 질서는 변해서도 안 되고, 변할 수도 없다. 변할 수 있다고 생각하는 것 자체가 인간의 오만이다. 도구와 기술도 관계의 측면에서는 인간과 상호적이다. 인간이 도구와 기술을 만들지만, 그다음에는 도구와 기술의 영향을 받고 삶과 문화가 변화한다. 스마트기기와 인공지능 같은 도구의 영향력은 예전의 산업혁명과 비교하기 어려울 정도로 커질 것이다. 하지만 도구와 기술이 하나님의 다스림을 세상에 실현하기 위해 인간에게 주신 창조적 능력을 통해 만들어진 것이라는 질서는 변할 수 없으며 변해서도 안 된다. 그러므로 우리는 인간이 만들어낸 창조적 산물이 인간과 세상을 위해 하나님의 뜻 안에서 사용될 수 있도록 감시하고 배우면서 우리 스스로 종속되지 않도록 노력해야 한다.

IV. 4차 산업혁명 시대의 목회와 선교를 위해 고려할 점

어떤 의미에서 4차 산업 시대의 선교라고 해서 뭔가 다른 것을 추구

---

28 위의 책.

하는 것이 아니다. 도리어 본질을 중요시해야 한다. 종교개혁이 다시 성경으로 돌아가 자신을 성찰했듯이, 앞으로 목회나 선교도 마찬가지이다. 앞에서도 언급했지만, 우리의 목표는 기술 활용이 우선이 아니라 인간의 구원 사역이기 때문이다. 기술과 문화가 디지털화된다고 해서 사람이 디지털화된 것이 아니다. 감각의 확장과 소통이 디지털로 바뀐 것일 뿐, 여전히 어린 아이로 태어나서 원자로 된 음식을 먹으며 시간을 들여 지식과 기술을 습득해야 사람으로서 가치를 한다. 집을 멀리 떠난 나그네가 고향을 그리워하듯, 소통이 극대화되고 관계가 넓어질수록 사람은 본질적인 것을 갈망하고 되돌아오려고 한다. 여기에서는 4차 산업혁명 시대의 목회와 선교 전략에 대해 실제적인 문제들을 몇 가지 제안하려고 한다.

1. 사회 · 문화적 관점에서 4차 산업혁명 시대 목회와 선교

4차 산업혁명이라는 것도 기술의 변화를 통해 인간 삶의 형태가 변화하는 것인 만큼, 미래 시대의 사회-문화적 관점에서 어떻게 접근할 것인지 반드시 필요하다고 본다. 결국, 그 시대의 문화 속으로 들어가 사람의 마음을 얻지 못하면 목회나 선교도 이루어질 수 없기 때문이다.

1) 정직과 신뢰의 회복과 세상의 빛과 소금으로서 역할

선교(전도)의 첫 번째 단계는 '현존'(presence), 즉 그리스도인답게 살기이다. 하나님은 굳이 자신을 증명할 필요가 없으신 분이지만, 인간의 말로 하나님을 설명할 때는 그 하나님을 전하는 사람을 신뢰할 수 있느냐가 중요하다. 전하는 사람이 정직하지 않고 그를 신뢰할 수 없다면 그가 진리를 전한다고 해서 진리로 받아들여지기 어렵다. 결국, 4차 산업혁명 시대의 선교도 그리스도인과 교회의 정직, 신뢰의 회복이 먼저다. 그런 점에서 오늘날 한국 사회에 비친 한국교회의 모습은 어떨까? 교회 지도자의 비리와 성 추문, 교회의 재산 다툼, 세습의 문제 등, 교회와 목사가 관련된 사건과 사고의 이야기는 인터넷 정보에 민감한 젊은 세대 전도에 영향을 미칠 수밖에 없다.

이와는 다른 관점에서 살펴보아야 할 정직성의 문제는 지식재산권에 관한 것이다. 이미 대다수 사람이 알고 있는 문제를 다시 언급하는 이유는 4차 산업혁명의 시대는 사람의 머리로 만들어진 지적 생산물의 가치를 어떻게 보호하느냐가 매우 중요하기 때문이다. 특히 디지털 소스는 특성상 복제가 쉬우므로 지식재산권을 보호하고 정당한 가치를 지불하는 것은 앞으로도 매우 중요한 문제가 된다.[29] 아쉬운 것은 아직도 교회가 이 부분에서 아날로그 시대의 관점에서 벗어나지 못하고 있다는 것이다. 정당하고 적절한 가격을 지불하고 사용해야 할 소프트웨어를 불법으로 사용하는 비율이 가장 높은 곳 중의 한 곳이 교회라는 말이 있다. 모두가 그런 것은 아니지만 거룩한 하나님의 말씀을 전하는 설교 작성[30]을 도둑질한 소프트웨어로 작성하고 있다는 것은 아이러니이다. 주일학교에서 많이 사용하는 파워포인트와 같은 프레젠테이션 프로그램을 정당한 가격을 주고 사용하는 교회가 얼마나 될까. 영화와 동영상을 정당한 허락을 맡고 사용하는 교회가 얼마나 될까. 문제는 사회생활을 하는 젊은 세대가 교회의 이런 모습을 보고 있다는 것이다. 직장에서는 당연히 필요한 가격을 지불하고 소프트웨어 사용하는 것을 보다가, 가장 정직해야 할 교회가 불법 소프트웨어를 사용하는 것을 본다면 이들이 무엇을

---

29 고건, "과학혁명과 기독교", 『급변하는 과학기술 사회와 교회』(서울: 한지터, 2017), 95.
30 설교 표절에 관해 간혹 기사화되는 것을 볼 수 있는데, 당연히 이것도 지적 산물에 대한 침해이자 윤리적 문제이다.

느낄 것인가. 한 가지를 덧붙인다면 앞으로 교회가 반드시 관심을 가져야 할 문제가 CCM에 대한 올바른 저작권 지불이다.[31] 이미 사회는 하다못해 노래방에서 노래 한 곡을 불러도 정당한 저작권을 지불한다. 그렇지만 교회는 아직도 찬양곡에 대한 불법 복사가 이루어지고 있고, 공연에 대한 저작료를 지불하지 않고 있다.[32] 결국, 사회에 대한 정직성을 드러내기는 고사하고 창작자에 대한 정당한 대가 지불을 하지 않기에 더 좋은 음악으로 새로운 문화를 창조해야 할 그들의 창작 의지를 꺾어버리는 결과를 초래하고 있다.

2) 디지털 네이티브, 가나안 시대의 선교 지도자 그리고 공적 감시자

하나님은 새 시대에 필요한 새 지도자를 세우신다. 하나님께서는 요단강을 건너 가나안으로 들어가는 이스라엘 민족의 지도자로 여호수아를 세우셨다. 모세도 위대한 지도자였지만, 가나안 시대에는 이미 가나안 땅을 샅샅이 살펴보면서 연구했던 여호수아가 적합했기 때문이다. 이방인 선교를 위해 베드로가 아닌 바울을 선택하신 것도 그가 성경과 이방문화를 같이 경험한 사람이기 때문이다. 오늘의 시대를 이끌어갈 교회의

---

31 다만 CCM에 대한 공연저작권 문제가 아직 완전히 법적으로 정비가 되지 않았기 때문에 관행적으로 그냥 사용된 점과 영리를 목적으로 하지 아니하고, 청중이나 관중 또는 제삼자로부터 어떤 명목으로든지 반대급부를 받지 아니할 때 예외조항이 있었다. 하지만 이것도 개인적인 비영리적 목적에 한정한다고 보아야 할 것이다. 결국에는 글로벌 시대의 관행에 맞게 바뀌어야 한다.

32 한국교회가 많이 방문하는 미국의 유명 교회 예배를 보면 찬양 가사 밑에 정당한 저작권을 지불했다는 표시가 있는 것을 볼 수 있다. 비록 예배가 영리적은 아니지만, 창작자에 대한 정당한 권리지불이 관행화되었다는 것이다. 코로나19 상황에서 많은 교회가 유튜브를 통해 예배를 드리면서 찬양대의 찬양을 관행적으로 그냥 송출하고 있는데, 저작권의 관점에서 재고해보아야 할 문제이다.

지도자와 선교사는 누구인가. 젊은 세대를 키워야 한다. 오늘의 시대는 젊은이의 시대이고 이들이 문화의 중심이기 때문이다. 4차 산업혁명 시대의 교회와 선교 지도자는 오늘의 문화에 익숙한 젊은 세대, 즉 디지털 네이티브가 그 역할을 맡아야 하고, 이들을 4차 산업혁명 시대의 지도자로 키워야 한다.

3) 선교적 교회공동체 그리고 목회자와 평신도가 협력하는 통전적 선교

선교적 교회는 교회의 본질로서 선교를 회복하는 것을 최우선의 목적으로 한다. 따라서 선교적 교회는 유아부터 노년에 이르기까지 교회의 모든 공동체가 선교적 삶을 살아야 한다는 것을 내포하고 있다. 선교는 단순히 해외(타문화)에 가서 복음을 전하는 것이 아니라, 어디에 있던지 자기가 선 자리에서 모든 믿는 사람들이 그리스도인답게 살아가는 '현존'에서부터 시작된다. 그리고 선교적 교회에 입각한 선교적 삶은 예배와 전도 그리고 세상 속에서 나눔과 섬김이 균형을 이루는 삶의 자세를 요구한다. 그러므로 4차 산업혁명 시대야말로 그리스도인 모두가 세상 속에서 선교적 삶을 살아가는 선교적 교회공동체가 되어야 한다. 이러한 공동체는 전통적 공동체의 형태를 넘어서 같은 취미, 공동의 관심사, 섬김의 사역, 교육, 문화적 나눔 등 다양하고 평등한 공동체 속에서 그리스도인의 향기를 드러내는 것으로부터 시작될 것이다.

이러한 공동체 사역을 위해서는 목회자와 평신도의 통전적 협력이 이루어져야 한다. 통전적 선교는 복음 전도와 사회적 책임의 두 가지 사역을 상황 속에서 균형 있게 유지하는 것이다. 복음 전도에서는 목회자가 강점이 있지만, 사회적 책임의 부분에는 전문적 능력을 갖춘 평신도들이 강점이 있다. 앞으로 목회와 선교는 교역자에 의해서만 행해지는

것이 아니라 평신도를 재발견하고 함께 사역해야 한다.33

2. 지금과는 달라질 시대와 교회의 선교

불과 몇 년 전만 해도 한국 사회는 4차 산업혁명이 가져올 변화에 대해 많은 논의가 있었다. 이러한 정보화 시대로의 변화는 이미 시작되었고 진행 중이다. 이번의 코로나19 사태는 여기에 더하여 지금까지 한 번도 경험하지 못한 새로운 문화적 사회적 변화 시대로 우리의 삶을 이끌어갈 것이다. 이미 우리는 다양한 발표와 연구를 통해 미래의 변화를 예상한다. 복음의 본질을 훼손하지 않으면서 이러한 문화적 변화에 적응하는 선교가 우리의 과제라고 할 수 있다. 한 가지 확실한 것이 있다면 우리에게 다가올 미래의 문화적 상황이 복음 선교에 그리 호의적이지 않다는 것이다.

1) 세상과 교회의 관계 재설정

복음서에 보면 사람들이 아름다운 돌과 금으로 꾸며진 성전을 말할 때, 예수는 사람들의 생각과 달리 그 성전이 무너질 것이며 완전히 파괴될 것이라고 말씀하신다(눅 21:5~6). 화려하고 웅장한 성전이 언제나 그 자리에 있을 것으로 생각하지만, 당연하다고 생각하는 그들의 고정관념이 무너지는 날이 온다는 것이다. 본질상 하나님의 교회(무형의 교회)는 주님 다시 오시는 날까지 굳건하게 서 있을 것이지만, 유형의 교회는 존

---

33 이용원, "평신도와 선교," 『예루살렘에서 땅끝까지』, 서정운 명예총장 은퇴 기념 문집 (서울: 대한기독교서회, 2001), 98.

코로나19, 4차 산업혁명 시대의 목회와 선교 _ 정기묵 | 197

재 자체를 위협받고 있다. 과거의 예를 본다면 국가적인 위기나 천재지 변이 발생하면 비록 짧은 기간이라도 종교에 관심을 가지고 예배당 출석 인원이 한시적으로 늘어나기도 했다. 그러나 지금은 어떤가. 주일에 한 번 예배당에 모이는 것조차도 지역사회 주민 모두가 혐오하는 일이 되어 버렸다. 정부와 방역 대책 책임자의 말에만 귀 기울일 뿐, 국민과 사회를 위로하는 종교 지도자의 메시지는 들리지 않는다.

지금의 시기는 모든 익숙한 것들이 무너지고 있는 시대이다. 당연하 다고 생각했던 예배 모임에 대한 새로운 신학적 성찰이 필요한 상황이 되었다.[34] 코로나19 사태는 터널을 지나가는 것과 같다. 지금은 어둡고 출구를 알 수 없지만, 언젠가는 밝은 터널 밖으로 나갈 것이다. 그러나 그때가 되었을 때, 사람들 마음에 각인된 교회의 부정적 이미지는 쉽게 치료되기 어려울 것이다.

2) 회복과 균형 그리고 조화

고무줄을 양쪽으로 힘껏 당기면 원래대로 돌아가려는 힘도 커지기 마련이다. 지구 온난화와 환경 문제 그리고 코로나19에 이르기까지 지 금까지 모든 문제의 공통적 원인은 인간의 탐욕과 생태계의 파괴이다. 성경에도 눈에는 눈, 이에는 이로 갚을 것(레 24:20)이라는 경고의 말씀이 있다. 인간의 탐욕이 하나님의 창조 세계를 무너뜨리고 침범한 것에 대 한 대가를 치르고 있다. 기독교인도 인간 공동체 속에서 살아가므로 이

---

34 정부와 방역 대책 책임자에 의한 예배 금지 요청에 대해 이것이 헌법에 명시된 종교의 자유를 침해한 것이냐는 논쟁을 여기서 다루지는 않는다. 어쨌든 사회가 현실적으로 사회 적 거리 두기가 필요한 상황이기에 앞으로도 이러한 상황이 생길 수 있다는 현실적 자각 속에서 이 부분은 앞으로도 신학적 논의가 계속되어야 할 것이다.

러한 사회적 책임에서 벗어날 수 없다.

성경과 선교의 목적은 인간구원이다. 통전적 관점에서 인간의 구원은 영혼 구원뿐만 아니라 이 세상에서도 하나님 자녀로서 구원의 은혜를 누리며 살아가는 모든 것을 포함한다. 이제는 교회의 구원 사역에 대한 균형과 새로운 이해가 필요한 시점이다. 교회 성장이 단순히 개교회의 수적 성장만이 아니라 하나님 나라라는 총체적 관점에서 이해되어야 한다.

지금은 익숙했던 모든 것이 파괴되고 해체되는 시간이다. 역설적으로 우리는 익숙한 것을 잃어버리고서야 익숙했던 것의 소중함을 깨닫고 있다. 세상이 사라지면 교회도 존재의 의미가 없다. 교회는 세상과 조화를 이루며 살아갈 때, 세상 속에서 하나님 나라를 만들어갈 수 있다.

3) 성령의 하이터치 영성

교회의 선교는 언제나 새로운 도전에 직면했고 성령께서는 그 도전과 장애를 넘어 복음이 전해질 수 있도록 인도하신다. 팀 켈러(Timothy J. Keller) 목사는 포스트모던 시대의 사람이라고 할지라도 영적인 삶에 관심이 없는 것은 아니라고 한다.[35] 최근에 많은 사람이 명상에 이끌리는 것도 이러한 이유이다. 참된 위로를 찾기 힘들어지는 이 시대의 사람들은 진정한 위로가 필요하다.

이미 우리 앞에 다가온 하이테크(IT) 시대는 되돌릴 수 없다. 존 나이스비트(John Naisbitt)의 표현을 이 시대에 적용한다면,[36] 교회는 하이테크를 무시해도 안 되지만 하이테크에 빠져서도 안 된다. 그러므로 교회

---

35 팀 켈러/오종향 옮김, 『센터처치』 (서울: 두란노, 2016), 152.
36 존 나이스비트/안진환 옮김, 『하이테크 하이터치』 (*High Tech High Touch*) (서울: 한국경제신문, 2000), 23.

는 하이테크의 기술을 이용하면서도 하이테크 시대를 살아가는 사람들의 영적 메마름을 풍성하게 채워주는 하이터치를 추구해야 한다. 하이테크는 디지털 시대의 소통 도구이며 주된 매개체이다. 아날로그 시대의 시간적 공간적 제한을 뛰어넘는 디지로그 시대의 새로운 길이다. 하지만 인간이 소통하는 길이라는 본질적 의미에서는 같은 길이다. 길의 형태가 바뀌었다고 할지라도 그 길을 통해 소통해야 할 것들은 바뀌지 않는다. 변화된 시대 상황 속에서 여전히 공허함과 허무감에 사로잡혀 있는 사람들에게 그들의 영혼을 살리고 삶의 희망을 주는 예수 그리스도의 메시지가 전달되어야 한다.

4) 성육신의 목회와 선교

성육신(incarnation)은 교회의 존재론적 성품과 태도를 가장 잘 드러내는 개념이다.[37] 하나님의 아들 예수께서 직접 인간의 육신을 입고 이 세상에 오셔서 메시아적 사명을 감당하심으로 구원 사역(선교)을 마무리하셨다. 그러므로 성육신은 선교의 핵심 주제가 된다. 성육신은 교회의 선교가 나아갈 방향을 제시한다. 예수는 구원이 필요한 사람을 하나님 나라로 찾아오라고 말씀하지 않고 그들을 찾아 이 세상에 오셨다. 예수는 하나님께서도 특정한 장소에서 예배하는 자를 기다리시는 것이 아니라 예배하는 자를 찾아가신다고 말씀하신다(요 4:23). 오늘의 선교는 선교가 필요한(구원의 대상) 사람을 기다리지 않고 찾아가는 선교이어야 한다.

교회가 세상 속에서 다양한 모습으로 존재하는 이유는 하나님께서 선교(구원 사역)를 위해 세상 속으로 보내셨기 때문이다. 물리적으로 고

---

37 최동규, "성육신의 관점에서 본 선교적 교회의 상황화," 「선교신학」 제42집 (2016): 289.

정될 수밖에 없는 예배당은 어쩔 수 없지만, 본래의 의미로서 교회(에클레시아)는 오늘도 구원이 필요한 사람들 속으로 침투하여야 한다. 복음이 필요한 사람이 어디에 있던지 그들을 향해 흩어지고 찾아가는 교회(제자들)가 되어야 한다.[38] 사명을 주어 보내시는 하나님은 인간의 구원을 위해서 선지자와 선견자를 보내셨을 뿐만 아니라, 아들이신 예수 그리스도를 이 세상 속으로 보내셨다. 하나님께서 아들을 세상에 보내신 것은 구원의 대상이 이 세상에 있기 때문이다(요 3:16). 하나님으로부터 보내심을 받은 예수 그리스도는 제자들을 세상 속으로 보내신다(요 17:18). 따라서 교회와 그리스도인은 구원이 필요한 사람을 향해서 끊임없이 성육신 해야 한다. 예수 그리스도가 우리를 지금도 선교 대상을 향해 보내시기 때문이다.

V. 결론

4차 산업혁명은 목회와 선교에 어떤 영향을 미칠까. 누구나 동의할 수 있는 것은 지금까지의 산업혁명이 그랬듯이 어떤 식으로든 영향을 미칠 것이라는 사실이다. 다만 4차 산업혁명이 다른 점이 있다면 변화의 속도와 융합이다. 과거의 기술이 사람들이 충분히 적응할 수 있을 만큼 변화의 속도가 느렸다면, 3차 산업혁명 이후 기술의 변화는 사람이 기술에 적응하기도 전에 새로운 기술이 덮쳐오는 시대가 되었다. 4차 산업혁명은 여기에 더하여 인공지능이 다양한 전문성과 결합하면서 예상할 수 없는 형태로 진화할 것이다. 코로나19는 이와 같은 변화의 확산 속도를

---

38 정기묵, "뉴미디어 시대와 미디어 선교," 「선교와 신학」 제32집 (2013): 94.

가속할 것으로 여겨진다. 그러나 이것도 하나님의 주도하에 이루어지는 것이며, 세상 끝날까지 선교를 주도하시는 분은 하나님이시다.

지금의 급격한 변화는 장애물임에 틀림이 없다. 그러나 우리가 감당해야 하고 그리스도를 힘입어 충분히 이겨낼 수 있는 선교의 장벽이다. 그러니 4차 산업혁명이 우리에게 어떻게 다가올지 모른다고 하더라도 우리가 마음을 열고 하나님의 생각을 통해 세상의 문명과 지식을 통찰하면, 하나님께서 이것들을 통하여 무엇을 하시기 원하시는가를 발견할 수 있다. 우리에게 있어 4차 산업혁명 시대의 삶은 단순한 선택의 문제가 아니라 오늘의 삶의 자리이며 목회와 선교 현장이기 때문이다.

코로나19, 그린 뉴딜과 한국교회의 선교적 과제*

황홍렬**

I. 들어가는 말

코로나19가 중국에서 발생한 작년 말 이후 불과 4개월이 되지 않아 아시아와 유럽, 북미 등 전 세계에 확산하였다. 코로나19의 초기에는 의료수준이 높고 의료체계가 견실한 서방 국가들에 감염병이 퍼져 큰 피해를 보게 될 줄은 아무도 예상하지 못했다. 가장 충격적인 것은 과거의 메르스나 사스와는 달리 코로나19의 전파속도가 빠르고, 피해 정도가 심각하여 세계 경제, 국제관계, 각 국가의 사회, 기업, 학교, 가정, 종교 생활에 이르기까지 영향을 미치지 않는 곳이 없다는 점이다. 코로나19 팬데믹이 온 인류의 생존을 위협하는 시기에 인류가 생존하기 위해서는 그동안 생태계 위기나 기후재앙과 관련하여 일부 전문가나 사회의 주변부

* 이 글은 부산장신대 평생교육원이 제작한 「코로나19와 교회목회」라는 자료집(2020. 7.) 에 실린 글 "죽음이 아니라 생명을 선택하라: 코로나19 팬데믹 시기 한국교회의 생명선교적 과제"를 토대로 쓴 글임을 밝힌다.
** 부산장신대 교수, 선교학

에서 제기된 대안을 종교계, 사회, 국가, 세계가 심층으로 성찰할 시기다.

II에서는 코로나19 현황과 코로나19의 원인과 코로나19를 이해하고, 그것이 한국 사회와 국가에 준 영향을 살핀다. III에서는 포스트 코로나 세계에 대해 전망해보고, 그러한 전망이 한국에게는 어떤 전환을 요청하는지를 살펴보고자 한다. IV에서는 뉴딜과 그린 뉴딜을 살펴보고 그런 이해 가운데 한국판 뉴딜과 그린 뉴딜을 정리하며 문제점과 대안을 제시하고자 한다. V에서는 코로나19 팬데믹 시대 한국교회의 선교 과제를 제시하고자 했다.

코로나19로 인해 교회의 예배와 목회와 선교, 일상생활, 사회, 경제가 여전히 제약을 받고 있다. 교회의 당면과제를 다루는 것도 시급한 과제이다. 이 글은 이런 시급한 문제를 다루지는 못했다. 그렇지만 코로나19 팬데믹이 제기하는 문명사적 전환이라는 큰 방향 속에서 뉴딜과 그린 뉴딜의 세계적 동향을 이해하고, 한국판 뉴딜과 그린 뉴딜의 방향을 이해하면서 여기에 담긴 문제를 인식하고 그 대안을 모색하며, 그런 맥락에서 한국교회의 선교 과제를 찾는 것은 나름 의의가 있다고 생각한다.

II. 코로나19 팬데믹 이해, 원인, 영향

1. 현황

코로나19는 바이러스의 모양이 위에서 볼 때 왕관과 비슷하다고 해서 붙여진 라틴어 이름이다. 바이러스는 '독'이라는 의미를 지닌 라틴어로 '비루스'는 생물과 무생물의 중간 형태이다. 즉 숙주가 있어야 생존할 수 있다. 19는 이 바이러스가 2019년에 발생한 것을 뜻한다. 코로나19

현황은 세계보건기구(WHO)에 의하면 10월 30일 현재 전 세계 누적 확진 환자가 44,888,869명, 사망자가 1,178,475명이 발생했다. 국가별로 확진자 숫자를 보면 미국은 8,763,682명이고, 인도는 8,088,851명, 브라질은 5,468,270명, 러시아는 1,599,976명, 프랑스는 1,250,705명, 스페인은 1,160,083명이고 그 뒤를 아르헨티나, 콜롬비아, 영국, 멕시코, 페루, 남아공 등이 잇고 있다. 사망자는 미국이 226,132명, 브라질이 158,456명, 인도가 121,090명, 멕시코가 90,309명, 영국이 45,955명, 이탈리아가 38,122명, 프랑스가 35,719명, 스페인이 35,639명이고, 그 뒤를 페루, 이란, 콜롬비아, 아르헨티나 등이 따르고 있다. 팬데믹 이후 지난 5월에는 10위 권 국가 중 과반수가 G7(서방 7개국 정상회담)의 회원 국들이었다. 그러나 현재는 이들과 BRICS(신흥 경제 5국, 브라질, 러시아, 인도, 중국, 남아공)의 주요 국가들을 포함하고 있다. 이는 세계화의 영향으로 서방 선진국들과 차세대 경제 대국들이 코로나19 팬데믹에 더 많이 노출되기 때문이고, 이 나라들이 추진했던 신자유주의 정책이 의료 기술의 발전에도 불구하고 방역체계를 약화한 것이 아닐까 추측해 본다.

2. 코로나19에 대한 이해와 코로나19 팬데믹의 원인

서기 165년 로마 제국에서 유스티니아누스병(페스트)으로 인해 수백만 명이 숨졌다. 중세 유럽 인구의 1/3에서 절반의 목숨을 앗아갔던 흑사병은 중국과 유럽을 잇는 비단길을 따라 중앙아시아에서 온 모피의 우글거리던 벼룩에서 비롯되었다. 재러드 다이아몬드에 의하면 16세기와 17세기 신대륙에 침입한 스페인 사람들이 잉카제국을 라틴 아메리카 주민들을 떼죽음으로 몰아놓은 원인은 이주민들이 퍼뜨린 천연두와 홍역 등 세균 때문이었다. 그는 제2차 세계 대전에 이르기까지 전시에 사망한 사람 중에는 전투 중 부상으로 죽은 사람보다 전쟁으로 발생한 세균에 희생된 사람이 더 많았다고 분석한다. 천연두, 흑사병, 콜레라, 결핵 등은 세균으로 인한 감염병이라면 독감이나 메르스, 사스 같은 호흡기 질병은 바이러스가 원인인 질병이다.[1]

그런데 인간에게만 감염되는 천연두와 소아마비는 백신으로 면역이 생긴 뒤 완전히 소멸했지만, 조류 독감, 사스, 에볼라, 메르스, 코로나19를 비롯한 감염병은 인수공통감염병으로 몸속에서 계속 변이를 일으키기 때문에 소멸이 어렵다. 20세기 초 미국 록펠러 재단과 질병 과학자들은 일부 감염병을 완전히 몰아낸다는 목표를 세웠다. 천연두의 박멸계획은 성공했지만, 황열이나 말라리아 박멸계획은 실패했다. 이러한 차이는 '인수공통감염병' 여부였다. 인수공통감염병은 동물과 인간이 모두 걸리는 병으로, 주로 동물의 바이러스, 세균, 진균 등 병원체가 인간한테 침범해 생기는 병이다. 인수공통감염병은 감염 경로를 밝히기도 어렵거니와 동물 몸속에서 계속 변이를 일으키기 때문에 인류에게 낯선 '미지의 세계'이다. '동성애자 마녀사냥'을 퍼뜨렸던 에이즈 바이러스의 강력한 균주가 20세기 초 카메룬 남동부에서 한 마리의 침팬지로부터 한 명의 인간에게 '종간전파'된 것이라는 사실은 2000년대 후반에야 밝혀졌다. AFP통신에 따르면 '글로벌 바이롬 프로젝트'는 자연계에 미지의 바이러스가 170만 종류가 존재하고, 그 절반 정도가 인간에게 유해할 것으로 예측한다. 코로나19 대유행은 야생동물의 서식지를 파괴하는 벌목, 도로 건설, 도시 확장 같은 인류 활동이 한계에 도달했다는 경고음일지 모른다. 앞으로 감염병의 주요 경향은 인수공통감염병이고, 일상적으로 출몰할 것이라는 데 많은 전문가의 의견이 일치한다. 코로나19 대유행은

---

1 김이택, "총·'균'·쇠 그리고 코로나 '바이러스'", (한겨레신문, 2월 4일).

인류가 부른 생태계의 역습이다.[2]

제러미 리프킨은 코로나19의 원인으로 물 순환 교란으로 인한 생태계 붕괴, 인간이 지구에 남은 야생의 터를 침범, 야생 생명의 이주를 제시했다. 첫째, 지구 온난화로 인해 대기가 더 많은 강수량을 빨아들이면서 물난리를 겪고, 가뭄과 산불이 급증하면서 변화하는 물 순환을 생태계가 따라잡지 못하면서 생태계의 붕괴가 일어나고 있다. 둘째, 인류가 야생의 터를 침범하는 것이다. 1900년에는 인간이 사는 땅은 지구 거주 가능지의 14% 정도였지만, 지금은 소고기 생산, 관광지 개발 등을 통해 숲을 밀어버린 결과 거의 77%로 5배 넘게 증가하면서 기후변화를 유발한다. 셋째, 야생 생명의 이주가 시작되었다. 동물과 식물뿐 아니라 바이러스도 기후재난을 피해 탈출하고 있다. 서식지가 파괴되었기 때문에 바이러스는 동물의 몸에 올라타서 이동했다. 최근 몇 년 동안 에볼라, 사스, 메르스, 지카와 같은 팬데믹이 발생하면서 지구 공공보건의 위기를 초래했다.[3] 코로나19 재난을 맞아 최재천 교수는 대안으로 '생태'를 제시했다. 최 교수는 중국의 우한 식당뿐 아니라 나이로비, 런던, 파리의 식당에서도 야생동물을 요리로 팔고 있으며, 많은 동물이 야행성으로 바뀐 이유는 인간의 활동 때문이라 하면서 생태계 파괴와 기후변화가 코로나19의 원인이라 했다. 그리고 바이러스를 '근절'시키려는 것은 잘못된 생각으로 화학 백신보다는 사회적 거리 두기라는 행동 백신과 숲에서 동물을 타고 바이러스가 넘어오지 못하도록 인간이 숲을 파괴하지 않는 행태 백신이 필요하다고 했다.[4]

---

2 김영희, "생태계의 역습 '인수공통감염병'", (한겨레신문, 1월 29일).
3 제러미 리프킨/안희경 지음, "화석연료 없는 문명이 가능한가", 제러미 리프킨 외 인터뷰, 『오늘로부터의 세계: 세계 석학 7인에게 코로나 이후 인류의 미래를 묻다』 (서울: 메디치, 2020), 19-23.

3. 한국 사회와 국가에 준 영향

코로나19 감염병이 대유행하고 있지만, 사회적 약자들의 피해가 훨씬 더 크다. 코로나19가 대구·경북 지역에서는 신천지에 의해 폭발적으로 급증했다. 신천지 교인들이 근무하던 정신병원과 요양병원의 피해가 컸다. 신천지의 비협조가 방역에 큰 차질을 빚었다. 서울에서는 3월 8일 구로 콜센터에서 발생한 확진자들로 인해 가족 전파 등을 통해 163명의 확진자가 발생했다. 정부가 강조하는 '사회적 거리두기'는 40만 명의 상담사들에게는 '그림의 떡'이었고, 상담사 한 가족을 지키지 못했다. 코로나19 대응책으로 '사회적 거리두기'를 실행한 결과 여행, 숙박업, 자영업을 비롯한 국내 산업과 경제가 큰 피해를 보았다. 특히 특수고용 노동자와 프리랜서 노동자, 공연 예술가 등의 피해가 심각하다. 학교는 개학을 연기하다가 동영상 강의나 실시간 동영상 강의 등 비대면 수업으로 대체했다. 초·중·고등학교는 코로나19 상황에 따라 비대면 수업과 대면 수업을 반복하여 실시하고 있다. 회사는 일부 재택근무를 하기도 했지만 지속하기 어려웠다. 반면에 학생들이 집에 머무르다 보니 육아와 돌봄이 사회적 문제가 되었다. 층간소음 갈등도 커지고, '삼시 세끼'로 인해서 '코로나 이혼'이라는 말이 나올 만큼 가정의 갈등도 심각해지고 있다.

한편, 한국은 코로나19 위기를 가장 잘 대응한 국가의 하나로 전 세계에 소개되었다. 그 비결은 민주적 사회이면서도 규율이 잡힌 사회, 지도자의 리더십이다. 문재인 대통령은 서유럽 국가 정상들뿐만 아니라 트럼프 대통령으로부터 진단키트를 비롯한 의료장비 지원을 요청받았다. 지

---

4 최재천, "생태와 인간: 바이러스 3~5년마다 창궐한다" 최재천 외 6인 지음, 『코로나 사피엔스: 문명의 대전환, 대한민국 대표 석학 6인이 신인류의 미래를 말한다』 (서울: 인플루엔셜, 2020), 25-36.

난 4월에만 진단키트 2억 달러어치를 수출했다. 정부는 진단키트를 인도적 목적으로 제3 세계국가들에 보냈고, "개방성, 투명성, 민주성이라는 3대 원칙"에 따른 한국의 방역 모델을 독일을 비롯한 많은 국가와 공유하고 있다. 한편, 코로나19로 인한 경제적 위기 상황에서 정부는 긴급재난지원금을 전 국민 대상으로 1차는 5월에 지급했고, 2차 긴급재난지원금은 선별적으로 9월에 지급했다. 미국은 국민 1인당 1,000달러(약 120만 원)를 지급했고, 홍콩도 영주권자에게 1만 홍콩 달러(약 155만 원)를 지급했다. 여기에서 주목할 것은 그동안 핀란드와 네덜란드 등 일부 국가에서만 논의되거나 실험적으로 시행되던 기본소득이 재난 시기에 세계적으로 유력한 대안으로 떠오르고 시행되고 있다는 점이다. 스위스는 성인에게 매월 2,500 스위스 프랑(약 300만 원)을 지급하는 기본소득에 대한 국민투표를 2016년 실시했으나 76.9%가 반대해 부결되었다. 핀란드는 2017년 국민 일부에게 기본소득을 주는 실험을 시작했다.

III. 포스트 코로나 세계에 대한 전망

1. '뉴 노멀'의 일상과 사회와 세계

코로나19 이후의 사회와 세계는 과거에 우리가 살던 사회의 일상(과거의 노멀)과는 다른 사회와 세계가 되리라는 전망이 많다. 이처럼 코로나19 이후의 변화된 일상과 사회적, 경제적 변화를 '뉴 노멀'이라 한다. 뉴 노멀의 내용으로는 온라인 강의의 일상화, 최저소득 보장 실험, 사대주의 해체,5 4차 산업혁명의 확산(기업들이 로봇 구매를 통해 자동화 비율을 높이고, 사무업무와 서비스 산업에도 로봇의 도입, 원격의료)과 자동화로 인해 줄어든 일자리의 대안으로 기본소득,6 빅-스마트 정부(국민의 생명과 안전을 지키는 스마트 국가, 인간 안보, 각국 도생), 반세계화(새로운 공동체, 탈도시화, 선진국과 선도국, 서구 우위 균열, 다극 체제 등), 홈 루덴스(원격 교육 확대, 스마트 오피스, 콘서트 엣 홈, 비대면 산업 발전, 전문가의 귀환)7 등이 제시되었다. 문제는 이러한 '뉴 노멀'이 과거의 '올드 뉴멀'의 허울을 쓰고 나타날 수 있다는 점이다.8 우선 뉴 노멀의 핵심은 코로나19 팬데믹이 끝나도 과거로 돌아가지 못하고, 새로운 삶의 방식과 사회적 관계를 만들어야 한다는 점이다. 그런데 시민건강연구소는 뉴 노멀에 대한 전망에 대해 네 가지 비판적 관점을 제기한다. 즉, 뉴 노멀은 저절로 도래하지 않고, 개인의 노력으로 이룰 수 있는 일도 적으며, 오직 권력 투쟁을 거치는 정치적 과정으로써 현재의 실천을 통해 미래의 노멀에 개입할 수 있다. 그런데 올드 노멀이든 뉴 노멀이든 개인과 집단, 신체와 마음, 사회와 문화에서 '정상'이 되도록 장악하는 것은 선택적이며 권력 의존적이기 때문이다. 이 과정에서 과거로 돌아가려는 힘이 강할 것이다. 그래서 올드 노멀이 뉴 노멀의 허울을 쓰고 나타날 수 있음을 주의해야 한다.

2. 코로나19 이후 세계에 대한 네 가지 전망

코로나19 이후의 세계에 대한 전망은 단순히 '뉴 노멀'로 규정하는 것을 넘어서는 대안을 요구한다. 왜냐하면, 인간의 경제 활동과 삶의 결과

---

5 머니 투데이, 4월 14일.

6 뉴시스, 4월 19일.

7 문화일보, 5월 4일.

8 서리풀, 시민건강연구소, "모든 올드 뉴멀, 뉴 노멀 허울을 쓰고 나타날 것", (프레시안, 5월 4일).

인 생태계 파괴와 기후 붕괴로 인류의 생존이 위협받고 있기 때문이다. 신진욱 교수는 포스트 코로나의 세계를 네 개의 시나리오로 전망한다. 첫째, 기존체제가 강화되는 시나리오다. 둘째, 반동의 힘이 세지는 경우이다. 셋째, 복고적 혁명의 길이다. 넷째, 진보적 개혁의 길이다.9 이러한 시나리오를 따라 코로나 이후의 세계에 대한 네 가지 전망을 살펴보자.

1) 기존체제의 강화

코로나19 위기는 세계적이지만 각 국가는 자신의 제도와 문화에 따라 대응함으로써 기존체제를 심화시킬 수 있다. 4차 산업혁명이라는 용어를 처음 제기한 클라우스 슈바프는 단기이익과 경쟁을 추구하는 미국 자본주의 모델이 코로나 위기에서 기업과 노동자를 보호하는 데 실패하여 불평등이 심화하고 있는 반면에 장기적 동반자적 이익을 중시하는 유럽 사회모델은 기존의 포용적 제도를 더 활성화하고 있다고 했다. 헨리 키신저 전 미국 국무장관은 월스트리트저널 기고문(4월 3일)을 통해 코로나19 사태가 세계질서를 영원히 바꿀 것이라고 진단하고, 현재의 위기를 제대로 대처하지 못하면 인류가 크게 퇴보할 것이라고 경고하면서 코로나19 위기를 극복하기 위해서는 국제적 협력이 필요하되 그 중심에 미국이 서야 한다고 주장했다. 즉 백신을 개발하고, 국제 정세를 안정화시키고, 자유세계의 질서를 유지하는 중심에 미국이 서야 한다는 것이다.10 그런데 코로나19 위기 속에서 의료진에게 제대로 된 마스크와 방호 장비를 제공하지 못하고, 감염자들에게 산소호흡기를 충분히 제공하지 못하

---

9 신진욱, "포스트 코로나 네 개의 시나리오", (한겨레신문, 5월 12일).
10 "키신저 코로나19 팬데믹 세계질서 영원히 바꿔놓을 것", (연합뉴스, 4월 5일).

고, 진단키트조차 사전에 충분히 준비하지 못한 미국이 어떻게 코로나19 재난 이후의 세계에서 중심에 설 수 있을지 앞뒤가 맞지 않는다. 이는 20세기 국제질서의 관성에서 나온 개인적 희망일 뿐이다.

2) 반동의 강화

'반동'의 힘이 거세지는 경우이다. 국가주의, 집단주의, 배타적 민족주의 등은 '신자유주의 세계화'의 병리적 부산물로 간주하였지만, 코로나19 재난 속에서 떠오르는 대안들이다. 민주주의 국가들조차도 사람들을 봉쇄하고 감시하고 추적하고 있다. 국제질서에서 보호무역주의와 자국우선주의가 대두하고 있다. 오래된 과거의 유물이라 생각했던 것들이 21세기에 코로나19 재난 속에서 미래의 지배자가 되고자 한다. 경제사학자 니얼 퍼거슨 선임연구원(스탠퍼드대 후버연구소)은 코로나19 위기를 틈타 중국식 IT 전체주의가 세계적으로 확산할 것을 경고하고, 민주주의가 훼손될 것을 염려했다. 중국 공산당 정권은 IT 기업을 통제하고 관리하면서 이런 기술을 개인 감시에 활용하여 IT 전체주의 체제를 구축했다. 그는 한편으로는 이런 IT 전체주의 체제가 전 세계로 확산할 것을 염려하고, 다른 한편으로는 국가 지도자로서 한계를 드러낸 미국과 위기에도 협력하기보다는 국경을 봉쇄한 유럽연합의 약화 그리고 미·중 냉전의 악화로 민주주의가 훼손될 것을 염려한다.[11]

유발 하라리는 글로벌 위기를 겪고 있는 인류가 현재 내리는 결정에 따라 미래가 전혀 달라질 것이라며 전체주의적 감시체제와 시민적 역량 강화 사이에서, 민족주의적 고립과 글로벌 연대 사이에서 선택해야 한다

---

11 "코로나로 중국식 IT 전체주의 확산 민주주의 패배할 수도", (중앙일보, 4월 15일).

고 주장했다.[12] 하라리는 밀착감시 체제가 중국뿐 아니라 이스라엘도 포함한다고 했다. 네타냐후 총리는 테러리스트를 추적하기 위한 감시기술을 감염자를 찾아내는데 동원하기로 했지만, 의회 상임위원회가 이를 거부하자 총리는 긴급명령을 내려 의회 절차를 무시했다. 그는 무책임한 정치인들이 과학, 공권력, 언론에 대한 불신을 의도적으로 증폭시키면서 전체주의적 길을 걷고자 한다고 비판했다. 지도자들은 과학, 공권력, 언론을 다시 신뢰하게 하고, 새로운 기술을 이용하여 시민의 역량을 강화해야 한다고 주장했다. 경제적 위기를 비롯한 글로벌 위기를 극복하기 위해서는 글로벌 협조와 신뢰가 필요하다. 그런데 2008년 금융 위기와 2014년 에볼라 위기 당시 미국은 글로벌 리더의 역할을 자임했지만, 현재 미국 행정부는 리더의 역할을 방기했다. 하라리는 글로벌 연대의 내용으로 의료 관련 전략물자를 "인류화"할 필요가 있고, 경제 위기에 대처하기 위해 글로벌 플랜과 글로벌 협약이 절실하다고 했다.

3) 복고적 혁명의 길

안토니오 그람시가 언급했던 '수동적 혁명'은 기존 지배계급이 위기극복의 전위 역할을 하면서 신질서의 형성을 주도하는 것이다. 나오미 클라인이 말한 '재난 자본주의'처럼 재난 상황은 국가와 기업들이 자신의 오래된 기획을 단숨에 실현할 기회가 된다는 것이다. 코로나19 위기 중에 부상한 디지털 사회의 미래는 기존 지배 질서를 더 가혹하게 만드는 복고적 혁신이 될 수 있다. 5월 7일 홍남기 부총리 겸 기획재정부 장관은 한국형 뉴딜 추진 방향으로 디지털 인프라 구축, 원격의료 등 비대면 산

---

12 Yuval N. Harari, "the world after coronavirus", (Financial Times, March 20).

업 집중 육성, 사회기반시설의 디지털화 등 3대 영역 프로젝트를 추진하기로 했다. 이에 대해 한국형 '재난 자본주의'라는 비판과 세계적인 그린 뉴딜은 없고 회색 뉴딜만 있다는 비판이 제기되었다. 환란 위기 이후 공기업 민영화, 비정규직 양산이 재난 극복이라는 이름으로 추진됐고 제도화되었다. 이번에 정부가 발표한 '한국형 뉴딜'도 재난 자본주의의 경로를 그대로 답습하고 있다. 현행 의료법상 원격의료는 금지돼 있다. 비상상황에서 한시적으로 허용된 원격의료를 정부가 확대하는 움직임을 보이고 있다. 이명박·박근혜 정부에서도 원격의료 추진이 반발에 부딪힌 것은 그만큼 부작용이 크기 때문이다. 원격의료가 시작되면 환자들은 대형병원으로 몰려 지역 병·의원의 폐업이 속출할 것이다. 또 원격의료가 가능한 장비에 투자할 수 있는 대형병원만이 생존할 수 있다. 이는 병원 영리화로 가는 길이고, 지역 의료체계가 심각한 타격을 입게 될 것이다. 코로나19 재난 속에서 국공립병원 등 공공의료 체계의 중요성이 입증되었는데도 정부 정책이 거꾸로 간다는 것은 '복고적 혁명' 이외의 다른 말로 설명할 수 없다. 우석균 인도주의실천의사협의회 대표는 "지금 당장 필요한 것은 코로나19의 2차 확산에 대비하기 위한 공중의료 시설 및 의료 인력 확충"이라며 "중환자 병상의 경우 현재 8,000개에서 두 배 수준으로 늘리고 여기에 필수 의료장비의 재고 확보와 국가 관리까지 필요한데 이 부분이 빠져 있다"라고 했다. 그리고 노후 시설 디지털화는 디지털이라는 외피만 더해졌을 뿐 '회색 뉴딜'에 가깝다는 비판이 많다. 경제학자 우석훈 박사는 기재부가 과거의 관행대로 하는 것이 편리하기 때문이며, "기재부는 그린 뉴딜을 환경부가 해야 할 일로 볼 뿐 유럽처럼 기후위기 대응은 물론 경제 성장 전략으로 보지 않고 있다"라고 비판했다.[13]

---

13 "코로나19 틈타 재벌들 소원풀이나 하겠다고?", (오마이뉴스, 5월 7일).

4) 진보적 개혁의 길: 산업 문명으로부터 생태 문명으로 전환

제임스 쿤슬러는『장기 비상시대』(2011)에서 현대 문명이 화석연료에 의존하고 있는 한, 급진적 전환 없이 이대로 간다면 인류는 수백 년 이상 '비상 상황'에서 살아갈 수밖에 없음을 주장했다. 김종철 녹색평론 발행인은 환경 파괴와 기후변화의 영향으로 앞으로 각종 바이러스가 더 빈번히 창궐할 것이어서 우리는 끊임없이 출현할 신종 병원체들 때문에 하루도 편할 날이 없는 '항구적인 비상 상황'에서 살아가지 않을 수 없으리라 전망하면서, 대안으로 화석연료를 멈추고 재생에너지 시스템으로 전환하고 종래의 제도와 관행, 생활방식과 사고 습관의 근본적 전환, 정치·경제적 변혁과 동시에 문화혁명이 절실함을 주장했다.[14]

코로나19 재난으로 인해 인류는 과학자들과 지식인들이 경고한 인류의 생존에 대한 위기를 부분적으로나마 체감하게 되었다. 코로나19 재난이 백신과 치료제 개발로 인해 일시적으로 지나가겠지만 이제까지 알던 일상으로 완전한 회복을 예상하는 전문가들은 별로 없다. 오히려 코로나19 재난보다 더 큰 재난이 줄줄이 기다리고 있다고 해도 과언이 아니다. 그렇다면 김종철이 전망하는 "항구적 비상 상황"은 인류 생존의 계속되는 위협 이외에 다른 것이 아니다. 이런 측면에서 볼 때 필자는 코로나19가 각 국가의 의학과 방역체계, 국제질서뿐 아니라 궁극적으로는 "21세기 인류문명에 대한 일종의 리트머스 종이"라고 본다. 즉, 코로나19 재난의 부정적 측면은 많은 인명 희생을 낳았고, 이제까지 경험해보지 못한 경제 위기를 초래했다. 코로나19 재난의 긍정적 측면은 인류가 21세기 인류문명의 생존 가능성을 성찰할 기회라는 점이다.

---

14 김종철, "코로나 사태와 장기 비상상황", (한겨레신문, 3월 3일).

코로나19로 인류가 위기를 겪으면서 인류는 어떤 문명사적 전환을 이뤄야 할까? 그것은 한마디로 화석연료를 기반으로 한 산업 문명(화석 연료 문명)으로부터 생태 문명(탈탄소사회)으로 전환이다. 산업 문명은 이익 추구를 목적으로 하는 인간 중심의 경제가 생태계를 파괴하고 기후 위기를 초래하는 점을 간과했다. 생태 문명은 인간의 경제와 인류의 생활양식이 생태계 보존과 기후 붕괴 방지라는 한계 내에서 진행되어야 함을 전제로 한다. 즉 인간의 경제와 생활방식이 물자와 에너지를 절약하는 것을 넘어서 인간과 생태계, 인간의 경제와 생태계 경제 사이를 순환적 패턴이 되도록 하는 것이 생태 문명이다.

3. 생태계 위기와 기후재앙으로 인한 문명사적 전환을 요청

코로나19로 촉발된 인류의 위기는 인간 활동, 특히 경제 활동이 초래한 생태계 위기와 기후 붕괴에서 비롯되었다. 따라서 코로나19가 백신과 치료제 개발로 퇴치된다 하더라도 인류에게 다른 바이러스와 다양한 위기들이 연속적으로 몰려올 수 있다. 따라서 인류 앞에 놓은 여러 선택지 가운데 이전의 죽음을 낳는 방식이 아니라 인류의 생존을, 생태계를 회복하는 방향, 기후 붕괴를 막는 방향을 선택해야 한다. 인류는 죽음이 아니라 생명을 택해야 한다.

생태계 위기와 기후재앙에 직면한 인류는 생태계 회복과 기후변화 감소에 최우선순위를 두어 생태계를 회복하고 지구 온난화가 1.5c 이내가 되도록 통제하는 것을 최우선순위로 정하고 실천해야 한다. 이는 생태계라는 지구의 살림살이(경제) 아래 인간의 살림살이(경제)를 종속시킬 때 가능하다. 즉 인간의 경제를 생태계 경제의 하부구조로 구조조정을 해야 하고, 석탄과 석유 등 화석연료에 기반을 둔 인류문명을 재생에너지 중심으로 에너지 체계의 대전환을 이뤄야 하며 공업화된 농업으로부터 생태적 농사로 전환해야 한다. 폭력의 문화, 죽임의 문화로부터 평화의 문화, 생명 살림의 문화로 전환해야 하고, 글로벌 연대를 통해서 글로벌 위기를 극복해야 한다. 양극화 극복을 통한 민주주의를 회복하고 4차 산업혁명을 진전시키면서 위에서 언급한 전환과 결합해야 한다.

IV. 뉴딜과 그린 뉴딜

1. 뉴딜 이해

1930년대 대공황에 대응한 루스벨트 미 대통령의 뉴딜 정책은 단기적 실업자 구제와 경제회복을 위한 대형 개발 프로젝트에 그치지 않고 광범위한 사회·경제적 개혁작업을 수반했다. 개혁의 핵심은 1920년대 자유 방임 시기 대기업의 독과점화와 월가 금융회사의 탐욕을 제한하고 노동권을 신장하며 사회보장제도의 기틀을 세우는 것이었다. 그의 뉴딜은 흔히 구제(Relief), 회복(Recovery), 개혁(Reform)의 머리글자를 따 '3R'로 불린다. 미국 의회는 루스벨트의 뉴딜에 호응해 산업부흥법(공정경쟁), 글래스-스티걸법(금융개혁), 와그너법(노동권 신장), 사회보장법, 주거법(공공주택 건설) 등 기념비적 법안을 통과시켜 미 의회 역사상 가장 성공적 활동을 한 것으로 평가받는다. 미국 뉴딜과 스웨덴의 복지국가 모델도 대공황 극복 과정에서 나왔다. 새로운 경제체제는 언제나 이런 위기 속에서 탄생했다.[15]

---

15 "개혁 아젠다 한국판 뉴딜의 한 축 될 수 있을까" (한겨레신문, 2020년 5월 22일).

2. 기후 위기에 대응하는 그린 뉴딜의 세계적 동향

'그린 뉴딜'이라는 용어는 2007년 언론인 토머스 프리드먼이 뉴욕 타임즈 칼럼에서 처음으로 언급했다. 그의 칼럼은 원론적 입장을 서술하는데 그쳤다. 2008년 영국 신경제재단(New Economics Foundation)은 기후변화라는 환경적 재앙과 과거 경제공황의 규모를 넘어선 경제적 침체기를 동시에 대응하는 전략으로 그린 뉴딜을 제시했다. 2008년 미국의 대선 후보였던 오바마가 환경과 재생가능에너지에 관한 제반 정책으로 그린 뉴딜을 채택했다. 2009년 유엔환경계획(UNEP)은 탄소 의존도의 감축, 생태계와 수자원의 보호, 빈곤의 완화 등의 내용을 담은 '글로벌 그린 뉴딜'을 제시했다. 그린 뉴딜이 등장한 배경에는 지구 온난화에 대한 대책을 확대하자는 전 세계적인 요구, 서브프라임론이나 이들과 관련된 금융상품의 불량 채권화에 의한 신용수축, 유가 폭등으로 인해 재생 가능 에너지가 유망한 투자 분야로 주목받게 된 것 등이다.

반기문 유엔 사무총장은 2008년 국제연합 기후변화 세부 조약 제14회 체약국 회합에서 세계 각국은 기후변화와 금융 위기라는 이중의 위기에 대응하되 금융 위기 관리에는 세계 규모의 경기 자극 대책이 필요하며, 자극 대책으로는 지출의 대부분을 녹색 미래에 투자해야 할 것과 기후변동 대처를 위한 투자는 수백만 명의 녹색 채용을 창출하고 녹색 성장을 촉진하는 것이라면서 그린 뉴딜의 필요성을 주장했다. 유엔 환경계획은 2009년에 글로벌 그린 뉴딜의 정책 요지를 발표했다. 그 정책 요지는 세계 GDP의 1%에 해당하는 7,500억 달러를 건축물의 에너지 효율성, 재생가능에너지, 하이브리드카 등 지속 가능한 교통, 생태계 인프라, 유기농업 등 지속 가능한 농업 등 5가지 분야에 투자해야 한다는 주장이다. 동시에 빈곤국의 밀레니엄 개발목표 달성을 지원하는 방법도 강구해야 한다.[16]

2020년 4월 28일 화상회의로 열린 제11차 피터스버그 기후 각료회의에서 안토니우스 그테흐스 유엔 사무총장은 코로나19에 따른 경제위기를 극복하기 위한 6가지 제안을 했다. 첫째, 각 국가는 경제 모든 분야에서 탄소 저감을 촉진하는 방향으로 투자하여 깨끗하고 환경친화적이며 공정한 전환을 통해 새로운 일자리와 일거리를 만들어야 한다. 둘째, 경제 살리기를 위해 녹색 일자리를 마련하되 지구를 더럽히는 탄소 집약적인 산업을 구제하는 데 예산을 지원해서는 안 되고 반드시 지속 가능하고 포괄적인 성장을 지향해야 한다. 셋째, 구제금융은 반드시 경제를 회색 경제로부터 녹색경제로, 시민 모두에게 공정하고 그 누구도 뒤처지는 사람이 없는 전환을 통해 시민 개개인과 사회가 회복하도록 해야 한다. 넷째, 앞으로 공공자금은 화석연료에 대한 보조금으로 지급되는 일이 없어야 하고 환경과 기후에 도움을 주는 지속 가능한 분야와 프로젝트에 대한 투자, 즉 미래를 바라보고 투자되어야 한다. 다섯째, 국제금융 시스템도 정책이나 인프라를 조성할 때 반드시 기후에 위기가 될지 도움이 될지를 따져야 한다. 여섯째, 코로나19와 온실가스 저감이라는 시급한 두 과제를 해결하기 위해서는 국제사회 차원에서 공조하고 협력해야 한다. 쿠테흐스 사무총장은 G20 국가가 전 세계 온실가스 배출의 80%를 차지하는 만큼 2050년 탄소중립을 달성하기 위해 각별히 노력할 것을 당부했다.[17]

3. 기후변화에 대응하는 해외 그린 뉴딜 사례

독일은 영국의 신경제재단이 그린 뉴딜을 제시하기 이전부터 환경

---

16 박성제·이종근·이영근, "기후변화에 따른 그린 뉴딜의 세계적인 동향", 대한토목학회, 「대한토목학회지」 제57권 9호(2009. 9.), 10-13.
17 "한국형 뉴딜 초록빛일가 잿빛일까", (JTBC, 2020년 5월 4일).

및 재생가능에너지 분야에서 다양한 정책을 전개해왔다. 2009년 독일은 연방 환경-자연보호-원자력 안전성의 '환경경제보고서 2009'에서 이미 그린 채용이 180만 명에 달하고, 2006년 이후 2008년까지 태양광 발전 도입량에서 세계 제1위의 비율을 점하고 있다. 프랑스는 2007년 정부, 환경NGO, 지자체, 경영자, 노동자로 구성된 '환경 그레넬'로 불리는 회의를 개최하여 재생가능에너지 분야에서의 채용 창출이나 저탄소사회의 추진 등의 방침을 결정했다. 2009년에는 2050년까지 온실효과 가스를 1990년 대비 95% 삭감하고, 2020년까지는 재생가능에너지 비율을 23%로 상향하는 '제1 환경 그레넬법'을 제정했다.

영국은 2008년 크리스 스미스 환경청 장관이 '그린 뉴딜'을 개시하여 그린 에너지 관련 투자·채용창출을 시행한다고 천명하면서, 탄소 회수 및 저류 장치 개발, 가정과 기업에서 에너지 효율화의 인센티브, 열/전력 병행공급 추진, 바이오매스 프로젝트 개발, 지속 가능한 에너지의 세대 지원 보조금, 재생에너지의 국가적 사업 실시, 기후변동에 적응하기 위한 하천과 해안 등 보호 사업 등을 제안했다. 미국은 민주당계 싱크탱크인 아메리카 진보센터(Center for American Progress)가 2008년 저탄소 경제로의 지향, 에너지 절약 및 재생가능에너지 관련의 채용 창출을 핵심으로 하는 '녹색 회복'보고서를 오바마 대선 후보에게 제출했다. 2009년 1월 오바마 대통령은 취임 후 '미국의 재투자 및 재생에 관한 계획'을 공표했다. 미국 의회는 2009년 2월 '미국의 재생 및 재투자에 관련한 2009년 법률'을 가결했다. 환경 관련 내용으로는 깨끗하고 효율적인 미국의 에너지 확립과 도로, 교량, 공공교통기관 및 수로의 근대화를 포함하고 있다. 일본은 2009년 사이토 테츠오 환경 대신은 경기회복, 채용 창출과 지구 온난화 등 문제의 해결을 위해 '녹색경제와 사회의 변혁'(일본판 그린뉴딜)을 책정하는 방침을 수립했다. 아소 다로 총리대신이 중장기 경제

성장 목표로 하는 성장 전략의 일환으로 저탄소혁명을 제시했다. 2008년에는 녹색산업에 124억 달러를 투자했고, 2009년에는 160억 달러를 태양광 및 청정에너지 분야에 투자했다.[18]

　뉴욕시는 기후 위기, 다양한 영역의 불평등 문제, 산업구조 변화로 인한 일자리 문제를 해결하기 위해 기존의 OneNYC 정책에 공정성, 다양성, 포용성을 추가하여 그린 뉴딜정책으로 'OneNYC 2050'을 2019년에 수립했고, 그린 뉴딜 추진 기반을 강화하기 위해 기후활성화법을 제정했다. 그린 뉴딜의 핵심 목표는 사회 전반의 분야에서 성장, 공정성, 지속가능성, 회복력을 증진하는 것이며, 포용성장과 기후변화 대응을 위한 모델을 제시하는 것이다. LA는 2019년 "LA's Green New Deal - Sustainable City Plan 2019v를 그린 뉴딜 정책으로 발표했다. LA의 그린 뉴딜은 2050년까지 탄소중립(넷제로)을 실현하고, 녹색 일자리를 창출하고, 불평등을 해소하는 것을 핵심목표로 설정했다. 이는 온실가스 감축과 일자리 창출 목표를 강화하는 동시에 불평등 해소의 목표를 새롭게 추가하여 확정한 그린 뉴딜 정책이다. 유럽연합집행위원회는 최초의 기후중립 대륙이 되겠다는 비전과 함께 새로운 성장 전략으로 유럽 그린딜(European Green Deal)을 2019년에 제안했다. 유럽 그린딜은 온실가스 감축뿐 아니라 친환경 농업기술을 활용한 농식품 생산, '생물 다양성'의 손실 최소화, 저탄소·친환경 경제로의 전환을 위한 다양한 계획 제시, 2050년까지 탄소배출 제로를 달성하겠다는 탄소 중립을 목표로 세웠다.[19]

---

18 박성제·이종근·이영근, "기후변화에 따른 그린 뉴딜의 세계적인 동향", 대한토목학회, 「대한토목학회지」 제57권 9호(2009. 9.), 14-17.

19 추미진, 윤동근, "해외 그린 뉴딜 사례와 시사점", 대한국토·도시계획학회, 「도시정보1」 461(2020. 8.), 34-38.

4. 두 가지 종류의 그린 뉴딜

김상현은 위에서 제시했던 다양한 그린 뉴딜 정책과 사례들을 녹색 케인즈주의 전략으로서 그린 뉴딜과 기후정의운동을 포함하는 급진적 그린 뉴딜로 분류한다.[20] 영국의 신경제재단이 제안했던 '그린 뉴딜', 유엔 환경계획이 제안했던 '글로벌 그린 뉴딜', 미국진보센터가 제안했던 '녹색 회복', 유럽연합이 제안했던 '유럽 그린딜' 등은 신자유주의적 금융 자본주의로는 기후 위기에 대처할 수 없다는 입장을 공유하지만, 자본주의적 생산과 소비 자체에 대해서는 문제의식을 지니지 않았다. 그래서 이들은 '탄소환원주의' 경향에서 벗어나지 못한다. 탄소환원주의는 온실 가스, 탄소 배출의 감축을 통해 지구 온난화를 막아내고 인류의 다수를 위기에서 구한다는 일종의 공리주의적 접근에 기초한다. 기존 자본주의적 경제 질서 내에서 기업투자에 대한 재정적 인센티브, '탄소 배출권 거래제', '탄소세' 등과 같은 시장 기반 메커니즘을 활용하여 비용·효과적인 방식으로 탄소 배출량을 줄이는 데 매진할 것을 요구한다. 이런 경향은 자본주의적 불평등과 기후 위기의 관계를 비판적으로 검토할 여지가 없다. 또 저탄소사회로의 전환 과정에서 타격을 입게 될 이들을 고려하는 것이 그린 뉴딜 전략에 반드시 포함되어야 하는데 이들에게서는 고용 창출이 주로 강조될 뿐이다.

탄소 환원주의에 근거한 기후변화 대응은 풀뿌리 환경 정의 운동, 원주민 환경운동, 제3 세계 민중운동, 생태 사회주의 그룹 등의 저항을 불러왔다. 이 같은 흐름은 민중 지향적 기후 정의 운동의 태동으로 이어졌다. 이 운동은 노동·환경 연대운동에서 발전되어온 '정의로운 전환'을 차

---

20 김상현, "그린 뉴딜 다시쓰기: 녹색성장을 넘어", 「창작과비평」 48(1), (2020. 3.), 35-45.

용해 저탄소사회로의 전환이 곧 원주민, 유색인종, 노동자, 농민, 여성, 이주민 등 사회적·경제적 약자의 삶과 권리를 보장하는 과정이어야 함을 강조한다. 이 운동은 기후 위기와 기후 불평등의 근원에는 이윤 극대화와 자본축적에 최우선의 가치를 부여하고 자연과 삶을 상품화하는, 착취적인 정치경제체제(자본주의)가 있다고 주장한다. 즉 이 운동은 그린 뉴딜이 화석연료 자본에 대항하는 노동·환경·원주민·여성 연대 투쟁의 장을 마련하고, 자본주의 체제에 대한 비시장적 생태 사회주의의 개입이 필요함을 역설하고 있다. 이러한 주장은 미국의 녹색당, 미국 민주당 대선후보였던 버니 샌더스의 그린 뉴딜 공약에 나타났다. 또 기후 정의 운동에 참여하다가 미 하원의원으로 당선된 오카시오코르테즈가 환경 정의와 정의로운 전환에 따라 제시한 그린 뉴딜에서 볼 수 있다. 이들은 풀뿌리 사회운동의 조직화와 아래로부터의 압박 없이는 이러한 종류의 그린 뉴딜이 가능하지 않을 것임을 강조한다.[21]

5. 제러미 리프킨의 글로벌 그린 뉴딜 이해

제러미 리프킨에 의하면 지금은 지구 온난화가 여섯 번째 대멸종의 위기로 갈 전 세계적 비상시대로, 지구 온난화 가스의 배출량을 2010년 수준에서 45%를 줄여야 하는데 시간이 10년밖에 남아 있지 않다고 했다. 이는 글로벌 경제와 사회, 삶의 방식을 전례가 없는 방식으로 개혁하는 것으로 인류는 문명의 방향을 급진적으로 재설정해야 하고, 시간도 촉박하다는 의미이다.[22] 그는 경제적 패러다임 전환의 조건으로 커뮤니

---

21 김상현, "그린 뉴딜 다시쓰기: 녹색성장을 넘어", 39-45.
22 제러미 리프킨/안진환 옮김, 『글로벌 그린 뉴딜』 (서울: 민음사, 2020), 11-12.

케이션 매개체와 동력원, 운송 메커니즘을 제시한다.[23] 즉 커뮤니케이션 혁명이 에너지 혁명, 물류 이동 혁명과 결합할 때 경제 활동 방식, 통치 방식, 거주 양식이 바뀌는 패러다임 전환이 일어난다고 보고, 이를 3차 산업혁명이라 부른다.[24] 3차 산업혁명이 필연적인 이유는 한편으로는 화석연료 산업 문명(2차 산업혁명)이 2028년에 티핑 포인트를 거치면서 붕괴할 것이기 때문이고, 다른 한편으로는 지구 온난화에 가장 큰 책임이 있는 4대 부문, 정보 통신 기술(ICT) 및 텔레콤 부문, 전력 및 전기 유틸리티 부문, 운송 및 물류 부문, 건축물 부문이 구조조정의 대상이기 때문이다. 화석 연료산업에서 좌초자산은 약 100조 달러로 추산한다.[25]

리프킨의 글로벌 그린 뉴딜에 대한 주장은 경제학자나 미래학자로서 주장일 뿐 아니라 2007년부터 유럽연합과 2013년부터는 중국과 그린 뉴딜을 진행해 온 경험과 전 세계 150개에 달하는 도시, 지방, 국가의 그린 뉴딜 중 일부에 대한 자문 경험을 바탕으로 하고 있다. 3차 산업혁명의 핵심은 녹색 인프라를 구축하는 것이다. 새로운 커뮤니케이션 기술과 새로운 에너지원, 새로운 방식의 운송 및 물류 그리고 새로 조성되는 환경을 결합하여 지역 사회가 보다 효율적으로 경제활동과 사회생활, 거버넌스를 관리하고, 거기에 동력과 이동성을 부여하게 만드는, 기술과 사회의 접합이다.[26] 이러한 인프라에 대한 투자가 그린 뉴딜을 위한 핵심 과제이다. 기후재난이나 사이버 테러 공격이 있을 때 국가적인 전력망을 지방에 있는 소규모 전력망으로 변경할 수 있는 구조가 필요하고,

---

23 위의 책, 26.

24 제러미 리프킨/안희경 지음, "화석연료 없는 문명이 가능한가?" 제러미 리프킨 외 인터뷰, 『오늘로부터의 세계』 (서울: 메디치, 2020), 26.

25 제러미 리프킨/안진환 옮김, 『글로벌 그린 뉴딜』, 19, 좌초자산에 대해서는 18, 63-65를 참조하고, 화석연료 문명의 붕괴에 대해서는 4장을 참조하시오.

26 제러미 리프킨/안진환 옮김, 『글로벌 그린 뉴딜』, 36.

국가적 인터넷을 지역과 지방 인터넷으로 전환할 수 있는 지역 구조가 3차 산업 인프라의 핵심이다.[27]

그린 뉴딜의 특징은 공유경제이다. 다양한 가상 재화와 물리적 상품을 공유하는 것은 순환 경제의 초석이며 자원을 이전보다 훨씬 적게 사용하여 탄소 배출량을 줄이는 쪽으로 움직인다.[28] 그린 뉴딜의 주체는 중앙정부만이 아니라 도시, 지자체 등으로 권력의 분권화가 그린 뉴딜의 중요한 특징이다. 지구 온난화에 대처하기 위해서 9,000개가 넘은 도시 및 지방 정부가 지속 가능한 지역사회를 만들기 위해 2018년 글로벌 기후·에너지 시장 협약에 참여했다. 3차 산업혁명의 목적으로 녹색 스마트 도시를 건설하는 과업에 기업들의 참여가 필수적이지만 그러한 과업에 대한 감독과 의사 결정 권한은 관리 당국(도시, 지방 정부)과 대중(시민)에게 남아 있어야 한다. 지자체장이나 지방 정부가 최고 의사 결정권자 역할을 포기하는 대신에 더 수평적으로 분산된 공유 거버넌스의 촉진자가 되어 전문가들의 참여뿐 아니라 정부, 기업, 시민, 학계가 참여하는 피어 어셈블리(peer assembly, 참여자가 동일한 자격을 갖는 의회)를 구성해서 운영하도록 해야 한다.[29]

그런데 에너지 회사, 전력 및 전기 유틸리티 회사, 여러 국가와 도시, 기업들이 화석연료 산업 문명의 붕괴를 모르고 기존 방식으로 투자를 하는 것일까? 리프킨은 그들이 알면서도 그렇게 하고 있다고 보았다.[30] 이미 대도시와 노동조합을 포함하여 37개국의 1,000여 기관 투자자들이 화석연료 산업에서 8조 달러의 기금(좌초자산)을 빼내어 탄소 제로 미래

---

27 제러미 리프킨, "화석연료 없는 문명이 가능한가?", 31.
28 제러미 리프킨/안진환 옮김, 『글로벌 그린 뉴딜』, 30.
29 제러미 리프킨/안진환 옮김, 『글로벌 그린 뉴딜』, 34, 36, 54-55.
30 제러미 리프킨/안진환 옮김, 『글로벌 그린 뉴딜』, 134.

로 이끌 녹색 에너지와 청정 기술, 비즈니스 모델에 재투자했다.[31] 세계
은행을 비롯한 영국은행 등은 좌초자산의 리스크에 대해 경고하거나 가
격의 측면에서 화석연료로부터 대체 에너지로의 전환 변곡점에 이르렀
다고 했다.[32] 리프킨은 화석연료 산업의 붕괴 시 급증하는 노동자들의
재교육과 경제, 산업구조 전반에 투자될 엄청난 자본을 전 세계 최대 자
본인 연금 기금으로 해결해야 한다고 보았다. 그는 21세기 노동운동이
연금의 주인으로서 노동자의 위치에서 전개되어야 함을 역설한다.[33] 리
프킨은 3차 산업혁명의 결과 도래할 사회를 사회적 자본주의로 제안하
고, 그린 뉴딜의 23가지 주요 이니셔티브를 제시했다.[34]

6. 한국판 뉴딜과 그린 뉴딜

1) 한국판 뉴딜과 그린 뉴딜의 방향

2020년 5월 12일 문재인 대통령은 규제 완화 속도전을 지시했고, 국
회는 전 국민 고용보험제도에 예술인을 포함하고 고용보험이 절실한
270만 특수고용자를 배제했다. 문재인 대통령은 5월 20일 친환경과 일
자리 창출에 초점을 맞춘 그린 뉴딜을 한국판 뉴딜 사업에 포함하라고
지시했다. 민주당 한국형 뉴딜 TF의 '그린 뉴딜을 통한 기후 위기 극복과
일자리 창출' 안을 보면 그린 뉴딜은 발전·산업·건물·수송·지역거점·
기타 등 6개 분야 23개 사업으로 구성되며, 올해 3차 추경 3조 6400억

---

31 제러미 리프킨 지음/안진환 옮김, 『글로벌 그린 뉴딜』, 20.
32 제러미 리프킨 지음/안진환 옮김, 『글로벌 그린 뉴딜』, 147-149.
33 제러미 리프킨 지음/안진환 옮김, 『글로벌 그린 뉴딜』, 5장을 참조하시오.
34 제러미 리프킨 지음/안진환 옮김, 『글로벌 그린 뉴딜』, 246-253.

원, 2021년 18조 4800억 원 등 중장기적으로 총 355조 원을 투입할 계획이다. 정부는 녹색산업 혁신, 녹색 인프라 구축, 저탄소 에너지 구현 등 3대 분야로 나눠 총 10개 과제를 선정했다. 이를 통해 일자리 창출 34만 개, 생산 유발 효과 49조 원, 사회적 비용 감소 효과 40조 원 등을 목표로 세웠다. 환경에서는 온실가스 1,620만 톤을 감축하고 에너지 효율은 30% 끌어올리겠다는 계획이다.[35]

7월 14일 문재인 대통령은 '한국판 뉴딜 국민보고 대회'에서 "튼튼한 고용·사회안전망을 토대로 디지털 뉴딜과 그린 뉴딜을 두 축으로 세워" "추격형 경제에서 선도형 경제로, 탄소 의존 경제에서 저탄소 경제로, 불평등 사회에서 포용 사회로, 대한민국을 근본적으로 바꾸겠다"라는 '대한민국 대전환' 선언을 했다.[36] 10월 13일에 문재인 대통령은 한국판 뉴딜 전략 회의에서 튼튼한 안전망과 디지털 뉴딜, 그린 뉴딜에 '지역균형 뉴딜'을 추가했다. 이는 한국판 뉴딜 예산 160조 원 중 절반에 이르는 75조 원가량을 지역에서 집행한다는 현실을 참작한 것이다. 문 대통령은 지역의 사정과 환경에 맞게 스마트 스쿨, 스마트 그린 산단, 그린 리모델링 등을 추진하면서 지역경제의 활력을 높이고 일자리 창출에도 기여할 것이라 했다.[37]

2) 한국판 뉴딜의 문제

그런데 미국의 1930년대 뉴딜 정책의 핵심은 "경제 위기를 극복하기 위한 성장정책 추진 과정에서 성장의 혜택을 사회 취약계층인 노동자·농

---

35 "그린 뉴딜+디지털 뉴딜--- 한국형 뉴딜 핵심축", (한겨레신문, 2020년 5월 20일).
36 대한민국 정책 브리핑, "한국판 뉴딜"
37 "문 대통령 지역균형 뉴딜 한국판 뉴딜 핵심축 삼을 것", (한겨레신문, 2020년 10월 13일).

민·빈민 등이 골고루 누려야 한다는 것"에서 출발했다. 이처럼 노동의 관점에서 볼 때 한국판 뉴딜 정책의 결함은 다음과 같다.[38] 첫째, 디지털·그린 뉴딜의 전환에 의한 산업구조의 변화로 인해 소멸하거나 퇴조하는 직종의 노동자에 대한 고용정책이 전혀 언급되지 않았다. 둘째, 이러한 산업구조 전환으로 인한 불안정한 노동에 대한 대책이 전혀 마련되지 않았다. 셋째, 일자리 창출의 모든 정책과제가 민간의 투자·경영환경 개선 중심으로 설정되어 있고, 정부가 일자리 창출을 책임지겠다는 계획이 나타나지 않았다. 넷째, 산업구조 전환에 따른 고용 대책, 불안정 노동 대책 등을 협의하고 점검할 노동조합의 정책 개입이나 교섭구조 등에 대한 정책 방향이 전혀 없다. 문재인 정부의 한국판 뉴딜은 '노동 없는 뉴딜'에서 출발하고 있다.

한국판 뉴딜을 복지국가의 관점에서 보면 뉴딜은 첫째, 패러다임의 전환이다. 1929년 대공황은 자유 방임주의가 유발한 것이었다. 당시 뉴딜은 시장에 대한 사회적 통제를 회복하는 일, 즉 국가가 개입해 사회로부터 자율적인 시장을 사회에 내장된 시장으로 전환하는 것이었다. 둘째, 위기에 직면한 사회를 민주주의에 기반을 둔 복지국가로 전환하는 것을 뉴딜로 이해한다. 이를 위해 민주주의에 기반을 둔 복지국가를 지지하는 지지집단을 만들어내는 것이 필요하다. 미국은 노동자의 지지를 이끌어내기 위해서 노동자의 단체교섭을 인정한 와그너법을 제정함으로써 노동조합 활동이 합법화되었다. 셋째, 뉴딜은 위기에 빠진 시민들에게 안정적 생활을 보장하기 위한 사회보장제도의 확대와 일자리 창출의 계획을 담고 있었다. 이처럼 "뉴딜이란, 위기에 대한 단기적 대응이 아니라 패러다임 전환이라는 중장기적 대안을 의미하며 그 성과 또한 단

---

38 박용석, "노동 없는 '한국판 뉴딜', 뉴딜이 아닌 역주행 가능성이 크다." 참여연대 사회복지 위원회, 「복지동향」 263호(2020. 9.), 24-27.

기적으로 접근하기보다는 중장기적으로 접근해야 한다는 것을 이야기한다."[39] 윤홍식은 한국판 뉴딜이 패러다임 전환이 아니라 개발국가의 산업정책을 답습한다는 점과 1997년 외환위기에서 얻은 교훈, 즉 "노동시장에서 시민에게 안정적 고용을 보장해주지 못했을 때, 공적 복지의 확대를 통해 불평등, 빈곤 등 사회문제를 완화할 수 있는 여지는 대단히 제한적이라는 것"을 지적하면서 한국판 뉴딜의 문제점을 다음과 같이 비판했다.[40]

첫째, 한국판 뉴딜에는 패러다임 전환이 없다. 한국판 뉴딜은 이전 보수 정부와 같이 재정균형과 인플레이션을 중심으로 한 신자유주의적 경제정책에 기초하고 있다. 기재부는 현 코로나19 상황을 한시적 상황으로 볼 뿐 패러다임 전환을 위한 인식이 없다. IMF, 세계은행 등은 2010년 이후 정책 기조를 인플레이션 통제와 균형 재정에서 고용과 임금을 중심으로 전환하고 있다. 둘째, 한국판 뉴딜이 지향하는 사회의 목표가 무엇인지 불분명하다. 한국 사회의 문제는 성장하지 못했기 때문이 아니라 개발국가 방식의 성장이 높은 수준의 불평등(대기업과 중소기업의 양극화)을 지속시키고 심화시키는 데 있다. 디지털과 그린 산업도 대기업 중심으로 이끌어간다. 셋째, 한국판 뉴딜에는 시장을 다시 사회의 통제 아래 두는 데 필요한 정치적 지지기반을 형성하고 확대하는 대안이 담겨있지 않다. 넷째, 한국판 뉴딜은 사회보장과 고용 문제에 대단히 미온적인 기획으로 한국판 뉴딜에는 복지국가의 비전이 담겨있지 않다.

한국판 뉴딜에는 공공의료의 강화가 필요하다.[41] 그런데 한국판 뉴

---

39 윤홍식, "'한국판 뉴딜'에서 '복지국가' 찾기- 루스벨트의 '뉴딜'에는 있고 문재인의 〈한국판 뉴딜〉에는 없는 것", 참여연대 사회복지위원회, 「복지동향」 263호(2020. 9.), 5-6.
40 윤홍식, 위의 글, 7-11.
41 정형준, "공공의료 강화 없는 뉴딜은 허상", 참여연대 사회복지위원회, 「복지동향」 263호 (2020. 9.), 18-23.

딜에는 공공의료 강화와 공공의료컨트롤타워의 설립에 대한 언급이 없고, 대신 입증되지 않은 '디지털 의료'는 포함되어 있다. 공공의료 강화를 위해서는 공공병원의 확충과 공공병상(OECD 국가 중 꼴찌)의 확대가 시급하고, 아프면 쉴 수 있도록 소득보장제도와 상병수당 제도, 유급 병가 등을 속히 도입해야 한다. 공공의료 강화를 통해 취약계층, 만성질환자, 저소득층, 독거노인 등에게 사회서비스와 돌봄서비스를 더욱 많이 제공하는 체계를 구축해야 한다.

3) 한국판 그린 뉴딜의 문제

한국판 그린 뉴딜에 대해 지현영 변호사는 "기업은 있고, 국민은 없다"라면서 그린 뉴딜의 모든 프로젝트가 온실가스 감축으로 수렴되며 정확한 감축 목표가 제시되어야 하는데 한국판 그린 뉴딜에는 저감 목표가 아니라 73조 원의 녹색산업 지원금액과 66만 개의 일자리 목표만 제시되었다고 비판했다. 그는 건국 이래 가장 큰 국가 프로젝트에 기업 대표(현대자동차)가 나와 설명하는 것, 기업이 그린 뉴딜을 이끌어 가는 것과 수소를 대표 에너지 산업이라는 것이 적절한지 의문을 제기했다.[42]

문재인 정부의 그린 뉴딜이 탄소 배출 제로와 같은 목표 설정이 없다는 것도 문제이지만 정의로운 전환과 같은 중요한 수단을 채택하지 않은 것도 큰 문제이다. 한재각 에너지기후정책연구소장은 정부가 발표한 그린 뉴딜 계획에는 "공정전환", "공정한 전환"(석탄발전 등 사업 축소가 예상되는 위기 지역 대상 신생에너지 업종전환 지원)이라는 표현이 나오는데 이는 '불공정한 번역'으로 본래는 "정의로운 전환"(Just transition)을 의미한다고

---

42 지현영 변호사, "한국판 그린 뉴딜, 담론부터 다시", (한겨레신문, 2020년 7월 27일)

했다. 정의로운 전환은 1960년대 미국 화학산업 노동자 토니 마조치('작업장의 레이첼 카슨')가 제안한 것으로 독성 화학물질을 생산하는 공장의 노동자들이 안전하고 깨끗한 산업으로 전직할 수 있도록 지원하는 것을 요구한 것이 시작이었다. 이런 제안이 1990년대 캐나다 노총을 거쳐 지속 가능성을 추구하는 노동운동의 전략으로 발전하고, 2000년대에 국제노총(ITUC)이 기후변화에 대한 국제노동운동의 전략으로 채택했다. 정의로운 전환은 노동자와 지역 공동체에 초점을 맞추고, 그들이 주체가 되어 지속 가능한 전환에 동참하기 위한 전략이다. 국제노총의 오랜 요구로 2015년 파리협정의 전문에 "정의로운 전환"이 포함되었다. 그리고 정부는 2019년 3차 녹색 성장 5개년 계획에서는 '고용'이라는 단어를 사용했지만, 2020년 그린 뉴딜 계획에서는 '업종'이라는 단어를 사용하여 "정의로운 전환"에 영향받을 산업과 지역을 부각한 반면 그에 영향받을 노동자의 존재를 무시했다고 그는 비판했다.[43]

녹색연합 상임대표인 조현철 신부는 한국판 뉴딜과 그린 뉴딜에 대해 여전히 '성장' 패러다임의 추종자라면서 그린 뉴딜이 아니라고 비판했다. 코로나19는 경제성장의 걸림돌이 아니라 산업화 이후 진보와 발전으로 여긴 경제성장 자체에 보내는 긴급 경고음으로, 바이러스 재난의 근본 책임은 인간에게 있고 극복대상은 바이러스가 아니라 우리 자신이며, 싸워야 할 것은 탐욕의 체제라 했다. 한국판 뉴딜은 성장에서 지속가능성으로 전환을 선도해야 하고, 그린 뉴딜은 뉴딜의 일부가 아니라 중심이 되어야 하며, '그린'은 모호한 '탄소 중립 지향'이 아니라 명확한 '2050년 넷제로'를 가리켜야 한다. 한국판 뉴딜은 애매한 '저탄소 경제'가

---

43 한재각 에너지기후정책연구소장, "문 정부, 그린 뉴딜에 정의로운 전환은 없다", (프레시안, 2020년 8월 3일)

아니라 '바로 이' 그린을 원리와 기초로 추진하는 정의롭고 근원적 전환이어야 한다. 그리고 그린 뉴딜에는 식량 위기와 농업의 생태적 가치와 기여를 고려하여 농업을 중시해야 하는데 한국판 뉴딜에는 농업이 보이지 않는다.[44]

한국판 그린 뉴딜로는 기후 위기를 막지 못한다는 비판이 있다. 그린 뉴딜의 총론은 '도시·공간·생활 인프라의 녹색 전환', 저탄소, 분산형 에너지 확산', '녹색산업 혁신 생태계 구축' 등으로 볼 수 있다. 문재인 정부의 그린 뉴딜에 대해 김병권 정의정책연구소장은 "박근혜 정부의 '창조경제'와 이명박 정부의 '녹색 성장'을 혼합한 수준"이며, "그것도 공공이 책임을 진다기보다는 '민간 대기업 주도'를 지원하는 방식"이라고 비판했다. 정부가 저탄소 친환경 경제 전환을 위해 전기차뿐 아니라 수소차를 보급할 계획이다. 김재삼 기후변화행동연구소장은 "에너지 효율이 떨어지는 데다 경제성도 없는 수소 전기차가 왜 그린 뉴딜이고 친환경 모빌리티인지 납득하기 어렵다"고 했다. 한국전력이 인도네시아의 석탄발전소 2기에 대한 투자를 확정하고 베트남에 석탄화력발전소에 투자를 계획하는 것을 보며 문재인 정부의 정책 기조가 친환경은 맞느냐는 비판이 나온다. 이는 석탄화력발전 퇴출에 속도를 내는 국제사회의 흐름과는 정반대 행보이다. 유럽연합은 석탄화력발전소를 좌초자산으로 지정해 143개 화력발전소 폐쇄를 공식 발표했고, 180여 개를 추가로 폐쇄한다는 계획을 밝혔다.[45] 그런데 한국전력이 투자하기로 한 석탄화력발전소에 대한 한국개발연구원(KDI)의 예비타당성 조사에 의하면 3기 모두 수익성이 없다고 판단했는데도 한전이 이를 강행한 것이다. 베트남 붕앙

---

44 녹색연합 상임대표 조현철 신부, "이것은 그린 뉴딜이 아니다", (경향신문, 2020년 7월 24일)
45 "한국판 그린 뉴딜, 기후 위기 못 막는다", (경향신문, 2020년 8월 22일).

2호 발전소는 본래 미국의 제너럴일렉트릭(GE)이 맡았지만, 사업을 포기하고 프로젝트에서 빠져나갔다. 중국 중화 전력공사 역시 보유하던 40%의 사업 지분을 한전에 팔고 손을 뗐다. 20대 국회는 공공기관의 투자지원 대상에서 '해외 석탄발전 사업을 제외한다'라는 법안을 발의했지만 제대로 논의하지도 못하고 폐기되었다. 이헌석 에너지 정의 행동 정책연구원은 "해외 석탄사업은 사실상 국내 기업 수출지원사업"이라며 "정부 차원에서 '수출을 중단한다', '석탄 화력을 끊겠다'라는 뜻을 확실히 밝히지 않는 이상 국회 법안 통과도 어려울 것"이라 했다. 이것이 정부 그린 뉴딜 정책에 석탄화력발전 조기 종료 계획과 탄소 배출 추가감축 계획이 빠진 이유라 할 수 있다.[46]

'기후 위기 운동의 얼굴'이자 '미래 세대의 대변인'으로 불리는 그레타 툰베리가 10월 16일 한겨레신문과 화상 인터뷰를 했다. 툰베리는 2019년 유엔 연설 당시 손뼉을 친 각국 지도자들이 그의 주장을 얼마나 정책에 반영했느냐는 물음에 "거의 아무런 조처도 하지 않았다"라면서 "그린을 구호처럼 앞세우고 있는 정부와 정치인을 경계해야 한다"고 강조했다. 그는 "여러 나라에서 많은 이가 자신의 행동을 정당화하려고 그린, 그린딜, 그린 뉴딜, 그린 투자와 같은 말을 쓰고 있다. 하지만 (이런 식의) 그린은 단지 색깔에 불과하다. 의미가 없다고 본다. 미사여구일 뿐이다." 그는 문재인 대통령에 하고 싶은 말로 "문 대통령이 내가 하는 일을 존중한다고 말했다면 행동으로 증명해주면 좋겠다. 행동이 말보다 훨씬 더 의미가 있다"라고 했다.[47] 지난 3월 13일 '청소년기후행동' 청소년들이 헌법재판소 앞에서 온실가스 감축 목표를 소극적으로 규정한 현행 법령

---

46 "석탄중독, 한국 왜 석탄발전 못 버리나", (경향신문, 2020년 10월 18일).

47 "툰베리, 그린 앞세우며 석탄발전 투자 기후악당 정당화 말라", (한겨레신문, 2020년 10월 20일)

이 청소년의 생명권과 환경권 등 기본권을 침해한다며 저탄소 녹색 성장 기본법 등이 위헌임을 확인해달라는 헌법소원 심판을 청구했다. 5월 10일 서울시교육청이 금고지정 때 평가 지표에 석탄 투자를 철회하는 탈석탄 항목을 포함하는 '탈석탄 금고' 선언을 했다. 이는 청소년기후행동 등의 요구로 이뤄진 것이었다. 지난 10월 19일 청소년기후행동 청소년 청구인들은 헌법소원에 대한 답변을 촉구하는 촉구서를 정부와 국회에 제출했다. 청소년들은 21대 국회에 '행운의 편지'를 보내고 있다. 2019년 7월 각종 사회단체의 연대기구인 '기후 위기비상행동'(참여단체 377개)이 결성되는 과정에 청소년들의 외침이 큰 영향을 주었다.[48]

4) 한국판 그린 뉴딜의 대안

우선 그린 뉴딜은 단순히 코로나19 팬데믹 시기에 대응하는 대안이 아니라 문명사적 전환이라는 점을 인식해야 한다. 리프킨은 한국이 2차 산업혁명의 성공 사례로 떠올랐지만 바로 그 부분에 문제가 있다고 했다. 한국은 석탄화력발전 좌초자산 위험이 120조 원 정도로 세계에서 가장 높다. 그는 좌초자산으로 인해 한국이 무너질 수 있다고 경고한다. 석탄화력 산업 문명으로부터 탈탄소 사회로의 전환이 시급하다. 이러한 전환 과정에서 새로운 일자리는 3차 산업혁명 부문에서 향후 30년에 걸쳐 나올 것이다. 석탄연료 산업 문명으로부터 탈탄소 사회로의 전환에 필요한 비용은 세계 최대 자본인 전 세계 연금 기금을 활용할 것을 리프킨은 제안한다.[49] 이를 위해서는 사회적 합의가 필요하다. 코로나19 팬데믹은

---

48 "한국의 툰베리들, 기후 위기 헌소 내고 국회에 행운의 편지", (한겨레신문, 2020년 10월 20일)
49 제러미 리프킨, "화석연료 없는 문명이 가능한가?", 36-40.

생태계 위기와 지구 온난화로 인해 예외적 사태가 아니라 일상적 재난의 시작일 수 있다는 것을 보여준다. 따라서 좌초자산의 청산과 온실가스 감축을 위한 산업과 경제의 구조조정은 불가피하고도 시급한 과제이다. 이를 위해서는 국가와 지자체, 국민, 전문가, 시민사회, 학계 등의 참여 속에서 사회적/국가적 합의를 이루는 것이 시급하다. 한국은 2015년 파리기후협정에 따라 2030년까지 기후변화에 대응할 기여 방안과 2050년까지의 온실가스 감축 목표를 담은 장기 저탄소 발전전략을 2020년 12월까지 유엔에 제출해야 한다. 2030년 감축 목표가 2017년 대비 24.4% 감축으로 설정되어 있는데 이를 상향 조정할 필요가 있다. 그리고 탈 탄소 경제사회로의 전환을 위해서는 교육과 홍보가 중요하며 정부가 2050년 순증 제로 목표를 설정하고 국회는 그린 뉴딜 기본법을 제정해야 한다.[50]

이유진은 대안 경제 구축을 위한 주체는 지역이 기반이 되어 사회적 경제를 구축해야 하고 목적은 온실가스 감축, 일자리 창출, 사회적 불평등 해소, '생물 다양성' 보호, 재난 대비 안전망 구축 등이며 작동방식은 사회적 경제와 연계하고 중앙정부, 지자체, 시민, 기업 등이 가버넌스를 이룩해야 한다고 했다.[51] 지자체의 그린 뉴딜 정책 사례로는 서울시 '서울판 그린 뉴딜', 경기도 화성시 '화성형 그린 뉴딜 종합계획', 대전광역시 유성구 '유성형 5Green 뉴딜' 등이 있다.[52] 경기연구원이 전문가 100명을 대상으로 실시한 설문조사에 의하면 그린 뉴딜 추진 우선 분야는 저탄소 산업구조 전환(16%), 재생에너지 확대(14%), 건물 에너지 효율 향상

---

50 이유진, "그린 뉴딜, 기후 위기 시대 생존 전략을 짜자", 참여연대사회복지위원회, 「복지동향」 263호(2020. 9.), 38.

51 이유진, "그린 뉴딜, 기후 위기 시대 생존 전략을 짜자", 39-40.

52 변병설, 이영성, 윤동근, 최민성, 이희정, "그린 뉴딜 정책", 대한국토·도시계획학회, 「도시정보」 461호(2020. 8.), 8-9.

(12%), 공공보건 인프라 구축(9.3%), 기후변화 취약계층 건강 보호(8.3%), 철도, 전기차 등 녹색 교통 인프라 옵션(8%), 지속 가능한 농업·농촌과 먹거리(7.7%), 산업 에너지 효율 향상(7.7%) 순이었다.[53]

V. 코로나19 팬데믹 시기 한국교회의 선교 과제

코로나19로 인해 교회는 대면 예배와 함께 그동안 모여서 가능했던 교육, 코이노니아, 전도, 봉사 등 거의 모든 분야가 멈추면서 큰 위기에 직면했다. 작은 교회들은 생존이 위협받고 있다. 이러한 위기는 한국교회로 하여금 이제까지의 모든 활동과 교회, 목회, 선교, 한국교회가 목숨처럼 여기던 주일성수, 주일 예배 형식 등에 대해 성찰할 기회를 주고 있다. 이제까지 대다수의 한국교회가 강조하는 교회성장주의에 대해 반성하고 성경에서 말하는 참 교회의 모습은 무엇인지, 그러한 성경적 교회 이해에 따라 코로나19 팬데믹 시기에 교회는 무엇을 어떻게 해야 할지를 되돌아보게 한다.

1. 목회와 선교 패러다임의 전환: 생태계 위기와 기후붕괴 속에서 생명교회, 생명목회, 생명선교로의 전환

이제 교회는 '영혼을 구원하는 방주'로부터 '인간과 피조물을 모두 구원하는 생명의 방주'로 전환해야 한다. 교회는 개인에게는 영생, 역사에

---

53 경기연구원, "코로나19 위기, 기후 위기 해결의 새로운 기회", 「이슈&진단」 No. 412(2020. 5. 12.), 19.

는 하나님 나라의 도래, 우주에는 새 하늘 새 땅의 도래를 위하여 일하는
즉 개인, 역사, 우주에 생명이 풍성해지도록 하는 생명의 공동체, 생명교
회로 거듭나야 한다. 생명교회는 인간의 경제를 생태계 경제의 하부구조
로 구조조정하고 화석연료의 종식을 통한 재생 가능 에너지 중심으로 에
너지 체계를 전환해야 한다. 또한 다양성을 존중하고 사회적 약자를 보
호하는 국가와 민주주의를 수립하기 위해 다른 종교와 협력하고 평화문
화와 생태적 영성을 함양하는 생명목회와 생명선교를 실천해야 한다.

2. 생명경제를 향한 생명선교의 과제

2006년 세계교회협의회의 총회는 "아가페로의 부름"을 채택했다.[54]
이 문서는 아가페의 도전, 아가페 생명 경제를 위한 탄원, 정의로운 무역,
정의로운 금융, 변혁적 행동과 대안들을 제시하며 이런 문서는 에큐메니
컬 여정의 흐름을 보여줬다. 우리나라 생명 농업의 여러 사례[55]와 이주
노동자 선교, 이주민 선교[56] 등도 구체적인 대안들이다. 그리고 대한예
수교장로회 총회의 "생명 살리기운동 10년"과 "치유와 화해의 공동체 10
년 운동"에서 생명경제를 향한 생명선교의 사례들을 볼 수 있다. 이제는
한국판 뉴딜과 그린 뉴딜을 통해 한국 사회가 정의로운 대전환을 실현할
수 있는 경제, 사회, 산업의 구조조정을 이루도록 정부, 지자체, 기업, 노
동자, 시민들과 한국교회가 협력해야 한다.

---

54 세계교회협의회/김승환 옮김,『경제세계화와 아가페(AGAPE) 운동』(서울: 한국기독교
교회협의회, 한국기독교생명농업포럼, 2007).

55 아시아기독교협의회, 한국기독교생명농업포럼,「제1회 아시아 기독교생명농업포럼 평가
자료집」(2006년 11월).

56 황홍렬, "고용허가제 이후 이주민 선교의 과제와 전망" 장신대,『선교와 신학』제21집
(2008), 221-265.

3. 살림의 문화를 향한 생명선교의 과제

살림 문화의 특징은 노동자와 소수자의 존엄성을 인식하고 그것을 지키려 한다. 교회는 지구화나 정보사회의 부정적 충격을 최소화하고 원주민, 농민, 비정규직 노동자, 이주노동자[57]나 난민, 여성, 청년, 장애인, 노숙인, 북한이탈주민 등 그 희생자들을 돌보며 지구화나 정보사회로 하여금 인간과 피조물을 섬기기 위한 길을 찾도록 해야 한다. 성서의 안식일과 안식년, 희년을 지구화 시대에 맞게 새롭게 읽어야 한다. 대안적 매스컴은 기존 매스컴이 상품화하는 여성이나 판에 박은 듯이 그리는 인종적 소수 그룹, 정체성이 파괴되거나 왜곡되거나 아예 다뤄지지 않는 가난하고 소외된 사람들의 목소리를 모두에게 들려줘야 한다.

4. 평화문화 함양

학교는 어린이와 학생들에게 우정을 이루는 기술, 갈등 해결책, 분노 조절, 공감, 충동 통제, 서로의 차이를 축하하는 것을 가르쳐야 한다. 어린이들에게 인종, 나이, 장애, 종교, 경제적 상태 등이 다른 사람들의 현실을 바르게 인식하고, 더불어 사는 교육을 할수록 문화적 다양성 속에서 살 능력을 갖추게 된다. 부모가 학교 교육과 협력하는 것이 필요하다.[58] 회복적 정의를 통해 공동체, 학교[59], 사회, 국가, 국제관계의 회복

---

57 Christopher Duraisingh (ed.), *Called to One Hope: The Gospel in Diverse Cultures,* (Geneva: WCC Publications, 1998), 28.

58 Mary Yoder Holsopple, et. al., *Building Peace: Overcoming Violence in Communities,* (Geneva: WCC Publications, 1998), 28-37.

59 황홍렬, "학교폭력으로부터 평화로운 학교 만들기를 위한 교회의 선교과제- 좋은교사운동의 회복적 생활교육을 중심으로" 황홍렬, 『'헬조선'에 응답하는 한국교회 개혁』(서울:

을 이룩할 수 있다.

5. 평화의 영성과 생태적 영성 함양

영성은 우리를 하나님께, 인간의 뿌리로, 자연으로, 서로에게 그리고 우리 자신에게로 연결되어 있음을 뜻한다. 한국교회는 성령을 통한 하나님과의 관계가 회복되어 정의와 평화 되시는 예수를 따르는 신앙공동체로써 가난한 자의 해방과 구원을 위해서, 피조물의 구원을 위해서 유대인과 헬라인 사이에, 주인(부자)과 노예(가난한 자) 사이에, 남자와 여자 사이에 막힌 담을 십자가로 허무신 예수 그리스도를 따라 죄인들을 하나님께로 돌아오게 하고 사람과 사람, 사람과 피조물 사이에 화해자의 역할을 감당하고, 이 땅에 하나님 나라가 임하도록 평화의 영성, 생태적 영성을 함양해야 한다.

6. 생태적 문명을 향한 신학의 재구성- 생명신학과 생명선교신학의 수 립을 향하여

한국교회환경연구소가 편집한 『기후붕괴 시대, 아주 불편한 진실 조금 불편한 삶』[60]과 『현대생태신학자의 신학과 윤리』[61]와 한국교회환경연구소와 한국교회사학회가 엮은 『창조신앙 생태영성』[62], 임희모의 『한국교회 생명선교신학과 통전적 선교 전략』[63]과 같은 책들은 코로나19

동연, 2018) 159-202.

60 한국교회환경연구소, 『기후붕괴 시대, 아주 불편한 진실 조금 불편한 삶』 (서울: 동연, 2010).
61 한국교회환경연구소, 『현대생태신학자의 신학과 윤리』 (서울: 대한기독교서회, 2006).
62 한국교회환경연구소·한국교회사학회, 『창조신앙 생태영성』 (서울: 대한기독교서회, 2010).

팬데믹 상황에서 한국교회의 대전환을 위한 신학적 방향을 제시해준다. 문명사적 전환 속에서 산업 문명에 기반한 신학을 생태 문명에 기반한 생명신학[64]으로, 생명선교신학으로 재구성하는 과제는 신학자들의 중요하고도 긴급한 과제로 부상했다.

7. 생명목회와 생명선교의 구체적 방향으로써 마을목회[65]

마을목회는 마을이 중심이 되고 교회는 마을을 형성하여 마을이 성장하고 성숙하는 데 기여하는 마을의 한 기관이다. 마을 만들기는 산업화와 도시화로 무너진 마을을 재건하기 위해 대안적 사회와 대안적 가치를 추구한다. 마을만들기운동과 함께 마을목회는 주민들의 아래로부터의 대응은 풀뿌리민주주의를 지향하고, 시장의 경제주의로부터 벗어나서 마을 단위로 경제적 상호호혜와 재분배를 강조하고, 마을의 인적·물적·문화적 자원에 기반을 둔 사회적 경제 활동을 통해 자족할 수 있는 규모의 경제를 지향한다. 마을목회는 소비주의 문화나 획일적 일방적 문화를 벗어나서 개인의 정체성과 지역의 공동체를 살리는 문화를 지향한다. 또 마을목회는 학교가 입시지옥, 사교육과 경쟁으로부터 벗어나 소통, 참여, 돌봄과 배움의 공동체로 거듭나게 하고, 학교와 가족, 학교와 마을이 열린 보살핌과 돌봄(복지) 망을 지향한다. 마을목회는 소외와 배제, 승자독식의 사회관계가 아니라 소통과 나눔, 상호호혜의 이웃 관계를 지향하고 로컬 푸드, 대안에너지운동, 그린비지니스 등을 통해 마을

---

63 임희모, 『한국교회 생명선교신학과 통전적 선교 전략』 (케노시스, 2013).

64 샐리 맥페이그/김준우 옮김, 『기후변화와 신학의 재구성』 (서울: 한국기독교연구소, 2008).

65 황홍렬, "마을만들기, 마을목회와 마을목회의 신학적 근거" 강성열/백명기 엮음, 『한국교회의 미래와 마을목회』 (서울: 한들출판사, 2016), 133-211.

을 생태적으로 재구성하는 생태마을을 지향한다. 코로나19 팬데믹은 한 국교회로 하여금 마을목회를 선택하도록 요청하고 있으며, 한국교회의 미래가 여기에 달려 있다고 생각한다. 북미교회의 위기에 대응해 나온 선교적 교회가 한국교회 상황에서는 마을목회라고 생각한다.

8. 포스트 코로나 시대 생명교회

포스트 코로나 시대 생명교회는 가난한 자들을 위한 생명의 공간을 만들기 위해 하나님의 의로 다스리는 하나님의 나라를 지향하고, 가난한 자의 생명을 돌보고 생태계를 보전하는 하나님의 경제를 실천하기 위해 교회들이 일치하고 연합하여 삼위일체 하나님의 사랑을 따르는 사랑의 공동체, 치유공동체, 해방/구원공동체, 녹색교회가 되는 것이다.

9. 대안적 신학교육의 과제

부산장신대학교는 2009년부터 생명목회와 생명선교를 신학대학원 2학년 필수과목으로 지정해서 1학기 2학점 과목으로 1년간 가르치고 있 다. 교재로 사용하는 『생명목회와 생명선교 I, II』[66]는 전 지구적 위기, 생명목회·생명선교의 과제, 생명신학, 생명선교와 생명목회로 구성되어 있다. 오이코스운동은 예장 통합 교단 소속 신학대학교 교수들(대전신대, 부산장신대, 영신대, 장신대, 호신대)과 일부 기독교 대학교 교수(이화여대) 가 참여하여 오이코스 여름학교와 겨울학교 등을 통해 생명목회와 생명 선교를 가르치고 현장을 방문하며 지역의 생명선교적 과제를 발굴해서

---

66 부산장신대 생명목회위원회 편, 『생명목회와 생명선교 I, II』(서울: 올리브나무, 2011).

학생들 중심으로 발표했다. 부산장신대의 〈생명목회와 생명선교〉 수업과 오이코스운동은 신학교육의 전환을 위해 귀한 밑거름이 될 것이다.

10. 생명목회와 생명선교를 향한 목회자 계속교육

코로나19는 기존 목회와 선교, 신학교육 패러다임의 전환뿐 아니라 목회자의 목회 비전과 목회신학의 전환을 요청한다. 이는 목회자들의 계속 교육을 통해 이뤄질 수 있다. 지역 신학대학교의 평생교육원은 지역 노회와 연계하여 지역교회의 목회자들에게 생명신학, 생명목회, 생명선교, 한국판 뉴딜과 그린 뉴딜을 교육할 기회를 제공해야 한다.

11. 평화문화를 함양하고 생명교회를 향한 기독교교육

교회의 기독교교육 현장은 평화문화를 함양하는 평화교육이 뿌리를 내려야 할 곳이다. 교육목사를 비롯한 교육전도사 그리고 교회학교 교사들은 비폭력 대화와 회복적 정의를 통한 평화교육을 배우도록 격려해야 한다. 나아가 교회학교는 환경 주일에 환경예배를 드리고 성경학교와 수련회 등 각종 기독교교육을 통해 생태계의 위기와 기후붕괴에 대응하는 환경교육을 해야 한다. 그리고 위에서 제기했던 한국판 뉴딜과 그린 뉴딜의 올바른 방향과 구체적 사업들에 대해 교육을 해야 한다.

12. 국가적 녹색 뉴딜 정책 방향
─기후재앙에 대비하는 정책 방향 촉구를 위한 종교간 대화와 협력

문명사적 대전환은 궁극적으로는 가치관, 세계관의 문제이기에 종교의 역할이 대단히 중요하다. 각 종교의 생명에로의 회심이 전제되고, 종교간 대화와 협력이 절실하다. 한국교회는 역사적으로 1907년대 부흥운동을 통해 한국 기독교의 정체성을 형성하고 3·1운동을 통해 이웃 종교와 연대하여 민족의 십자가를 짐으로써 민족을 살리고 기독교가 한국의 종교로 뿌리내렸던 역사를 지니고 있다. 한국교회는 21세기 인류의 위기, 문명사적 대전환 앞에서 그런 역할을 다시 요구받고 있다. 기후 재앙과 생태계 위기 속에서 한국 개신교회는 한국판 뉴딜과 그린 뉴딜이 올바른 방향, 정의로운 전환으로 나아가도록 하고 지역에서 구체적 전환을 이루도록 이웃 종교와 홍보하고 협력해야 한다.

IV. 나오는 말

이제까지 이 글의 주요 주장은 다음과 같다. 첫째, 코로나19는 근본적으로는 인간의 생태계 파괴와 기후 붕괴에 의한 것으로 백신과 치료제가 개발되어도 새로운 바이러스가 출현할 수 있기에 코로나19에 대한 근본적 대응은 생태계 보전과 기후 붕괴를 막는 것이다. 둘째, 포스트 코로나 세계에 대한 전망으로는 기존체계의 강화, 반동의 강화, 복고적 혁명의 길, 진보적 개혁의 길이 있다. 이 길 중 유일한 대안은 진보적 개혁의 길로 산업 문명으로부터 생태 문명으로 전환이다. 셋째, 한국판 뉴딜과 그린 뉴딜에 대해 살펴보니 뉴딜의 기본정신이라 할 구제, 회복, 개혁에 미치지 못할 뿐 아니라 그린 뉴딜의 목표와 정의로운 전환의 방법도 결여하고 있다. 한국판 그린 뉴딜은 뉴딜 전체의 중심으로 삼아야 하고, 화석 산업연료 문명으로부터 탈탄소 사회로의 정의로운 전환을 이루기 위해 목표를 온실가스 감축, 일자리 창출, 사회적 불평등 해소, '생물 다양성'

보호, 재난 대비 안전망 구축 등으로 정하고, 정부, 지자체, NGO, 시민들의 거버넌스를 통해 실현해야 한다. 넷째, 코로나19 팬데믹 시대 한국교회의 선교 과제는 목회와 선교의 패러다임 전환, 생명경제를 향한 생명선교의 과제, 생명살림의 문화를 향한 생명선교의 과제, 평화문화, 평화의 영성과 생태적 영성 함양, 마을목회, 생명교회, 대안적 신학교육, 목회자의 계속교육, 평화문화와 생명교회를 향한 기독교교육, 문명사적 전환을 위한 종교간 대화와 협력 등이다.

코로나19 팬데믹 시기 한국교회의 환경교육

이진형*

I. 들어가며

코로나19 바이러스로 팬데믹이 선언되기 훨씬 이전의 일이었다. UN 식량농업기구(FAO)는 보고서를 통해 인류가 경험하지 못한 새로운 바이러스가 출현하게 될 것을 예측하였는데, 이러한 예측의 근거로 인간 거주지의 팽창, 야생동물의 서식지 침범, 야생동물의 포획과 이동, 개발로 인한 생태계 교란, 산림 파괴, 농업생산 증대를 위한 화학약품 사용, 가축과 야생동물의 동시 사육으로 인한 바이러스와의 접촉이 유례없이 확대되고 있으며 가축에 대한 광범위한 항생제 사용에 따른 바이러스의 저항성이 급속도로 증가하고 있음을 제시하였다. 또한 지구적인 기후변화로 인해 바이러스의 전파가 확대될 것도 예측하였는데 일본뇌염, 말라리아, 황열, 뎅기열, 웨스트나일열, 치쿤구니야열, 지카 바이러스 등과 같이 모

---

* 기독교환경운동연대 사무총장

기를 매개로 한 바이러스 감염증들은 기후변화로 인해 지구의 남반구와 아열대 지역에서 북반구 지역으로 확대되는 추세를 보인다. 지금 우리나라와 전 세계에서 수많은 감염자를 양산하고 있는 코로나19 바이러스가 확산한 근본적인 원인은 인간의 무분별한 개발로 인해 야생생물의 서식지가 감소하여 서식지가 전혀 다른 인간과 야생생물과의 접촉이 확대되었기 때문이고, 근본적으로 현 인류가 다른 생명체의 서식지를 침범하는 생태적으로 적절하지 못한 생존 양식을 지속하게 된다면 또 다른 바이러스로 인한 팬데믹을 피할 수 없다는 것이다.

지구에 존재하는 것으로 추정되는 약 160만 종의 바이러스는 지구 생태계의 왕성한 생명 활동의 근간이 되는 아주 중요한 존재이다. 우리 인간의 몸에만 해도 약 1만 종, 100조 개가량의 바이러스와 박테리아가 살아가고 있다. 지구 생태계의 생명체들은 새롭게 만난 바이러스와 생명을 건 싸움을 벌이기도 하지만 일반적으로는 바이러스와 함께 협력하여 생명 활동을 이어나간다. 그런데 현재 인간은 바이러스가 오랜 시간 공생 관계를 구축한 숙주 생명체들의 생존을 위협하며, 오랜 시간 조심스럽게 상호공존 관계를 구축하는 생태계의 방식을 뛰어넘어 갑작스러운 바이러스와 접촉하고 자신에게 도움이 되지 않으면 바이러스 자체를 멸종시키려 하는 아주 특이한 생존 양식을 가진 유별난 존재인 것이다.

따라서 우리는 이번 팬데믹 위기의 본질은 인류의 생존 양식이 지구 생태계 안에서 생태적으로 수용할 수 있는 범위를 넘어섰음을 알리는 생태적 위기임을 인식해야 한다. 신약의 개발과 새로운 방역지침만으로는 결코 이 위기를 벗어날 수 없으며, 인류의 생존 양식을 지구 생태계가 지속해서 형성한 상호공존의 생태적인 양식으로 전환하는 생태적 전환을 이루지 못한다면 이 생태적 위기에서 벗어나지 못할 것이라는 근본적인 인식과 태도의 변화가 필요하다. 그 때문에 지금 이러한 인식과 태도의 변화를 만들어 조속한 생태적 전환을 이루기 위해서는 인간사회 전체의 환경교육이 절실하다. 팬데믹의 위기와 함께 고조되고 있는 생태적 위기인 기후변화의 양상을 짐작건대 이러한 생태적 전환이 이루어지지 않는다면 인간사회 전체가 생태적 파국에 이를 수 있기 때문이다.

특히 정의, 평화, 창조 세계의 온전성(Justice, Peace, Integrity of Creation)을 선교적 과제로 삼고 있는 그리스도교 공동체에서는 생태적 전환을 이룰 수 있는 환경교육이 더욱 지속적이고 체계적으로 진행되어야 한다. 생태적 전환은 그리스도교 공동체가 정의, 평화, 창조 세계의 온전성을 회복하여 창조 세계에 적합한 존재로 살아가려는 전인적인 회심(repentance)과 성화(sanctification)의 과정에서 일어나는 일이기 때문이다.

II. 팬데믹 시기 환경교육의 중요성

환경교육은 인류가 환경오염과 생태계 파괴의 문제를 경험하면서 환경 문제 해결을 모색하는 과정에서 시작되었다. 인간의 과학기술이 비약적으로 발달함에 따라 인간사회의 성장과 풍요를 명분으로 진행되어온 개발과 그로 인한 환경오염이 생태계의 균형을 무너뜨려 자체적으로는 복원할 수 없는 환경 문제를 마주하게 된다. 이에 환경오염의 복구와 생태계의 회복을 위해 기계나 도구, 약품으로 오염된 환경을 정화하는 기술적인 방식으로 환경 문제를 해결해보려 한다.

이에 초기의 환경교육은 인간이 더욱 발전하고 풍요로워지기 위해서는 자연을 이용하고 개발하는 기술이 필요하다는 기술주의적 관점으로 시작된다. 환경 문제를 알리기 위하여 과학적이고 객관적인 자료를 제시하고, 오염된 자연을 기술적으로 정화하는 방법을 제시하면 환경 문제를 해결할 수 있다는 것이 기술주의적 환경교육의 관점이었는데, 오염된 환경을 복구하고 정화하기 위해서는 새로운 기술을 개발하여야 하며 이러한 기술을 이용한 기계와 도구와 약품을 생산해야 한다는 것이 환경교육의 방향이었다. 하지만 이 과정에서 또다시 새로운 기술에 의한 환경오염과 생태계 파괴가 발생하였고, 그 때문에 기술주의적인 방식으로는 환경 문제의 근본적인 해결이 있을 수 없다는 결론에 이르게 된다.

하지만 결국 자연은 인간과 상호의존의 관계로 존재하며 인간이 이용하고 착취하는 대상이 아니라 그 자체로서 가치를 지닌 존재라는 생태학적 인식에 이르게 되고, 환경교육은 생태학적 관점을 적극적으로 수용하게 된다. 생태학적 관점의 환경교육은 자연은 그 자체로서 가치 있는 것이며, 인간은 자연 생태계의 일부로서 존재한다는 생태학적 접근은 자연의 이용 가치가 아닌 존재가치의 측면을 부각해주었고, 자연과 인간의 관계를 이용 가치의 관계에서 상호의존 관계로 인식하게 하였다. 따라서 생태학적 관점에서 인간은 자연 일부이므로 자연이 파괴되면 인간도 파괴되는 것이기에 인간이 생태계를 파괴하는 것은 자신의 존재 기반을 무너뜨리는 어리석은 행동이라는 것을 깨닫고 생태계를 원래의 모습으로 유지하고 보호하는 방향으로 환경교육이 진행하게 되었다.

이처럼 환경 문제는 본질로 인간의 자연에 대한 인식을 기반으로 형성된 행태 및 생활 습관에 기인하기 때문에 인간의 생활 습관 및 환경의식을 변화시킬 수 있는 지속적이고 체계적인 교육이 필요하다. 환경교육은 개인과 사회가 지구 생태계 전반에서 발생하는 환경 문제의 인식과 감수성을 함양하고, 다양한 경험과 기본적인 이해를 고취하며, 환경 문제를 확인하고 해결하는 기능을 습득하고, 환경 보호와 환경 개선에 능동적으로 참여하려는 동기 및 환경에 대한 가치와 관심을 두도록 도와주며, 환경 문제의 해결 과정에 능동적이며 책임 있게 참여할 수 있게 하는

데에 목표를 두고 있다.

20세기 후반과 21세기에 들어 지속해서 확장된 세계화는 인간사회의 지역 간 상호의존성과 상호연계성을 심화시켜왔다. 하지만 동시에 세계화는 코로나19와 같은 팬데믹 상황 발생과 기후변화와 같은 지구적 환경 문제의 위기를 고조시켜왔다. 전 지구적인 환경 문제의 해결은 인류 공동체가 당면한 지구 생태계의 과제에 공동으로 대응하기 위한 생태적 인식을 고양하고 지구 생태계 모두의 정의, 평화, 생명을 추구하는 방향으로 교육의 방향을 이끌어 가는 데 있을 것이다. 하지만 지금 코로나19 팬데믹의 상황에서 일부 국가들은 배타적이고 국수적인 태도로 바이러스의 발현 원인과 방역 책임을 전가하고 있으며 다국적 제약회사들이 생산하는 백신을 독점적으로 공급받기 위한 거래에 혈안이 되어있다. 인류 공동의 협력과 연대가 더욱 절실한 상황에서 이와 같은 이기적, 분리적 행동은 당장의 이익을 손쉽게 얻는 방법이 될 수는 있어도 근본적인 문제 해결을 더욱 어렵게 만드는 일이 되고 있다. 따라서 팬데믹 시대의 환경교육은 자기중심적, 분리적, 폐쇄적, 이기적인 사고방식을 넘어서는 상호의존적, 공동체적, 과정적, 이타적인 의식을 고취하는 교육으로써 앞으로 그 중요성을 더하게 될 것이다.

III. 한국교회 환경교육의 전개 ― 기독교환경운동연대, 사)한국교회환경연구소의 사례를 중심으로

1960년대 후반부터 본격적으로 시작된 한국 사회의 경제개발은 오래지 않아 극심한 공해문제를 야기했다. 1970년대에 들어서면서 산업단지가 들어선 곳에서 환경오염의 문제가 드러나기 시작했고, 이로 인한 심각한 공해병들이 발병하였다. 이로 인해 한국 사회 안에서도 환경 문제의 심각성을 인식하고 환경 문제를 지구 생태계와 인간사회의 중요한 문제로 인식하는 환경 의식이 고취되기 시작하였고, 세계 기독교와의 교류 속에서 생태계 위기에 대한 신학적 문제의식을 접한 한국 기독교계를 중심으로 기독교사회선교운동과 환경문제를 접목하려는 시도로서 기독교환경운동연대와 한국교회환경연구소의 전신이 되는 '공해문제연구소'가 1982년에 출범하게 된다.

공해문제연구소는 공개강좌를 통해 공해 문제를 사회문제로 확산시키고 반공해운동가를 양성하려는 목적으로 1986년에 '공개강좌'를 개최한다. 8주간의 연속 강좌는 공해 문제의 올바른 인식, 서울 지역의 공해 문제, 농약과 가공식품으로 인한 식품 안전성 문제, 약품의 남용과 부작용 문제, 합성세제의 문제, 도농 생활공동체의 문제 등의 주제를 다루었고 이후 공개강좌는 공해문제연구소의 환경 문제 의식을 한국 사회에 확산하는 데 중요한 도구로 활용된다. 이후 공해문제연구소는 한국 사회의 공해 운동의 확대 속에 1989년에 한국반핵반공해평화연구소라는 이름으로 명칭을 변경했다가 1992년에는 기독교환경운동단체로서 정체성을 분명히 하기 위해 '한국교회환경연구소'로 다시 이름을 변경하게 된다. 이후 한국교회환경연구소는 본격적으로 한국교회의 환경 의식 고취와 기독교 신앙에 바탕을 둔 환경운동의 확산을 위한 한국교회환경학교, 환경통신강좌, 기독교환경대학 등의 다양한 환경교육 프로그램을 진행하게 된다.

1. 창조질서 보존을 위한 한국교회환경학교

1992년 한국교회환경연구소는 한국기독교교회협의회 환경위원회와 함께 기독교환경운동의 지도자 양성을 목적으로 '창조 질서 보존을 위한 한국교회환경학교'를 개최했다. 1기 '창조 질서 보존을 위한 한국교회환경학교'는 창조 질서 보전의 신학적 배경(김경재), 환경 문제에 대한 성서적 이해(김지철), 환경오염의 현황 1: 수질오염, 대기오염(유영재), 환경오염의 현황 2: 먹거리(김영원), 약품 공해(이경웅), 기술 문명과 기독교적 반성(김용준), 생태계와 환경윤리(김정욱), 핵과 환경(김원식), 산재와 직업병(박계열), 현장답사 '개발과 환경'(이경재), 환경선교와 교회의 역할(인명진), 민간환경운동의 실태(김종환)의 내용으로 진행이 되었고 마지막 시간에는 수강자들이 참여해서 준비한 '환경 포럼'이 진행되었는데, 환경포럼에서는 교회 환경교육의 활성화 방안, 개 교회에서 환경운동 실천 방안, 교단 차원의 환경운동 실천 방안, 환경오염 문제 대응 방안에 대해 수강생들의 토론을 진행했고, 환경학교 이후에는 '창조 질서 보존을 위한 제1기 한국교회환경학교 자료 모음'을 펴냈다.

창조 질서 보존을 위한 한국교회환경학교는 한국교회 안에서 진행된 최초의 체계적인 환경교육 프로그램으로써 이후 진행된 여러 환경교육 프로그램의 기틀이 되었다. 창조 질서 보존을 위한 한국교회환경학교는 환경 이론, 신학 이론 등 이론적인 교육뿐만이 아니라 환경정책, 환경오염 현장의 현황 등 실천적인 교육을 적절히 구성하였고, 일방적인 강의뿐만이 아니라 참가자들의 참여로 준비한 환경 포럼의 진행과 후속 활동 등으로 상호 교수학습방법이 적극적으로 활용되었다.

2. 환경통신강좌

1993년 한국교회환경연구소에서는 환경에 관심을 지닌 목회자와 평신도들이 전문적인 환경교육을 받고 각 교회와 지역을 중심으로 환경선교를 이끌어가도록 돕기 위해 환경통신강좌를 개설했다. 환경통신강좌는 환경 일반에 대한 교육과정, 실천을 위한 훈련과정, 지도자 훈련과정의 총 3단계 과정을 6개월씩 1년 6개월에 걸쳐 공부하는 것으로 구성이 되었는데, 지역교회에서 소모임을 구성하면 한국교회환경연구소에서 보내준 교재인 '교양과정 환경통신강좌'와 '환경교육의 길잡이'로 공부를 하고 결과물을 다시 한국교회환경연구소로 우편으로 보내 인증을 받는 형식이었다.

환경통신강좌 1단계 교양과정은 환경선교에 대한 신학적 근거(조성노), 환경 문제에 대한 성서적 이해(박준서), 생태계와 환경윤리(김정욱), 창조 세계의 파괴 현상(이경재), 수질오염의 현황과 개선방안(류재근), 대기오염의 원인과 현황(김정욱), 먹을거리 식량 위기(연구소), 쓰레기 문제(김종환), 에너지와 환경(유미호), 공해가 인체에 미치는 영향(임종한), 환경정책과 행정개선(연구소), 원자력과 환경(김영락), 독일교회의 환경선교사례(도여수), 실천사례연구(연구소)로 구성이 되었다.

환경통신강좌 2단계 실천과정은 성서연구의 주제로 하나님이 만드신 세상, 안식과 창조회복, 인간의 타락, 신음하는 피조물, 세상을 구원하러 오신 예수 그리스도, 깨어진 피소세계, 하나님의 자녀를 향한 새 위탁과 책임을 다루었고, 환경친화적인 생활 훈련의 주제로 물과 공기 부문, 흙과 에너지 부문, 먹을거리와 소비생활 부문, 생명 길 좁은 문 운동, 지역 환경을 살리기 위한 교회의 실천으로 구성이 되었다.

환경통신강좌 3단계 지도자 과정은 환경 도서 읽기(그린 크리스천, 생태계의 위기와 신학, 소비사회의 극복, 녹색평론 선집)를 하고 환경선교 실천 방안을 구상하는 과정이었는데, 교회 전공은 자신이 속한 교회의 환경 활동을 분석하고, 사례교회를 탐방하는 것으로, 지역 전공은 지역 공해 지도 만들기, 환경감시 활동, 지역 환경 의식 설문조사를 진행하는 것으로 구성이 되었다.

환경통신강좌는 한국교회환경연구소의 대표적인 환경교육 프로그램으로써 수년에 걸쳐 각 단계가 지역교회와 단체에서 지속해서 운영되어 수많은 수료생을 배출하여 환경 문제에 대한 인식을 확산시키고 기독교 환경운동의 저변을 지역교회로 확산시킨 계기가 되었다. 아울러 실천 과정과 심화 과정을 통해 기독교 환경운동이 단순한 윤리적인 실천 운동의 차원에 머무는 것이 아니라 기독교 신앙의 본원적인 성찰을 통한 신앙 운동의 차원으로 접근하는 계기를 마련했다.

3. 새로운 세상을 여는 강좌

기독교환경운동의 확산을 위해 기독교환경운동연대를 출범한 이듬해인 1998년에는 한국교회환경연구소가 '새로운 세상을 여는 첫 번째 공부과정'으로 '생태적 삶을 추구하는 영성 강좌'를 열게 된다. 생태적 삶을 추구하는 영성 강좌는 생태적 삶을 추구하는 영성(이현주), 자연 인간 종교(길희성), 성서와 영성(김이곤), 대자연의 이치와 소우주로서 인체(박선준), 동양사상과 생명의 사(송항룡), 생명 공경의 삶과 영성(정일우), 현대과학과 우주 생명(장회익), 정원살림마을 현장 탐방(장길섭), 아씨시 성 프란시스의 생명사상과 삶(엄두섭), 자연적 삶과 영성수련(곽노순), 창조 영성과 한국교회(이정배)로 구성이 되었다.

이듬해인 1999년에는 '새로운 세상을 여는 두 번째 공부과정'으로 '생태 위기와 인간의 삶'이란 주제의 강좌가 개최되었는데, 생태학적 예배로 열기, 단편영화 상영(Cosmic zoom), 기독교 반 생태적인가 생태적인가(이정배), 민속에 나타난 생태적 지혜(주강현), 화엄의 길 생명의 길(도법), 생태 위기 시대의 자연 인식(류창희), 자연생태 슬라이드 상영, 생태적 관점에서 본 죽음 그리고 삶 수련(이현주), 생태적 삶으로서 농사와 도농공동체(김정택), 인류 문명사 속의 생태공동체(전경수), 생태공동체를 위한 대안교육(송순재), 이현필의 생태적 삶과 수도원 이야기(이병창), 생태학적 고백하기로 구성이 되었다.

해를 걸러 2001년에는 '새로운 세상을 여는 세 번째 공부 과정'으로 '생태 감수성 회복을 위한 강좌'가 열렸고, 느림의 철학과 생태적 감수성(정수복), 사물과의 대화(이현주), 동물의 생태학과 인간의 본성(최재천), 숲이 주는 감수성(김기원), 현장 교육 별과의 대화, 별 은하 우주(송영종), 야마기사회 실현지 탐방, 돈 없이 사는 생태적 삶(서혜란), 문명의 생태학(김찬호), 도심 속의 환경 환경교육(김재일), 갯벌과 철새(제종길), 그림에 담긴 상생의 발견(이호신)으로 구성이 되었다.

세 번에 걸쳐 진행된 '새로운 세상을 여는 강좌'는 기독교 환경운동을 신앙 운동에서 영성적 차원으로 한 차원을 높이는 계기가 되었으며, 깊이 있는 생태학 이론을 접하면서 다양한 생태공동체 운동과 기독교 환경운동의 대화를 이끌어내는 계기가 되었다. 이후 강좌 내용을 엮은 '생태적 삶을 추구하는 영성'과 '자연과 인간의 아름다운 만남'이라는 책이 출간되어 기독교 환경교육 자료로 활용이 되었다.

4. 기독교 환경대학

기독교환경운동연대는 기독교환경운동의 환경교육을 강화하는 차원에서 심도 있고 전문적인 집중교육을 통해 교회의 환경교육 지도자를 양성하기 위한 차원에서 기독교 환경대학을 개설한다.

2005년에 열린 첫 과정은 우리나라 환경 문제의 진단과 교회의 역할(김정욱), 녹색은총과 적색은총(장도곤), 지속 가능한 소비와 녹색가게(남미정), 기독인의 눈으로 본 환경과 건강(임종한), 허브 식물을 이용한 교회 환경 개선(홍혜옥), 교회환경운동의 활성화를 위한 워크숍으로 진행이 되었고, 2006년에 열린 두 번째 과정은 지구환경문제와 창조신앙(양재성), 우리나라 환경문제의 진단과 교회의 역할(김정욱), 기독교와 생태학 그리고 여성(전현식), 녹색교회 어떻게 실현할 것인가(김영균), 우리 주변의 나무 알기 교회 숲 조성과 관리(손요환), 기독인의 눈으로 본 환경과 건강(임종한), 허브 식물로 실내 환경 개선하기(홍혜옥), 지속 가능한 소비와 녹색 가게(남미정), 자연의 순환과 생명밥상 빈그릇 운동(유미호), 공동 워크숍으로 진행이 되었으며, 2007년에 열린 과정에서는 봄과 가을학기에 걸쳐서 지구 생태계를 구원할 창조신앙(최완택), 우리나라 환경 문제의 진단과 교회의 역할(김정욱), 우리를 병들게 하는 생활 속 유해물질과 대안(주미덕), 회색도시 속에 초록을 꿈꾸는 교회(김영균), 지구 온난화와 교회의 책임(양재성), 술과 인간 문화와 종교(이광우), 몸과 마음 땅을 살리는 생명밥상 빈그릇 운동(유미호), 도시 농부의 텃밭 이야기(안병덕), 우리 손으로 만드는 생활 속 환경 실천(이경자, 이승원), 초록 그리스도인의 생각 나눔, 생태감수성(김기석), 쓰레기 시멘트(최병성), 창조영성(박성용), 녹색의 하나님(양재성) 등으로 강좌가 진행되었다.

기독교환경대학은 다양한 영역의 환경 문제에 관한 관심을 포괄하면서도 전통적으로 환경운동이 고민해온 환경이론과 기독교 환경운동의 관심사들을 깊이 있게 접근하는 환경교육 과정이 되었으며, 그동안 기독교환경운동연대가 진행해온 환경교육 과정에 참여하여 심화 교육을 이수한 지도자들이 교육과정의 강사로 참여하여 활동하는 장으로 활용되었다.

5. 녹색교회 운동

기독교환경운동연대는 한국교회는 생태환경의 위기 시대에 교회가 해야 할 일을 초대교회 신앙 고백의 형식을 빌려서 표현한 '녹색교회 10 개 다짐'을 만들어 발표하고 이를 바탕으로 하는 녹색교회운동을 전개했다. 녹색교회는 예배, 교육, 봉사, 선교, 조직 등 교회의 전반에서 창조 세계를 보전하는 일에 앞장서고자 하는 교회로 2006년부터는 한국기독교교회협의회(NCCK)와 기독교환경운동연대가 공동으로 전국 각 교단의 대표적이고 모범적인 녹색교회를 선정하여 올해의 녹색교회를 발표하고 시상을 진행했다. 녹색교회운동은 기독교환경운동연대가 개교회의 차원에서 환경교육이 진행되어야 할 분야와 항목을 제시했다는 점에서 한국교회에서 기독교 환경교육의 확산에 적지 않은 기여를 했다. 녹색교회의 선정 기준표는 다음과 같다.

항목	네	아니요
제1 다짐 | 우리는 만물을 창조하고 보전하시는 하나님을 예배한다.		
환경주일, 환경선교주일 예배를 드린다.		
예배에서 창조 세계의 보전을 위한 말씀을 나눈다.		
예식을 통해 모든 생명의 소중함을 고백한다.		
제2 다짐 | 우리는 하나님 안에서 사람과 자연이 한 몸임을 고백한다.		
고통받는 창조 세계를 위한 기도의 시간을 갖는다.		
자연으로 나가서 하나님을 만나는 예배를 드린다.		
텃밭을 가꾸거나 동식물을 기르도록 권면한다.		
제3 다짐 | 우리는 창조 세계의 보전에 대하여 교육한다.		
생태환경을 주제로 성경을 읽고 공부한다.		
창조 세계의 보전을 위한 사경회 및 특강을 갖는다.		
단순하고 소박하고 검소한 삶을 살도록 권면한다.		

항목	네	아니요
제4 다짐 | 우리는 어린이와 청소년을 친환경적으로 양육한다.		
교회학교에서 생명의 소중함을 일깨우는 신앙교육을 한다.		
교회학교 학생들에게 건강한 먹을거리를 나누어준다.		
교회학교 학생들을 위한 녹색장터(아나바다 장터)를 연다.		
제5 다짐 | 우리는 생태환경을 살리는 교회 조직을 운영한다.		
교회에 생태환경 관련 부서, 모임을 조직한다.		
창조 세계의 보전을 위한 헌금과 예산을 편성한다.		
생태환경 담당자를 두고 관련 교육을 받게 한다.		
제6 다짐 | 우리는 교회가 절제하는 생활에 앞장선다.		
순서지나 현수막 제작을 줄이고 행사를 간소하게 진행한다.		
예배실 장식, 모임과 회의에 일회용품 사용을 자제한다.		
과도한 조명, 음향, 냉난방을 절제하고, 물을 아껴 쓴다.		
제7 다짐 | 우리는 생명밥상을 차린다.		
안전한 생협 식품을 이용할 수 있도록 안내한다.		
수입, 가공식품을 줄이고 제철 음식을 먹도록 권면한다.		
건강한 음식을 남김없이 먹는 빈 그릇 운동을 교육한다.		
제8 다짐 | 우리는 교회를 푸르게 가꾼다.		
교회에 작은 정원을 만들거나 화단, 텃밭을 가꾼다.		
효율이 높은 전기기구를 사용하고 재생에너지 생산 설비를 설치한다.		
자가용 대신 걷거나 자전거나 대중교통을 이용하도록 권면한다.		
제9 다짐 | 우리는 초록 가게를 운영한다.		
초록가게(재활용 장터)를 운영하고 환경 관련 정보를 나눈다.		
재생용지 복사지 등 친환경 상품을 구매하는 녹색구매를 권장한다.		
도시교회와 농촌교회가 협력하는 농산물 직거래사업을 진행한다.		
제10 다짐 | 우리는 창조 세계의 보전을 위하여 지역사회와 힘을 모은다.		
지역사회를 위한 생태환경선교 프로그램을 운영한다.		

항목	네	아니요
지역사회의 생태환경 현안에 관심을 두고 참여한다.		
지역사회의 생태환경을 회복시키는 활동을 진행한다.		

IV. 생태적 위기 속의 기독교 환경교육의 방향

지금 전 세계는 기후변화라는 국지적인 가뭄과 홍수, 농업 생산성의 감소, 해수면 상승으로 인한 해안 저지대의 침수, 대규모의 화재, 기후 난민과 기후분쟁 발생, 생물 멸종의 생태적 위기를 경험하고 있다. 문제는 이러한 기후변화의 속도가 예상보다 너무 빠르고, 그 피해도 상상을 초월하고 있다는 것이다. 우리는 2020년 봄철 저온 현상과 60여 일간 계속된 장마를 통해 기후변화는 일시에 농업 생산성을 떨어뜨릴 수 있다는 것을 경험하게 되었다. 기상청에서는 기후변화로 인한 해수면의 온도 상승으로 한반도에 한 해 슈퍼태풍을 비롯해 20여 개의 태풍이 영향을 끼칠 수 있다고 예측을 하고 있다. 전문가들은 가장 먼저 기후변화로 식량 생산이 감소하는 것에서 세계 경제체제의 위기가 닥칠 것으로 예측을 하고 있다. 수백만 명의 난민을 발생시킨 시리아 내전이 중동지역의 기후변화로 인한 농업생산 감소와 밀 수출국인 러시아의 밀수출 중단으로 시리아의 경제가 붕괴했기 때문에 발생한 사건이라는 것을 돌아볼 때, 식량자급률이 턱없이 부족한 우리나라 역시 기후변화로 인한 위기에 매우 큰 사회경제적 혼란을 겪게 될 것으로 보인다.

또한 기후변화는 대량의 기후 난민을 발생시키고 대규모의 기후분쟁을 지속시킬 것이다. 기후변화에 관한 정부 간 협의체(IPCC)에서는 2050년 무렵에는 3억 명의 기후 난민이 발생할 것으로 예측을 하고 있고, 지속적인 기후변화로 지구의 평균기온이 3도 상승한다고 했을 때 극지방의 빙하 대부분이 녹아 해수면의 상승이 50m에 이르게 될 것이라고 예측하고 있다. 그런 상황이 일어나면 해안 도시에 주거하는 수십억 명의 사람들이 기후 난민이 되어 상당수가 굶주리게 될 것이고 해안 저지대의 농경지와 산업 시설도 대부분 물에 잠겨버릴 것이며 해안가에 건설된 핵발전소들은 줄줄이 후쿠시마 핵발전소와 같은 통제 불능의 상황에 빠지게 될 것이다. 기후 위기는 그동안 인류가 쌓아온 문명과 경제 시스템을 한순간에 붕괴시킬 수 있는 파괴력이 큰 위기이다.

이러한 기후 위기에 대응하기 위해 가장 시급한 것은 에너지 전환이다. 온실가스인 이산화탄소를 배출하는 화석에너지와 수십만 년 동안 지속해서 관리를 필요로 하는 핵 쓰레기를 만들어내는 핵에너지의 사용을 중단하고 햇빛과 바람과 물을 이용하는 재생가능에너지의 사용을 확대해야 한다. 독일의 경우는 2022년까지 모든 핵발전을 중단하고 2038년까지는 석탄발전마저 중단하는 에너지 전환 계획을 수립하여 그 시기를 앞당기기 위해 노력하고 있고, 유럽(EU) 의회는 2050년까지 회원국들이 탄소 배출 저감과 재생에너지의 확대로 탄소 배출이 제로(0)가 되는 '넷 제로'(Net Zero)를 실현할 것을 결의하였다. 하지만 이러한 몇몇 나라의 노력과는 다르게 우리나라를 포함한 세계 대부분 나라는 넷 제로에 근접하지도 못한 온실가스 감축 계획을 세우고 있으며, 아예 미국처럼 기후변화의 현실을 인정하지 않고 기후변화협약을 탈퇴해버리는 비이성적인 행태를 보이기도 한다. 오늘 당장 전 세계가 넷 제로를 실현한다고 해도 대기 중에 배출된 이산화탄소는 수백 년 동안 계속해서 기후변화의 요인으로 작용할 것이다. 앞으로 수백 년 동안 인류는 급격한 기후변화에 적응해야 하는 고통을 감수할 수밖에 없다.

그런데 더욱 심각한 것은 에너지 전환이 기후변화 위기의 근본적인 해결책은 아니라는 것이다. 결국, 기후변화가 인간중심주의와 성장주의를 기반으로 하는 근대 자본주의 세계 경제체제에서 비롯된 사건이기에 기후변화의 근본적인 대응책은 우리 사회가 생명 중심의 지속 가능 사회로, 생명 경제체제의 미래 문명으로 전환하는 생태적 전환이 필요하다. 생태적 전환의 핵심은 지구 생태계의 한계와 지속가능성을 고려한, 생태적으로 정의롭고 평화로운 생명 경제를 모색하고 실현하는 것이고, 이를 위해서는 생태적인 가치를 경제적 가치를 포함한 모든 사회적 가치 가운데 가장 높은 곳에 자리매김하고자 하는 생태환경교육이 필요불가결하다.

이에 기독교환경운동연대에서는 2021년부터 한국기독교교회협의회 교육위원회를 비롯한 에큐메니컬 단체들과 함께 '한국교회 아카데미'라는 교육 플랫폼을 공유하여 '생태정의 아카데미'를 진행할 수 있도록 준비하고 있다. 생태정의는 환경이라는 용어가 가지고 있는 인간 중심성을 극복하고 생태계의 일원으로써 생태적 부정의를 바로잡는 의미로 사용되는 용어로 생태정의 아카데미는 생태적 전환을 위해 우리 사회와 한국교회가 무엇을 준비하고, 구체적으로 어떻게 참여해나가야 할지를 포괄적으로 다루게 될 것이다. 생태정의 아카데미에서 다루게 될 주제는 기독교 환경운동과 생태정의, 생태신학과 생태정의, 기독교윤리와 생태정의, 구약성서와 생태정의, 신약성서와 생태정의, 해방신학과 생태정의, 여성신학과 생태정의, 에큐메니칼 운동과 생태정의, 기독교교육과 생태정의, 선교신학과 생태정의, 영성과 생태정의 등 기독교 신학의 분야를 생태정의의 관점에서 조망하는 과정과, 세계 기후 위기운동과 생태정의, 탈핵 운동과 생태정의, 에너지전환과 생태정의, '생물 다양성'과 생태정의, 한국 경제와 생태정의, 건강과 생태정의, 한국 환경정책과 생태정의, 그린 뉴딜과 생태정의, 한국 생태계 보존과 생태정의, 먹을거리와 생태정의, 동물권과 생태정의, 교육과 생태정의 등 한국 사회에서 새롭게 부각되고 있는 생태정의 운동들을 망라하는 과정으로 진행될 예정이다.

이와 함께 기독교환경교육의 방향을 설정하면서 지난 2019년 세계교회협의회 교육위원회의 이름으로 발표된 '녹색종교개혁: 생태학, 종교, 교육 그리고 에큐메니컬 운동의 미래' 문서에 주목할 필요가 있다. 이 문서에서는 생태적인 관점으로 경전을 다시 읽고, 생태적 관점으로 문화적 전통 및 상황들을 고찰하며, 신학교육이 다양한 생태적 전통에 관심을 기울일 것을 강조하고 있다. 이 문서는 생태적인 관점으로 경전을 다시 읽음으로써 우리는 하나님의 사랑이 인간 외에 존재들과 피조물들을 포함하고 있으며, 인간은 생명 그물의 부분으로서 창조 세계에 상호의존적으로 존재한다는 것을 다양한 표현으로 깨닫게 되며, 생태적 관점으로 문화적 전통 및 상황들을 고찰하면서 생태계의 상호연결성, 관계성 그리고 은총과 구원과 부활과 종말에 관한 새로운 관점을 얻게 되며, 신학교육이 다양한 생태적 전통에 관심을 기울임으로써 새로운 교육 패러다임 속에서 창조 세계를 돌보고 모든 피조물을 행복하게 하는 일이 교회들과 종교 공동체들의 임무라는 사실을 발견하게 된다고 이야기하고 있다.

예를 들어 성서를 기후 위기의 시각으로 다시 읽게 된다면 창세기의 대홍수 사건과 바벨탑 이야기에 이어 아브라함의 아버지 데라로부터 시작되어 모세로 이어지는 야훼 신앙인들의 가나안 땅을 향한 열망과 여정에서 야훼 하나님을 믿었던 이들이 기후 난민들이었고 이들의 신앙이 기후 위기에서 출발하였다는 것을 바라보게 된다. 그리고 이들이 간절히 바랐던 '젖과 꿀이 흐르는 땅'은 지배와 수탈의 제국주의적인 삶이 아니라, 상호의존의 생태적인 삶으로부터 만들어지는 창조 세계의 온전함을 지키고 돌보는 삶을 따라 살아가는 믿음의 삶을 유지할 때 이루어지는 공간이었다는 것을 깨닫게 되며, 창세기의 '젖과 꿀이 흐르는 땅'은 결국 예수 그리스도의 십자가 희생의 삶이 희망을 살려내어 요한계시록의 '새 하늘 새 땅'의 계시를 통해 다시 우리의 믿음으로 이루어야 할 세계라는 것을 생각하게 된다.

아울러 이 문서는 생태적 위기의 도전에 대해 교회가 연합하고 창조와 생태정의를 위한 예언자적 목소리를 높이는 것이 중요하기에 신학교 및 기타 교육 기관에 생태신학 과정을 포함시키고 체험 및 봉사 등 창조 세계를 위한 실천의 가능성을 제공하는 워크숍, 수업 및 탐방을 커리큘럼에 포함하고, 그러한 활동의 영적 차원을 발전시킬 것과 생태계 연구 프로그램과 지속 가능하고 정의로운 사회를 만드는 교육방법론을 장려하기 위해 교육 및 정치 의사 결정자들의 주위를 환기해야 한다는 권고를 하고 있다. 결국, 생태적 위기 시대에 기독교 환경교육은 기존의 교육 패러다임을 뛰어넘는 생태적 주제로의 과감한 변화와 생태교육 방법론의 적극적인 수용을 통해 더욱 중요한 역할을 수행해야 한다는 것이다.

V. 나가며

많은 사람이 기후변화에 대해 알고 있고 기후변화가 심각한 위기라고 생각을 하고 있지만, 기후변화가 인류와 지구 생태계의 종말을 가져올 상황으로 전개될 수 있는 위기 상황이라는 것은 잘 알지 못한다. 기후변화에 관한 정부 간 협의체(IPCC)가 2018년도에 발표한 '1.5도 특별 보고서'는 지구의 평균기온이 2도가 오르게 될 경우, 해수면 상승으로 1.5도 상승일 때에 비해 천만 명의 사람들이 더 피해를 볼 것이고, 2도 상승의 경우 동식물의 서식지가 1.5도 상승보다 서식지가 절반으로 감소해 생태계 위험성이 2배가 되는 '매우 높은 위험' 상태가 되며, 북극이 10년에 한 번꼴로 완전 해빙이 되고 해양 산호의 90%가 소멸하게 되어 수억 명의 기후 난민이 발생하게 된다고 밝히고 있다. '1.5도 특별보고서'는 현재 속도로 지구 온난화가 진행되면 2030-2052년 사이에 지구 평균기온 상승이 1.5도를 넘어서고, 2100년에는 평균기온 상승이 3도에 이를 것으로 예측하고 있다. 그런데 이러한 생태적 파국은 우리의 예상보다 더욱 빠른 속도로 진행되고 있다.

과연 우리는 생태적 위기로부터 지구 생태계를 구할 수 있을까? 1.5도 특별 보고서는 기술적인 노력과 지속 가능한 발전을 위한 사회시스템 전환이 시너지 효과를 만들면, 기후변화에 대응하는 더욱 비용을 줄여나갈 수도 있으리라 전망하고 있다. 지금 1.5도 억제를 위해 필요한 비용은 세계 GDP의 1% 남짓으로, 세계 정부의 의지만 있다면 세계 경제가 충분히 감당할 수 있는 수준이라는 것이다. 이 보고서는 우리는 아직 기후변화의 임계점(Tipping Point)을 넘지 않았으며 우리의 의지와 노력으로 '높은 위험' 수준일망정 지구를 생명의 공동체로 유지할 수 있다는 가능성을 이야기하고 있다.

이러한 상황에서 교회는 무엇을 할 수 있을까? 침몰하는 타이타닉호에서 마지막까지 아름다운 연주를 하던 악사들처럼, 그저 기후변화의 불구덩이에서도 아름다운 천국을 노래하며 지구 생명의 역사를 마무리 짓는 것으로 만족해야 할 것인가? 아니면 이집트를 탈출해 광야로 나선 히브리 사람들처럼, 기후변화를 만들어낸 현대 산업 문명을 넘어서서 지구 생명이 간절히 기다리는 희망을 찾아 나서는 생태적 출애굽의 길잡이가 될 것인가? 기독교 환경교육은 바로 이러한 물음의 응답이 되어야 할 것이다.

아직도 인간은 인간 자신과 인간이 필요로 하는 일부 종 이외는 지구 생태계에서 상호의존적인 관계 맺기를 거부하고 인간이 만들어낸 일방적인 시스템으로 지구 생태계를 종속시키려고 하는 과오에서 벗어나지 못하고 있다. 하지만, 코로나19 팬데믹의 경험을 인류가 지구 생태계와 새로운 관계를 맺는 생태적 전환(Ecological transiction)의 계기로 삼는다면 지구 생태계와 인간 공존의 시간이 연장될 수도 있을 것이다. 생명과 평화와 정의의 하나님께서는 우리가 이러한 상황에서 어떠한 일이 있더라도 희망을 선택하기를 바라실 것이다.

참고문헌

1부 _ 코로나19 시대, 한국교회 신학의 과제

코로나19 전염병과 바이러스 야웨 | 강성열

구덕관.『구약개론(하)』. 서울: 대한기독교출판사, 1986.

김서형.『전염병이 휩쓴 세계사』. 서울: 살림, 2020.

로버트 치즈홀름/강성열 옮김.『예언서 개론』. 서울: 크리스챤 다이제스트, 2006.

안명준 외 17인 공저.『전염병과 마주한 기독교』. 서울: 다함, 2020.

월터 브루그만/신지철 옮김.『다시 춤추기 시작할 때까지』. 서울: 한국기독학생회출판부, 2020.

제이슨 셍커/박성현 옮김.『코로나 이후의 세계』. 서울: 미디어숲, 2020.

Ackroyd, P. R. "יד," *Theological Dictionary of the Old Testament*, vol. V (Grand Rapids: Eerdmans, 1986), 393-426.

Ashley, T. R. *The Book of Numbers*, The New International Commentary of the Old Testament. Grand Rapids: Eerdmans, 1993.

Cartledge, Tony W. *1 & 2 Samuel*, Smyth & Helwys Bible Commentary. Macon: Smyth&Helwys, 2001.

Christensen, D. L. *Deuteronomy 21:10-34:12*, Word Biblical Commentary. Nashville, Thomas Nelson Publishers, 2002.

Dahood, M. *Psalms II (51-100)*, The Anchor Bible. New York: Doubleday, 1983.

Durham, J. I. *Exodus*, Word Biblical Commentary. Waco: Word Books, 1987.

Gray, John. *I & II Kings*, Old Testament Library. London: SCM Press, 1980.

Harrison, R. K. "Disease," *The Interpreter's Dictionary of the Bible*, vol. 1 (New York: Abingdon Press, 1962), 847-854.

Hertzberg, H. W. *I & II Samuel*, Old Testament Library. Philadelphia: The Westminster Press, 1964), 54-55.

Hyatt, J. P. *Exodus*, The New Century Bible Commentary. Grand Rapids: Eerdmans, 1983.

Japhet, Sara *I & II Chronicles*, Old Testament Library. Louisville: Westminster John Knox Press, 1993.

Jones, G. H. *1 and 2 Kings,* vol. I, The New Century Bible Commentary. Grand Rapids: Eerdmans, 1994.

McCarter Jr., P. Kyle. *I Samuel,* The Anchor Bible. New York: Doubleday, 1980.

_____. *II Samuel,* The Anchor Bible. New York: Doubleday, 1984.

Miller P. D. and J. J. M. Roberts. *The Hand of the Lord: A Reassessment of the "Ark Narrative"* of I Samuel. Baltimore: Johns Hopkins Univ. Press, 1977.

Newsome, J. D. *The Hebrew Prophets.* Atlanta: John Knox Press, 1984.

Palmer, Bernard (ed.). *Medicine and the Bible.* Exeter: Paternoster Press, 1986.

Roberts, J. J. M. "The Hand of Yahweh," *Vetus Testamentum* 21 (1971), 244-251.

Sussman, Max. "Sickness and Disease," *The Anchor Bible Dictionary,* vol. 6 (New York: Doubleday, 1992), 6-15.

Tate, Marvine. *Psalms 51-100,* Word Biblical Commentary. Dallas: Word Books, 1990.

Weiser, A. *The Psalms,* Old Testament Library. London: SCM Press, 1982.

Wilkinson, J. "The Philistine Epidemic of 1 Samuel 5 and 6," *Expository Times* 88 (1977), 137-141.

Wolff, H. W. *Hosea,* Hermeneia, tr. Gary Stansell. Philadelphia: Fortress, 1974.

http://www.kidok.com)http://www.kidok.com/news/articleView.html?idxno=205759.

기후붕괴, 문명의 전환 그리고 신학의 재구성 ㅣ 장윤재

데이비드 코튼. 『기업이 세계를 지배할 때』 (*When Corporations Rule the World*). 서울: 세종서적, 1997.

도로테 죌레. 『신비와 저항』. 서울: 이화여대 출판부, 2007).

셸리 맥페이그 『기후변화와 신학의 재구성』. 서울: 기독교연구소, 2008.

션 맥도나/함미자 옮김. 『기후변화』 (*Climate Change: The Challenge to All of Us*). 분도, 2006.

윤순진. "기후변화가 요구하는 시대적 성찰." <2008 기독교환경운동 정책세미나> 발제문 (2008. 12. 19.).

이정배. "기후변화와 신학의 재구성 - S. 맥페이그의 新刊을 중심하여." <2008 기독교환경운동 정책세미나> 발제문.

제레미 리프킨. 『엔트로피』. 서울: 세종연구원, 2000.

채수일. "신자유주의에 대한 교회의 대응: 돈으로 하는 에큐메니컬 운동." 「기독교사상」 (2001/1).

필립 뉴엘. 『켈트 영성 이야기』. 서울: 대한기독교서회, 2001.

Cobb, Jr., John B. *Sustainability: Economics, Ecology, and Justice*. Eugene, OR.: Wipf and Stock, 1992.

Daly, Herman E. and Townsend, Kenneth N. *Valuing the Earth: Economics, Ecology, Ethics*. Cambridge, Mass.: MIT Press, 1993.

Daly, Herman E. *Beyond Growth: The Economics of Sustainable Development*. Boston: Beacon Press, 1996.

Delio, Illa. *Christ in Evolution*. Maryknoll, New York: Orbis, 2008.

McFague, Sallie. *Life Abundant: Rethinking Theology and Economy for a Planet in Peril*. Minneapolis: Fortress Press, 2001.

Schumacher, E.F. *Small Is Beautiful: Economics as if People Mattered*. New York: Harper & Row, 1973.

White, Jr., Lynn. "The Historical Roots of Our Ecological Crisis." *Science* 155 (1967).

2부 _ 코로나19 시대, 한국교회 목회의 과제

코로나19, 생태계의 위기와 한국교회의 목회적 과제 ┃ 신재식

가이아 빈스/김명주 옮김. 『인류세의 모험』. 서울: 곰출판, 2018,
다이앤 애커먼/김명남 옮김. 『인류세의 시대』. 서울: 문학동네, 2017.
데이비드 콰먼/김병철 옮김. 『인수공통 모든 전염병의 열쇠』. 서울: 꿈꿀자유, 2013.
마샬 맥루한/박정규 옮김. 『미디어의 이해: 인간의 확장』. 서울: 커뮤니케이션북스, 1997.
마틴 노왁·로저 하이필드/허준석 옮김. 『초협력자』, 서울: 사이언스북스, 2012.
매튜 리버먼/최호영 옮김. 『사회적 뇌』. 서울: 시공사, 2015.
수전 그린필드/이한음 옮김. 『마인드 체인지』, 서울: 북라이프, 2015.
세계자연기금 한국본부. 『지구생명보고서 2020 요약본』. 2020.
세계자연기금 한국본부. 『지구생명보고서 2016 요약본』. 2016.
세계자연기금 한국본부, 『한국 생태발자국 보고서 2016』. 2016.
신재식. 「전자시대의 기독교와 문자 이후 시대의 신학」, 『신학이해』. 제20집. 2000.
에드워드 윌슨/이한음 옮김. 『지구의 정복자』, 서울: 사이언스북스, 2013.
윌리엄 포어/신경혜·홍경원 옮김. 『매스미디어 시대의 복음과 문화』. 서울: 대한기독교서회, 1998.
진 트웬지/김현정 옮김. 『#i세대』, 서울: 매일경제신문사, 2018.

최평순, 다큐프라임 <인류세> 제작팀.『인류세: 인간의 시대』. 서울: 해나무, 2020.

Crutzen, Paul J. "Geology of Mankind." *Nature* 415. 23. 2002.

Steffen, Will, Paul J. Crutzen and John R. McNeill. "The Anthropocene: Are Humans Now Overwhelming the Great Forces of Nature." *AMBIO: A Journal of the Human Environment*. 36.8. 2007

https://livingplanet.panda.org/about-the-living-planet-report

http://ncov.mohw.go.kr/bdBoardList_Real.do?brdId=1&brdGubun=14&ncvContSeq=&contSeq=&board_id=&gubun

http://www.igbp.net/globalchange/greatacceleration.4.1b8ae20512db692f2a680001630.html.

https://www.worldometers.info/world-population/world-population-by-year

https://www.wwfkorea.or.kr/our_earth/resources.

코로나19, 공동체와 한국교회의 회심 ∣ 정원범

고동현 외.『사회적 경제와 사회적 가치』. 서울: 한울아카데미, 2016.

김균진.『생태학의 위기와 신학』. 서울: 대한기독교서회, 1992.

김난예 · 정원범.『공동체 영성의 향기』. 논산: 대장간, 2019.

류태선.『공적 진리로서의 복음』. 서울: 한들출판사, 2011.

정원범.『교회다운 교회: 참된 기독교 영성의 회복』. 서울: 동연, 2016.

정원범. "생명문명으로 전환을 위한 코로나19의 교훈."「제4회 한국교회 생명신학 포럼 자료집」.

최재천 외.『코로나 사피엔스』. 서울: 인플루엔셜, 2020.

Lohfink, Gerhard. *Wie Hat Jesus Gemeinde Gewollt?* 정한교 역.『예수는 어떤 공동체를 원했나?』. 왜관: 분도출판사, 1996.

Marshall, Chris. *Biblical Justice: A fresh approach to the Bible's teaching on Justice.* 정원범 역.『성서는 정의로운가』. 춘천: KAP, 2016.

Rifkin, Jeremy et. al.『오늘부터의 세계』. 서울: 메디치미디어, 2020.

Santmire, H. Paul. *The Travail of Nature: The Ambiguous Ecological Promise of Christian Theology.* Minneapolis: Fortress Press, 1985.

Wallace-Wells, David. *The Uninhabitable Earth*, 김재경 역,『2050 거주 불능 지구』(파주: 청림출판, 2020)

WCC. 김승환 역.『경제세계화와 아가페운동』. 도서출판 흙과생기, 2010.

Yoder, John Howard. *The Polotics of Jesus.* 신원하 · 권연경 역.『예수의 정치학』. 서울: IVP, 2007.

http://tbs.seoul.kr/news/newsView.do?typ_800=4&idx_800=3409557&seq_800=20402134.

https://www.asiae.co.kr/article/2020101819212863690.

https://biz.chosun.com/site/data/html_dir/2020/08/14/2020081400550.html.

http://www.newscj.com/news/articleView.html?idxno=774894.

https://cemk.org/17741/.

http://www.newsnjoy.or.kr/news/articleView.html?idxno=301312.

http://www.kookminnews.com/news/view.php?idx=28976.

https://www.chosun.com/opinion/taepyeon-
gro/2020/09/14/MDBAT3AU6NB5DFN3UHNIYJHHYI/.

https://www.cts.tv/news/view?ncate=THMNWS01&dpid=264144.

http://www.dailywrn.com/15787.

http://kncc01.kode.co.kr/newsView/knc202008170001.

http://www.newsnjoy.or.kr/news/articleView.html?idxno=301184.

https://www.logosian.com/news/articleView.html?idxno=1422.

https://www.newsnjoy.or.kr/news/articleView.html?idxno=225974.

https://www.kidok.com/news/articleView.html?idxno=208020.

https://ecosophialab.com/%EC%83%9D%ED%83%9C%EC%A0%81-%EB%AC%B8%EB
%AA%85%EC%9C%BC%EB%A1%9C%EC%9D%98-%EC%A0%84%ED%99%9
8%EC%9D%98-%EC%8B%9C%EA%B0%84-%EC%BD%94%EB%A1%9C%EB
%82%98-19%EB%A5%BC-%ED%86%B5%ED%95%9C-%EC%8B%A4%EC%A1
%B4/.

https://www.sedaily.com/NewsVIew/1Z1NWPOPQK.

http://www.iconsumer.or.kr/news/articleView.html?idxno=12981.

디지털 문화에 대한 이해와 관계적 목회 | 김은혜

김난도 외. 『트렌드코리아 2018』. 서울: 미래의 창, 2017.

김대호. 『4차 산업혁명』. 서울: 커뮤니케이션북스, 2016.

김수연 외 11인. 『포스트휴먼 시대, 생명, 신학, 교회를 돌아보다』. 서울: 동연, 2017.

김용섭. 『언컨택트』. 서울: 퍼블리온, 2020.

김은혜. "신학적 인문주의자, 칼뱅연구: 새로운 기독교 인간주의의 복원을 위하여." 「신학과
사회」 30-4 (2016), 223-258.

배국원. "사이버스페이스의 기독교적 의미." 「종교연구」 23집 (2001. 6.), 41-64.

백종현 외 5인. "제4차 산업혁명과 포스트휴먼 사회." 「철학과 현실」 제112호 (2017. 3.), 20-128.

신광은. 『메가처치 논박』. 서울: 정연사, 2009.

위르겐 몰트만/곽혜원 옮김. 『희망의 윤리』. 서울: 대한기독교서회. 2012.

유발 하라리/김영주 옮김. 『호모 데우스: 미래의 역사』. 경기 파주: 김영사. 2017.

이재현. 『디지털 문화』. 서울: 커뮤니케이션북스, 2013.

이종관. "포스트휴먼을 향한 인간의 미래?" 「Future Horizon」 제26호 (2015. 11), 4-9.

Braidotti, Rosi. "The Critical Posthumanities; Or, Is Medianatures to Naturecultures as Zoe Is to Bios?" *Cultural Politics* 12(3) (2016. 11).

이화인문과학원. 『인간과 포스트휴머니즘』. 서울: 이화여자대학교출판부, 2013.

최재봉. 『포노사피엔스』. 파주: 샘엔파커스, 2019.

최재천 외. 『코로나 사피엔스: 문명의 대전환』. 서울: 인플루엔셜, 2020.

클라우스 슈밥/송경진 옮김. 『클라우스 슈밥의 제4차 산업혁명』. 서울: 새로운 현재. 2016.

헨리 젠킨스/김정희원, 김동신 옮김. 『컨버전스 컬처: 올드 미디어와 뉴 미디어의 충돌』. 서울: 비즈엔비즈 2008.

Catherine Keller. *Intercarnations: Exercises in Theological Possibility*. New York: Fordham University Press. 2017.

Derr, Thomas Sieger et al. *Environmental Ethics and Christian Humanism*. Abingdon Press. 1997.

Ruether, Rosemary. *Gaia & God : An Ecofeminist Theology of Earth Healing*. San Francisco: Harper. 1994.

3부 _ 코로나19 시대, 한국교회 선교의 과제

코로나19, 4차 산업혁명 시대의 목회와 선교 | 정기묵

고건. 『급변하는 과학기술 사회와 교회』. 서울: 한지터, 2017.

김정탁. 『미디어와 인간』. 서울: 커뮤니케이션북스, 2007.

노영상. 『기독교와 미래사회』. 서울: 대한기독교서회, 2009.

이광순, 이용원. 『선교학개론』. 서울: 한국장로교출판사, 1993.

이민규. 『디지털 시대의 교회와 커뮤니케이션』. 서울: 한들출판사, 2017.

정기묵. "뉴미디어 시대와 미디어 선교." 「선교와 신학」 제32집 (2013). 77-110.

_____. "소셜 네트워크 공동체와 선교적 과제." 「선교와 신학」 제26집 (2010). 311-339.

_____. "제3차 로잔대회의 케이프타운 서약에 나타난 미디어 선교와 한국 교회의 전략." 『복음과 선교』 제22집 (2013). 83-111.

정재영. 『한국교회 10년의 미래』. 서울: SFC, 2013.

주대영 외. 『초연결시대 사물인터넷의 창조적 융합 활성화 방안』. 서울: 산업연구원, 2014.

최동규. "성육신의 관점에서 본 선교적 교회의 상황화." 「선교신학」 제42집 (2016). 453-490.

최윤식, 최현식. 『제4의 물결이 온다』. 서울: 지식노마드, 2017.

Berger, Roland. 김정희 외 1인 역. 『4차 산업혁명』. 서울: 다산, 2017.

Cowen, Tyler. 신승미 역. 『4차 산업혁명 강력한 인간의 시대』. 서울: 마일스톤, 2017.

Frazee, Randy. 차성구 역. 『21세기 교회 연구: 공동체』. 서울: 좋은씨앗, 2005.

Frost, Michael. Hirsch, Alan. 지성근 역. 『새로운 교회가 온다』. 서울: IVP, 2011.

Keller, Timothy J. 오종향 역. 『센터처치』. 서울: 두란노, 2016.

Mohler, Albert. 전의우 역. 『확신의 리더』. 서울: 요단, 2016.

Naisbitt, John. 안진환 역. 『하이테크 하이터치』. 서울: 한국경제신문, 2000.

Schmidt, Eric. Cohen, Jared. 이진원 역. 『새로운 디지털 시대』. 서울: 알키, 2013.

Schwab, Klaus 외 26인. 김진희 외 2인 역. 『4차 산업혁명의 충격』. 서울: 흐름출판, 2017.

Sweet, Leonard. 김영래 역. 『영성과 감성을 하나로 묶는 미래교회』. 서울: 좋은씨앗, 2002.

Tapscott, Don. 이진원 역. 『디지털 네이티브』. 서울: 비즈니스북스, 2009.

McLuhan, Marshall. *Understanding Media: The extension of Man*. New York: McGraw-Hill, 1964.

Wilson, Wilter P. *The Internet church*. Nashville: Word Publishing, 2000.

http://magazine.hankyung.com/business/ 한경BUSINESS 인터넷판, 2017. 07. 25 검색.

http://www.lausanne.org 케이프타운 서약 서문.

코로나19, 그린 뉴딜과 한국교회의 선교적 과제 | 황홍렬

강성열 · 백명기 엮음. 『한국교회의 미래와 마을목회』. 서울: 한들출판사, 2016.

경기연구원. "코로나19 위기, 기후 위기 해결의 새로운 기회." 「이슈&진단」 No. 412 (2020. 5. 12.): 16-19.

김상현. "그린 뉴딜 다시쓰기: 녹색성장을 넘어." 「창작과비평」 48(1), (2020. 3.): 35-45.

박성제 · 이종근 · 이영근. "기후변화에 따른 그린 뉴딜의 세계적인 동향." 대한토목학회, 「대한 토목학회지」 제57권 9호 (2009. 9.): 10-13.

박용석. "노동 없는 '한국판 뉴딜' 뉴딜이 아닌 역주행 가능성이 높다." 참여연대 사회복지위원 회, 「복지동향」 263호 (2020. 9.): 24-27.

변병설 · 이영성 · 윤동근 · 최민성 · 이희정. "그린 뉴딜 정책." 대한국토 · 도시계획학회, 「도시정 보」 461호(2020. 8.): 8-9.

부산장신대 생명목회위원회 편.『생명목회와 생명선교 I, II』. 서울: 올리브나무, 2011.

샐리 맥페이그/김준우 옮김.『기후변화와 신학의 재구성』. 서울: 한국기독교연구소, 2008.

세계교회협의회/김승환 옮김.『경제세계화와 아가페(AGAPE) 운동』. 서울: 한국기독교교회
    협의회 · 한국기독교생명농업포럼, 2007.

윤홍식. "'한국판 뉴딜'에서 '복지국가' 찾기 ― 루스벨트의 '뉴딜'에는 있고 문재인의 <한국판
    뉴딜>에는 없는 것." 참여연대 사회복지위원회,「복지동향」263호(2020. 9.): 5-11.

이유진. "그린 뉴딜, 기후 위기 시대 생존 전략을 짜자." 참여연대사회복지위원회,「복지동향」
    263호(2020. 9.): 38-40.

정형준. "공공의료 강화 없는 뉴딜은 허상." 참여연대 사회복지위원회,「복지동향」263호
    (2020. 9): 18-23.

제러미 리프킨/안진환 옮김.『글로벌 그린 뉴딜』. 서울: 민음사, 2020.

제러미 리프킨 외 인터뷰/안희경 지음.『오늘로부터의 세계: 세계 석학 7인에게 코로나 이후
    인류의 미래를 묻다』. 서울: 메디치, 2020.

최재천 외 6인 지음.『코로나 사피엔스: 문명의 대전환, 대한민국 대표 석학 6인이 신인류의
    미래를 말한다』. 서울: 인플루엔셜, 2020.

추미진 · 윤동근. "해외 그린 뉴딜 사례와 시사점." 대한국토 · 도시계획학회,「도시정보」
    461(2020. 8): 34-38.

한국교회환경연구소 엮음.『현대생태신학자의 신학과 윤리』. 서울: 대한기독교서회, 2006.

_____.『기후붕괴 시대, 아주 불편한 진실 조금 불편한 삶』. 서울: 동연, 2010.

_____ · 한국교회사학회 엮음.『창조신앙 생태영성』. 서울: 대한기독교서회, 2010.

지은이 알림

강성열

서울대학교(B.A.)

장로회신학대학교 신대원(M.Div.)과 대학원(Th.M.)

장로회신학대학교 신학박사(Th.D.)

현재 호남신학대학교 교수(구약학)

호남신학대학교 부설 농어촌선교연구소 소장

생명의 망 잇기 협동조합 이사장

저서 목록

『설교자를 위한 성서해석학 입문』(대한기독교서회, 공저)

『기독교 신앙과 카오스 이론』(대한기독교서회)

『고대 근동의 신화와 종교』(살림출판사)

번역서 목록

W. Brueggemann, 『성서로 본 땅』(나눔사)

B. W. Anderson, 『구약성서 이해』(크리스챤 다이제스트/공역)

F. G. Martínez/E. J. C. Tigchelaar (eds.), 『사해문서 1-4』(나남출판사)

A. F. Rainey/ R. S. Notley, 『성경 역사, 지리학, 고고학 아틀라스』(이레서원)

김은혜

장로회신학대학교 신대원 졸업

미국 드류대학교에서 '종교와 사회 분야'에서 대학원 과정

미국 클레어먼트대학교에서 '기독교, 문화 그리고 윤리' 분야 신학박사

전 한국기독교윤리학회 회장 역임

현재 장로회신학대학교 교수

주요 저서

『기독교실천윤리』(장로회신학대학교출판부, 2020)

『비대면시대의 새로운 교회를 상상하다』(대한기독교서회, 2020)

『포스트모던 시대의 기독교윤리문화』(대한기독교서회 2015/ 제9회 소망학술
상 수상)
『생명신학과 기독교 문화』(쿰란출판사, 2006년 문화관광부 우수학술도서)
『공공신학』(기독교윤리실천운동 엮음, 예영커뮤니케이션, 2009)
『이주민 선교와 신학』(한국장로교출판사, 2011)

신재식

호남신학대학교 조직신학교수
서울대학교 종교학과(BA)
장로회신학대학교 신학대학원(M.Div.)
드루대학교 신학대학원(STM), 대학원(Ph.D)
주요 저 · 역서

『신앙과 이성 사이에서』
『종교전쟁』(공저)
『예수와 다윈의 동행』
『마지널리티』(역서) 등

이진형

숭실대학교 무역학과
장로회신학대학교 신학대학원 (M.Div.)
현재 기독교환경운동연대 사무총장
사단법인 교회환경연구소 이사
대한예수교장로회 생태정의위원회 위원
한국기독교교회협의회 생명문화위원회 전문위원
저서 목록

『그린 엑소더스 ― 기후 위기 시대, 생태적 전환과 교회』
『녹색교회와 생명목회』(공저)
『한국적 작은교회론』(공저)
『헬조선에 응답하는 한국교회 개혁』(공저)
『기후 위기, 한국교회에 묻는다』(공저)

장윤재

연세대학교 문과대학 사학과 (B.A.)
뉴욕 유니온신학대학원 (M.Div., M.Phil., Ph.D.)
아시아기독교협의회(CCA) 회장 역임
한국교회환경연구소 소장 역임
현 이화여자대학교 인문과학대학 기독교학과 교수(조직신학 전공),
교목실장, 대학교회 담임목사
저 · 역서 목록

『세계화 시대 기독교 신학』
『포스트휴먼 신학』 등 다수

정기묵

경북대학교 공대 전자계산 전공(B. E.)
장로회신학대학교 신학대학원(M.Div.), 대학원(Th.M., Th.D. 선교신학)
현재 장로회신학대학교 선교신학 조교수
저서 목록

『로잔운동과 현대선교전략』(공저)
『로잔운동과 선교신학』(공저)
『로잔운동과 선교』(공저)
『한국교회와 세계선교』(공저)

정원범

장로회신학대학교(Th. B., M. Div., Th. M., Th. D.)
Columbia Theological Seminary, Union Theological Seminary, AMBS 연구교수
한국기독교윤리학회 회장 역임
교회와사회연구원 원장 역임
현 성 프란치스코 평화센터 이사
현 교회와사회연구소 소장
현 대전신학대학교 교수

저서

　　『교회다운 교회: 참된 기독교 영성의 회복』(동연, 2016)

　　『교회: 세상에 대한 하나님의 대조사회』(대장간, 2020)

편저

　　『영성수련과 영성목회』(한들출판사, 2016)

　　『생명운동과 생명목회』(동연, 2014)

공저

　　『녹색교회와 생명목회』(동연, 2013)

　　『참 스승: 인물로 보는 한국기독교교육사상』(새물결플러스, 2014)

역서

　　『그리스도인의 삶과 구원』(한국장로교출판사, 2010)

　　『성서는 정의로운가』(KAP, 2016)

황홍렬

서강대학교 졸업

장로회신학대학교(M. Div., Th. M.)

영국 버밍엄대학교 신학부(Ph. D.)

전 한국선교신학회장

저서

　　한반도에서 평화선교의 길과 신학(예영 B&P, 2008),

　　생명과 평화를 향한 선교학 개론(동연, 2018),

공저

　　제3세계신학에 나타난 생명사상(생각의 나무, 2002)

　　신자유주의 시대, 평화와 생명선교(동연, 2009)

　　다름의 평화 차이의 공존(동연, 2009)

　　다문화사회와 한국교회(한들출판사, 2010)

　　생명목회와 생명선교(올리브나무, 2011)

　　에큐메니칼 협력선교: 정책, 사례, 선교신학(꿈꾸는터, 2015)

　　'헬조선'에 응답하는 한국교회 개혁(동연, 2018)